中等职业学校示范校建设成果教材

计算机应用基础实训指导

主 编 王玉蝉

副主编 张云垛

参 编 王小红 邓 萍 刘建辉

主 审 陈晓峰 陈春华

机械工业出版社

本书是按照教育部颁布的《中等职业学校计算机应用基础教学大纲》的要求，与企业合作共同编写的。本书注重操作技能的训练，强调实用性，在满足教材大纲的同时，适当考虑了计算机一级考证的需求，提高了读者在办公软件方面的应用能力。

本书共分 6 个模块，结合实际应用，详细介绍了基本计算机录入操作、Windows 基本操作、Word 文字处理系统、Excel 电子表格软件、PowerPoint 演示文稿软件及互联网基础相关内容。为了不同专业的教学及考证学习的需要，每个模块又分为基础技能、进阶技能和职业技能 3 个项目。

本书可作为中等职业学校计算机应用基础课程教材，也可作为读者自学办公软件相关内容、计算机等级考试一级 MS Office 考证学习材料。

图书在版编目（CIP）数据

计算机应用基础实训指导 / 王玉蝉主编. —北京：机械工业出版社，2014.8（2023.8 重印）
中等职业学校示范校建设成果教材
ISBN 978-7-111-47826-3

Ⅰ. ①计… Ⅱ. ①王… Ⅲ. ①电子计算机-中等专业学校-教学参考资料 Ⅳ. ①TP3

中国版本图书馆 CIP 数据核字（2014）第 200303 号

机械工业出版社（北京市百万庄大街 22 号　邮政编码 100037）
策划编辑：李　兴　　　　责任编辑：李　兴　吴超莉
封面设计：路恩中　　　　责任校对：李　丹
责任印制：邓　博
北京盛通商印快线网络科技有限公司印刷
2023 年 8 月第 1 版第 3 次印刷
184mm×260mm・13.5 印张・329 千字
标准书号：ISBN 978-7-111-47826-3
定价：39.80 元

电话服务　　　　　　　　网络服务
客服电话：010-88361066　　机　工　官　网：www.cmpbook.com
　　　　　010-88379833　　机　工　官　博：weibo.com/cmp1952
　　　　　010-68326294　　金　书　网：www.golden-book.com
封底无防伪标均为盗版　　机工教育服务网：www.cmpedu.com

前　言

计算机应用基础是中等职业学校学生必修的一门公共基础课程。为了提高学生应用计算机处理实际应用问题的能力，并使学生较顺利地通过全国计算机一级 MS Office 考试，我们与企业合作，共同编写了本书。本书编写的宗旨是使读者较全面、系统地了解计算机基础知识，具备计算机实际应用能力，并能在各自的专业领域自觉地应用计算机进行学习与研究。本书兼顾了不同专业、不同层次的学生的需要，加强了计算机 Word、Excel 和 PowerPoint 等方面的基础应用和练习，使读者对办公软件的处理能力得到提升。

本书共分 6 个模块，结合实际应用，详细地介绍 Windows 操作系统和 Office 办公软件以及互联网的应用，让学生利用已学的知识分析和解决实际问题，能进行网上信息检索、下载，用 Word 软件对下载的内容进行编辑排版，用 Excel 软件进行数据处理和分析，用 PowerPoint 软件将制作好的文档和电子表格生成演示文稿，最后将做好的内容打包作为电子邮件的附件发送至指定的邮箱。本书还特别针对全国计算机一级 MS Office 考试进行各个单项的强化练习和综合的仿真练习，对各个软件进一步熟悉和使用，增强学生通过计算机等级考试的信心，提高考试通过率。

本书由王玉蝉任主编，张云垛任副主编，王小红、邓萍、刘建辉参加编写，由陈晓峰、陈春华任主审。具体分工如下：模块一、模块二和模块六由张云垛编写，模块三由邓萍编写，模块四由王玉蝉和刘建辉共同编写，模块五由王小红编写。在本书编写过程中，福建经济学校的各位领导同事、福州辉宏信息技术有限公司的有关领导和协同电子科技（福建）有限公司技术总监傅刚给予了大力支持和指导，在此表示衷心的感谢！

由于编者水平有限，书中难免有不足之处，恳请广大读者和各位专家批评指正。

编　者

目 录

前言

模块一 熟悉计算机录入操作 ... 1
项目一 文字录入基础技能 ... 1
- 任务一 录入"Anything you want" ... 1
- 任务二 录入"郑板桥审财主" ... 3
- 任务三 录入"人到中年"（节选） ... 5
- 任务四 录入几首黄庭坚的诗 ... 7

项目二 文字录入进阶技能 ... 9
- 任务一 录入入团申请书 ... 9
- 任务二 录入评论文 ... 10
- 任务三 录入新闻稿 ... 12

模块二 Windows 基本操作 ... 14
项目 Windows 操作基础技能 ... 14
- 任务 Windows 的基本操作 ... 14

模块三 Word 文字处理系统 ... 20
项目一 文字处理基础技能 ... 20
- 任务一 制作请示文档 ... 20
- 任务二 制作员工考核制度文档 ... 25
- 任务三 制作公司概况简报 ... 32
- 任务四 制作公司业绩统计表 ... 39
- 任务五 制作美食专栏宣传册 ... 44

项目二 文字处理进阶技能 ... 51
- 任务一 制作个人简历 ... 51
- 任务二 制作货物运输协议书 ... 57
- 任务三 制作旅游景点宣传册 ... 62

项目三 文字处理职业技能 ... 69
- 任务 制作客户问卷调查表 ... 69

模块四 Excel 电子表格软件 ... 77
项目一 电子表格基础技能 ... 77
- 任务一 制作销售业绩统计表 ... 77

任务二　制作班级成绩考核表 86
　　任务三　制作班级成绩单 94
　　任务四　制作图书销售情况表 99
　项目二　电子表格进阶技能 103
　　任务一　制作学生基本信息登记表 103
　　任务二　制作家庭年度收支明细表 106
　项目三　电子表格职业技能 109
　　任务　会计日常账务处理 109

模块五　PowerPoint 演示文稿软件 114
　项目一　演示文稿基础技能 114
　　任务一　制作业务简介演示文稿 114
　　任务二　制作安全通知演示文稿 118
　　任务三　制作产品宣传演示文稿 122
　　任务四　制作公益广告演示文稿 129
　项目二　演示文稿进阶技能 133
　　任务一　制作精美相册 133
　　任务二　制作教学课件 140
　项目三　演示文稿职业技能 145
　　任务一　制作商业企划书 145
　　任务二　制作产品展示广告 148

模块六　互联网基础 152
　项目一　互联网操作基础技能 152
　　任务一　上网搜索资料并保存 152
　　任务二　申请一个免费邮箱 156
　　任务三　设置客户端邮件账户 158
　　任务四　电子邮件收发 161
　项目二　互联网操作进阶技能 163
　　任务　邮件自动回复 163

附录
　附录 A　计算机一级选择题真题训练 165
　附录 B　Excel 一级常考函数 195

参考文献 208

模块一　熟悉计算机录入操作

计算机录入是计算机操作中的一项基本操作技术。在计算机行业中也存在"录入员"的职业，从事各种文字的录入工作。经常对汉字进行录入练习，可以在较短的时间内达到熟练录入文字的水平。

本章要点：

项目一　文字录入基础技能
※ 录入"Anything you want"
※ 录入"郑板桥审财主"
※ 录入"人到中年"（节选）
※ 录入几首黄庭坚的诗
项目二　文字录入进阶技能
※ 录入入团申请书
※ 录入评论文
※ 录入新闻稿

项目一　文字录入基础技能

任务一　录入"Anything you want"

任务背景

某校班刊需要录入一篇英文幽默文章。

任务分析

录入英文，注意字母大小写、英文标点符号。

任务要求

录入时要求遵循录入的指法、正确率不低于98%，在此前提下录入速度要求尽量快。

任务实施

Anything you want

One day a rich guy was having a party at his house. He was loaded, and he had everything: money, a big house in Beverly Hills, drugs, girls, cars, planes; anything he wanted. The guy was also a little eccentric, and he had filled his pool with crocodiles. So there he was, he and his friends all standing around drinking, getting high and partying next to the pool.

The guy got up on the lifeguard tower and all his friends looked up. He called for silence and said, "The first person that swims across my pool will get all my money."

No one moves. The guy looked over the crowd, drew on his joint and said, "OK, the first person that swims across my pool gets all my money and my house."

Still no one moves. "OK, then, the first person that swims across my pool gets all my money, my house; and all my cars and planes."

Still, no one moves, not even a eye blinks this time. "OK, then, all my money, my house, all my cars, all my planes, all the dope you can handle, all my property, all my stocks and bonds and investments and all the girls you can handle; everything I own."

Splash! Someone was in the pool. Crocodiles were all over him, but he rolled over like Tarzan, he's all over the place, fighting and dodging. Finally he got out of the pool on the other side.

The rich guy jumped down from the tower and ran over to him. "That was incredible! I never thought that I would ever see that done. Do you want the money now or later?"

"I don't want the money."

"Do you want the house now or later?"

"I don't want the house."

"The cars and planes?"

"I don't want the cars or planes."

"Bonds, stocks?"

"I don't want that either."

"Drugs?"

"I don't want the drugs."

"Girls?"

"I don't want the girls."

The rich guy looked at him and asked, "Well, what the hell do you want?!?!"

"It's simple. I want the bastard that pushed me in!"

在文字录入过程中，要注意指法。正确的指法可以大幅度提高文字录入的速度。

模块一 熟悉计算机录入操作

任务小结

本任务练习录入了一篇英文幽默文章,增强录入指法。英文录入的录入速度一般要求至少 120 字/min,专业打字员的英文录入速度在 300 字/min。

任务二 录入"郑板桥审财主"

任务背景

某校班刊需要录入一篇中文幽默文章。

任务分析

录入中文,注意中文标点符号。

任务要求

可以用任何汉字输入法,推荐学习使用专业的汉字输入法——五笔字型输入法。录入时要求遵循录入的指法、正确率不低于 98%,在此前提下录入速度要求尽量快。尽量输入词组,以加快汉字输入速度。

任务实施

郑板桥审财主

据说,郑板桥到潍县做县令,第二天就有一个案子,一位财主拉着农夫来到县大堂,让县老爷判农夫的三亩好地归他耕种。郑板桥问他们是怎么回事,财主抢先说:"去年三月五日,农夫因为没有钱买种子向我借了三块大洋,按约定今年的三月五日以前必须还我,若不还我,他的三亩好地就归我耕种了。"

财主得意地说:"我有契约在此",并呈给了郑板桥。

"晚一天也不行吗?"郑板桥接过契约问财主。

财主十分坚定地说:"晚一个小时也不可以!要不,我们还立契约做什么?"

郑板桥把契约看了一遍,上面写道:"我因无钱买种子,向财主借大洋三块,明年三月五日之前必须付还,如三月五日之前未还,其家三亩好地将由财主耕种。双方特立此据为证。三月五日。"下面是双方按下的手印。

农夫战战兢兢地对县令说:"我并不是不还财主的钱。我三月三日去财主家还钱,他家的门锁着,没有人,四日再去他家还是没有人在家,三月五日我又去他家,他家只有一个家丁在,说财主走人家去了,明天才能回来,家丁不敢收钱,说契约在财主手里,今天一大早我正要再去还钱,刚出门,财主就硬把我拉来见县老爷您了。"

郑板桥问农夫："这契约是真的吗？"

"是真的。"农夫真诚地说："财主既然难缠，我也不想给县太爷大人找麻烦，我愿意还给财主两倍的钱，六块大洋。"

"多么诚实善良的一位农夫呀。"郑板桥又问财主，"只要你不种农夫的三亩地，他愿意付给两倍的钱，也就是六块大洋，你愿意吗？这可是胜过高利贷呀。"

"不行！"财主断然拒绝，"我只想按契约上写的做。更希望县官大老爷公正判决。"

"得饶人处且饶人，"郑板桥劝道："三亩地对有千亩良田的你来说，只不过是九牛一毛，而对农夫来讲就是他一家人的依靠，是他的命根子，什么事都可以好商量嘛。"

"没有商量的。"财主狠狠地"哼"一声，威逼郑板桥说："如果县令大人不按契约上判的话，我将上告到您上司济南府那里，甚至告到京城去，那时您别怪我不给县令大人面子。"

郑板桥想了想说："你们都听着，本大人现在判决如下：准予财主耕种农夫的三亩地。"逐在契约上写了判词并加盖了县衙官印。

农夫一听县老爷的判决大哭起来："这叫我们一家人今后怎么过呀？"

郑板桥对农夫说："没办法，本大人也只能按契约上判。你就开一些荒地或做点小生意养家糊口吧，如果实在没钱，我可以借给你一点，不过，明年一定得连本带利还给我。"

财主拿到了判词，高兴得立即令丁去耕种农夫的三亩土地。

时间过得好快，转眼到了第二年的农忙季节。财主因有钱向地里施肥，农夫那三亩地里的庄稼长得齐刷刷的穗大粒饱。乐得财主合不上嘴，立即令长工磨镰收割，并准备亲自开镰。但财主刚拿起镰刀，县衙派来两名差役传话，不准他收割，说是农夫已经将他告了，让财主立即去见县太爷。

财主一听，气愤地拿了写有县令判词和加盖着县衙官印的契约去见县太爷。大堂上财主看到农夫站在一旁，就恶狠狠地瞪了他几眼。郑板桥问财主："农夫告你要强行收割他家三亩地里的庄稼，有这么一回事吗？"

财主理直气壮地回答说："县令大人，您怎么忘记啦，农夫的那三亩地，大人您去年就判给我了，我当然有权利收割啦。"

"胡说！"郑板桥一拍惊堂木道："这里是县衙大堂，藐视本官是要判罪的。"

财主忙呈上契约："县令大人看看这个就知道啦。"

谁知郑板桥看了契约后怒斥财主道："大胆财主，你竟敢戏弄本官，该当何罪！"并将契约掷给财主。

财主从地上捡起契约，冷笑道："县令大人，您的话我怎么听不懂？这契约上的判词难道不是您亲笔写的？这官印难道也不是您盖上的？"

郑板桥斜了一眼财主说："没错，判词是我亲笔写的，大印也是我亲手盖上的，但是，本老爷只判准予你耕种农夫的那三亩地，并没有让你收割那三亩地里的庄稼。这一点，你难道没有看明白？"郑板桥又道："你要是还不明白，本老爷给你解释一遍，那就是：只准耕种，不准收割！"

财主听了,忙展开契约,只见判词写的只有六个字:"准予财主耕种。"
财主一下子昏了过去。

> 中英文切换组合键:<Ctrl+空格键>;半角/全角符号切换组合键:<Shift+空格键>;中英文标点符号切换组合键:<Shift+.(点号)>;输入法切换组合键:<Ctrl+Shift>。

任务小结

本任务练习录入了一篇中文文章,增强录入指法和汉字输入方法。中文录入的录入速度一般要求至少 40 字/min,专业打字员的汉字录入速度在 180 字/min。

任务三 录入"人到中年"(节选)

任务背景

某校班刊需要录入一篇中文散文。

任务分析

录入中文,注意中文标点符号。

任务要求

可以用任何汉字输入法,推荐学习使用专业的汉字输入法——五笔字型输入法。录入时要求遵循录入的指法、正确率不低于 98%,在此前提下录入速度要求尽量快。尽量输入词组,以加快汉字输入速度。

任务实施

"人到中年"(节选)

青年生活于将来,老年生活于过去,中年则生活于现在。所以中年又大都是实际主义者。人在青年,谁没有一片雄心壮志,谁没有一番宏济苍生的抱负,谁没有种种荒唐瑰丽的梦想。青年谈恋爱,就要歌哭缠绵,誓生盟死,男以维特为豪,女以绿蒂自命;谈探险,就恨不得乘火箭飞入月宫,或到其他星球里去寻觅殖民地;话革命,又想赴汤蹈火与恶势力拼命,披荆斩棘,从赤土上建起他们理想的王国。中年人可不像青年人这么罗曼蒂克,也没有这股子"傻劲"。在他看来,美的梦想,不如享受一顿精馔之实在；理想的王国，不如一座安适家园之合乎他的要求；整顿乾坤，安民济世，自有周公孔圣人在那里忙，用不着我去插手。带领着妻儿，安稳住在自己手创的小天地里，或从事名山胜业，以博身后之虚声，或丝竹陶情，以为中年之怀抱，或着意安排一个向平事了，五岳毕游以后的娱老之场。管它世外风云变幻，潮流撞击，我在我的小天地里还一样优哉游哉，聊以卒岁。你笑我太颓唐，骂我太庸俗，批评我太自私，我都承认，算了，你不必再寻着我缠了。不过我以上所说的话，并不认为每个中年人都如此，仅说我所见一部分中年人呈有这种表象而已。希望中年人读了拙文，不至于对我提起诉讼，以为我在毁坏普天下中年人的名誉。其实中年才是人生的成熟期，谈学问则已有相当成就，谈经验也已相当丰富，叫他去办一项事业，自然能够措置有力，精神灌注，把它办得井井有条。少年是学习时期，壮年是练习时期，中年才是实地应用时期，所以我们求人必求之于中年。

　　少年读古人书，于书中所说的一切，不是盲目地信从，就是武断地抹煞。中年人读书比较广博，自然参伍折衷，求出一个比较适当的标准。他不轻信古人，也不瞎诋古人。他决不把婴儿和浴盆的残水都泼出。他对于旧殿堂的庄严宏丽，能给予适当的赞美和欣赏，若事实上这座殿堂非除去不可，他宁可一砖一石，一栋一梁，慢慢地拆，材料若有可用的，就保存起来。留作将来新建筑之用，决不鲁鲁莽莽地放一把火烧得寸草不留，后来又有无材可用之叹。少年时读古人书，总感觉时代已过，与现代不发生交涉，所以恨不得将所有线装书一齐抛入茅厕；甚至西洋文艺宗哲之书，也要替它定出主义时代的所属，如其不属他们所信仰的主义和他们所视为神圣的时代，虽莎士比亚、拉辛、贝多芬、罗丹等伟大天才心血的结晶，也恨不得以"过时""无用"两句话轻轻抹煞。中年人则知道这种幼稚狂暴的举动未免太无意识，对于文化遗产的接受也是太不经济，况且古人书里说的话就是古人的人生经验，少年人还没有到获得那种经验的年龄，所以读古人书总感觉隔膜，到了中年了解世事渐多，回头来读古人书又是一番境界，他对于圣贤的教训，前哲的遗谟，天才血汗的成绩，不像少年那么狂妄地鄙弃，反而能够很虚心地加以承认。

　　青年最富于感染性，容易接受新的思想。到了中年，则脑筋里自然筑起一千丈铜墙铁壁，所以中年多不能跟着时代潮流跑。但据此就判定中年"顽固"的罪名，他也不甘伏的。中年涉世较深，人生经验丰富，判断力自然比较强。对于一种新学说新主义，总要以批评的态度，将其中利弊，实施以后影响的好坏仔细研究一番。真个合乎需要，他采用它也许比青年更来得坚决。他又明白一个制度的改良，一个理想的实现，不一定需要破坏和流血，难道没有比较温和的途径可以遵循？假如青年多读历史，认识历来那些不合理性革命之恐怖，那些无谓牺牲之悲惨，那些毫无补偿的损失之重大，也许他们的态度要稳健些了。何况时髦的东西，不见得真个是美，真个合用，年轻女郎穿了短袖衫，看见别人的长袖，几乎要视为大逆不道，可是二三年后又流行长袖，她们又要视短袖为异端了。幸而世界是青年与中老年共有的，幸而青年也不久会变成中老年，否则世界三天就要变换一个新花样，能叫人活得下去么，还是谢谢吧。

任务小结

本任务练习录入了一篇中文文章,增强录入指法和汉字输入方法。中文录入的录入速度一般要求至少 40 字/min,专业打字员的汉字录入速度在 180 字/min。

任务四 录入几首黄庭坚的诗

任务背景

某校班刊需要录入中文诗词。

任务分析

录入中文,注意一些生僻字的输入。

任务要求

可以用任何汉字输入法,推荐学习使用专业的汉字输入法——五笔字型输入法。录入时要求遵循录入的指法、正确率不低于 98%,在此前提下录入速度要求尽量快。尽量输入词组,以加快汉字输入速度。

任务实施

水调歌头·游览——黄庭坚
瑶草一何碧,春入武陵溪。
溪上桃花无数,花上有黄鹂。
我欲穿花寻路,直入白云深处,浩气展虹霓。
只恐花深里,红露湿人衣。
坐玉石,敧玉枕,拂金徽。
谪仙何处,无人伴我白螺杯。
我为灵芝仙草,不为朱唇丹脸,长啸亦何为。
醉舞下山去,明月逐人归。

减字木兰花——黄庭坚
中秋无雨,醉送月衔西岭去。
笑口须开,几度中秋见月来。
前年江外,儿女传杯兄弟会。
此夜登楼,小谢清吟慰白头。

西江月——黄庭坚

断送一生惟有，破除万事无过。

远山横黛蘸秋波，不饮旁人笑我。

花病等闲瘦弱，春愁没处遮拦。

杯行到手莫留残，不道月斜人散。

醉蓬莱——黄庭坚

对朝云叆叇，暮雨霏微，乱峰相倚。

巫峡高唐，锁楚宫朱翠。

画戟移春，靓妆迎马，向一川都会。

万里投荒，一身吊影，成何欢意。

尽道黔南，去天尺五，望极神州，万里烟水。

樽酒公堂，有中朝佳士。

荔颊红深，麝脐香满，醉舞裀歌袂。

杜宇声声，催人到晓，不如归是。

归田乐引——黄庭坚

暮雨濛阶砌。

漏渐移，转添寂寞，点点心如碎。

怨你又恋你，恨你惜你。

毕竟教人怎生是。

前欢算未已。

奈何如今愁无计。

为伊聪俊，消得人憔悴。

这里诮睡里，梦里心里。一向无言但垂泪。

南歌子——黄庭坚

槐绿低窗暗，榴红照眼明。

玉人邀我少留行，无奈一帆烟雨、画船轻。

柳叶随歌皱，梨花与泪倾。

别时不似见时情，今夜月明江上、酒初醒。

好事近——黄庭坚

一弄醒心弦，情在两山斜叠。

弹到古人愁处，有真珠承睫。

使君来去本无心，休泪界红颊。

自恨老来憎酒，负十分金叶。

千秋岁·苑边花外——黄庭坚

苑边花外，记得同朝退。

飞骑轧，鸣珂碎。

齐歌云绕扇，赵舞风回带。
严鼓断，杯盘狼藉犹相对。
洒泪谁能会，醉卧藤阴盖。
人已去，词空在。
兔园高宴悄，虎观英游改。
重感慨，波涛万顷珠沉海。

任务小结

本任务练习录入了几首中文诗词，增强录入指法和汉字输入方法。中文录入的录入速度一般要求至少40字/min，专业打字员的汉字录入速度在180字/min。

项目二　文字录入进阶技能

任务一　录入入团申请书

任务背景

某同学需要录入一篇中文入团申请书。

任务分析

录入中文，注意中文标点符号。

任务要求

可以用任何汉字输入法，推荐学习使用专业的汉字输入法——五笔字型输入法。录入时要求遵循录入的指法、正确率不低于98%，在此前提下录入速度要求尽量快。尽量输入词组，以加快汉字输入速度。

任务实施

入团申请书

敬爱的团组织：
　　我志愿加入中国共产主义青年团！
　　我知道中国共产主义青年团是中国共产党领导的先进青年群众组织，是广大青年在实践中学习共产主义的学校,是中国共产党的助手和后备军。

  进入中专后,我思想上要求进步的愿望变得非常迫切。当我看到同学们佩戴闪闪发光的团徽时,心里就羡慕不已。

  学校团委经常组织团员到车站、街头参加公益劳动,到敬老院帮助老人打扫卫生,开展多种有益于思想进步和愉悦身心的活动。这些活动受到了社会各界的赞扬和老师同学的好评。这一切使我对团员产生了敬佩之情和向他们学习的愿望。于是,我主动参加了团章的学习小组,学习团的基本知识,进一步明确了共青团的性质和宗旨,我加入共青团的愿望更加强烈了。

  中国共产主义青年团坚决拥护中国共产党的纲领,以马克思列宁主义、毛泽东思想为行动指南,用建设有中国特色社会主义的理论武装全团,解放思想,实事求是,团结全团各族青年,为把我国建设成富强、民主、文明、和谐的社会主义现代化国家,为最终实现共产主义的社会制度而奋斗。

  为了早日成为光荣的共青团员,我要更加自觉地严格要求自己,刻苦磨炼和提高自己,认真学习,陶冶情操,锻炼体魄,积极参加团组织的各项活动,自觉接受团组织的考验。

  如果我光荣地加入共青团,我会认真地履行团员的义务,做到宣传、执行党的基本路线,努力完成团组织交给的任务,在学习、劳动、工作及其他社会活动中起模范作用。自觉遵守国家的法律和团的纪律,执行团的决议,发扬社会主义新风尚,提倡共产主义道德。除此之外,我还应该开展批评和自我批评,勇于改正缺点和错误,自觉维护团结。如果这次我未能加入也不会灰心,应该在实际的行动中更加严格要求自己,使自己不断地进步,继续创造条件争取。

  此致

敬礼!

申请人:×××

××××年×月×日

任务小结

本任务练习录入了一篇中文文章,增强录入指法和汉字输入方法。

任务二 录入评论文

任务背景

某校班刊需要录入一篇中文评论文。

任务分析

录入中文,注意中文标点符号。

模块一 熟悉计算机录入操作

任务要求

可以用任何汉字输入法,推荐学习使用专业的汉字输入法——五笔字型输入法。录入时要求遵循录入的指法、正确率不低于98%,在此前提下录入速度要求尽量快。尽量输入词组,以加快汉字输入速度。

任务实施

"杀富济贫"不如"为富行仁"

(评论员黄江媚)9月29日,人民日报谈收入差距"杀富济贫"做得不够。中国国际经济交流中心信息部副部长徐洪才认为,收入差距形成的原因是资本收入高于工资收入。而如何遏制收入差距扩大?中国劳动学会副会长苏海南认为,要下大力气"提低控高",从而提高百姓收入。

诚然,我国自改革开放逐渐国富民强,贫富差距逐渐拉大,有数据显示中国农村居民基尼系数于2011年已经达到0.3949,已逼近国际警戒线,所谓的"杀富济贫"已经刻不容缓。可是,如果"杀富济贫"真的能有效并且有力地开展,为何这么多年来我国一直从税收、收入等方面试图缩小贫富差距,却事倍功半呢?我认为,与其"杀富济贫",不如"为富行仁"。何为"为富行仁"?"为富行仁"是"为富不仁"的反义。

"杀富济贫"并非上策。徐洪才说"居民收入差距扩大是事实",没错,资本收入高于工资收入也是事实。从这里来看,我国对收入的一次性分配与二次性分配结构中,缩小收入差距的措施确实还不够大刀阔斧。然而,调节高收入虽然具有必要性,但受客观条件制约太大,是需要从长计议且多方创造条件才能稳步推进的。邓小平曾说先让一部分人富起来,再带动和帮助其他的人,逐步达到共同富裕。在经济转轨中,有些人便抓住机会先富了起来,拉开了收入差距。于是在我国,贫富差距是不可避免的,这是一种历史性的问题,况且人家也是合理合法辛苦挣来的钱,我们能"杀"吗?我们不能一味抨击富人,或者有"仇富"心理,这绝对是不理智的。

贫富差距形成的原因有很多种,地理环境因素、税制因素、中国文化等,我们不否认非公有制经济范围内确实存在着剥削,我们不否认在这个问题上有腐败在其中兴风作浪。假若分配公平,假若腐败减少,假若一些人把不该吃的、多吃多占的吐出来,那就天下太平了——而这,就是我所指的"为富行仁"。

"为富行仁"需要我们呼吁。一般来说,一个国家的富人越多自然是越好的,如果一个国家的人民都穷得叮当响,还有谁有力气谈什么贫富差距?只是,中国文化向来认为"为富不仁",富人在平常百姓眼中都是极其贪婪、自私的。潜移默化中我国的富人也经常扮演着"为富不仁"的角色。美国企业家、微软公司的董事长比尔·盖茨把全部的家产捐献出来,甚至不去考虑自己的子女。面对他人的贫穷,他伸出自己的手,不论种族,不论国籍。如此对比,中国的富人的确没有那么仁爱。我想我们应该呼吁,呼吁国人团结一心,呼吁同胞互助互爱,呼吁"为富行仁"。

总言之，假若富人把不该吃的、多吃多占的都吐出来，"为富行仁"，如邓小平所说，带动和帮助其他人，那么共同富裕将不远，而这也比"杀富济贫"更人道主义。

任务小结

本任务练习录入了一篇中文文章，增强录入指法和汉字输入方法。

任务三　录入新闻稿

任务背景

某校班刊需要录入一篇中文新闻稿。

任务分析

录入中文，注意中文、数字的混合输入，注意中文标点符号。

任务要求

可以用任何汉字输入法，推荐学习使用专业的汉字输入法——五笔字型输入法。录入时要求遵循录入的指法、正确率不低于98%，在此前提下录入速度要求尽量快。尽量输入词组，以加快汉字输入速度。

任务实施

元宵节与情人节约19年才有相逢机会

（摘自《海峡都市报》2014年2月15日Y01版，本报记者蔡镇金）

本报讯　今年的2月14日，不但是西方情人节，还是中国传统节日元宵节。两节"喜相逢"，那么，你是捧着玫瑰找情人，还是回家陪父母呢？

两节相逢，这样喜庆的日子可不常见。昨日，记者查询得知，元宵节与情人节要约19年才有一次重叠，上一次双节重叠是1995年，下一次得等到2033年。此外，情人节与元宵节也并非每隔19年就一定会重合，虽然2033年两节重叠，但是2052年并没有"如约"。记者查询得知，2052年的元宵节在2月15日，比2月14日的情人节晚了一天。

正月十五是一年中第一个月圆之夜，也是一元复始、大地回春的夜晚。从欧阳修的"月上柳梢头，人约黄昏后"，到辛弃疾的"众里寻他千百度，蓦然回首，那人却在灯火阑珊处"，说的其实都是在元宵赏灯时一见倾心的事。

现在，充满诗情与浪漫色彩的元宵节，"情人节"的功能由牛郎织女的七夕节来代替，而元宵节成为了新春佳节的延续，成为了一个合家团圆的节日。不过，民俗学家说，在古代，元宵节是个浪漫的节日，全家出动看花灯闹元宵，青年男女便有了在元宵灯会中相识结缘的机会，造就了不少美好姻缘，因此，元宵节算是中国最古典的情人节。

元宵节与情人节重逢，让不少人感到纠结："是该陪家人，还是陪女友？"市民说，元宵节是传统的"年尾"，也是春节期间合家团圆的最后一天，长辈都很看重，作为子女应该在家陪父母吃团圆饭，毕竟现在年轻人陪父母的时间越来越少了。

任务小结

本任务练习录入了一篇中文文章，增强录入指法和汉字输入方法。

模块二　Windows 基本操作

Windows 基本操作是比较基础的计算机操作技能之一。Windows 操作系统中常见的操作包含复制、剪切、粘贴及对文件与文件夹的新建、搜索等操作。

本章要点：

项目　Windows 操作基础技能
※ Windows 的基本操作

项目　Windows 操作基础技能

任务　Windows 的基本操作

任务背景

Windows 基本操作是计算机一级考试的一个模块，是必须要掌握的一个技能。在操作过程中，要严格按照题目顺序做题，才能得到满意的分数。

任务分析

本任务主要练习 Windows 的文件与文件夹操作，主要使用"Windows 资源管理器"来完成任务。

任务要求

请按要求完成以下操作（必须按题目顺序做题）。

考生文件夹为"C:\15000001"，此考生文件夹在做题过程中根据要求创建。

1）启动"Windows 资源管理器"，设置文件查看方式为"列表"；设置左边的"导航窗格"，要求"显示所有文件夹"和"自动扩展到当前文件夹"；设置"查看"选项，要求"显示隐藏的文件、文件名和驱动器"和"不隐藏已知文件类型的扩展名"。

2）在 C 盘根目录下创建新文件夹 15000001，作为考生文件夹。

模块二 Windows 基本操作

3）在考生文件夹下创建 5 个新文件夹 WEAR、MYNEW、WRITE、CHILD 和 HIDE，并设置 HIDE 文件夹的属性为"隐藏"和"只读"。

4）在考生文件夹下的 MYNEW 文件夹中创建 2 个新文本文档 MYTEXT.TEXT 和 DDD.TXT，并设置 MYTEXT.TEXT 文件的属性为"隐藏"和"存档"。

5）在考生文件夹下的 WEAR 文件夹中创建新文本文档并重命名为 WORK.WER；再将 WORK.WER 文件复制 2 份，一份直接保存到考生文件夹下，另一份就放在 WEAR 文件夹（相同文件夹）中，但文件名改为 WORK.W。

6）将考生文件夹下 WEAR 文件夹中的 WORK.W 文件移到考生文件夹下的 CHILD 文件夹内，并改名为 WORKER.BAT。删除 MYNEW 文件夹中的 DDD.TXT 文件。

7）搜索考生文件夹下的所有以 W 开头的文件，然后将其复制到考生文件夹下的 WRITE 文件夹内。

8）为考生文件夹下的 CHILD 文件夹中的 WORKER.BAT 文件建立名为 GO_WORKER 的快捷方式，并存放在考生文件夹下。

9）启动"计算器"，并将"计算器"窗口截图；启动"画图"，用"画图"将"计算器"窗口截图以 JPEG 图片格式保存到考生文件夹，命名为"计算器窗口.jpg"；最后关闭"计算器"和"画图"。

任务实施

注意：必须按题目顺序做题！

第 1 题

启动"Windows 资源管理器"，常用方法有：1）直接双击桌面上的"我的电脑"图标。2）右键单击"我的电脑"图标，然后从弹出的快捷菜单中选择"打开 Windows 资源管理器"命令。3）按键盘上的组合键<■+E>，■为键盘上的 Windows 键。

设置文件"查看方式"为"列表"，方法有：1）如图 2-1 所示，单击"查看→列表"命令。2）单击工具栏右侧的 ■▼ 按钮中的 ▼ 下拉箭头，然后选择"查看"即可。

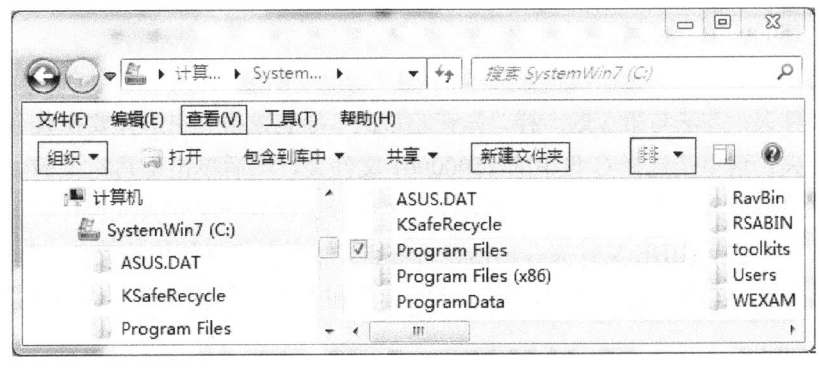

图 2-1 Windows 资源管理器的列表查看方式

设置左边的"导航窗格":如果没有显示左边的"导航窗格",请单击工具栏左侧的"组织"按钮,在弹出的下拉列表中选择"布局"命令,在出现的下级菜单中选择"导航窗格"命令(在勾选时若勾选"菜单栏"命令,可显示菜单栏,方便操作);单击工具栏左侧的"组织"按钮,在下拉列表中选择"文件夹和搜索选项"命令,弹出如图2-2所示的对话框。在"常规"选项卡中,选择"显示所有文件夹"和"自动扩展到当前文件夹"复选框。

设置"查看"选项:在图2-2所示的"文件夹选项"对话框中,单击"查看"选项卡,如图2-3所示。单击"应用到文件夹"按钮,并且在"高级设置"列表中选择"显示隐藏的文件、文件名和驱动器"单选按钮,取消勾选"隐藏已知文件类型的扩展名"复选框。

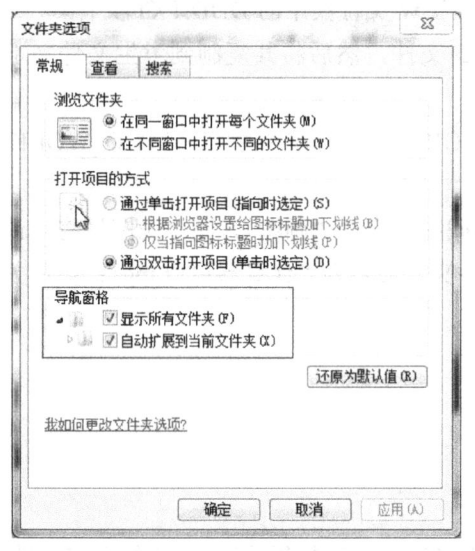 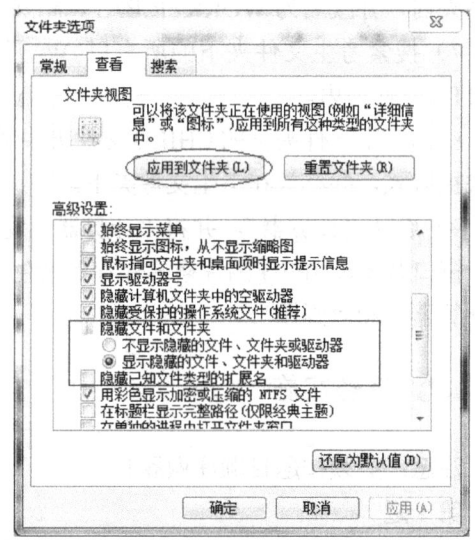

图2-2　文件夹选项中的"常规"选项　　　　图2-3　"查看"选项卡

第2题

创建文件夹:先在资源管理器左边的"导航窗格"中选择要在其下创建子文件夹的文件夹,这里选择"C:",然后单击工具栏上的"新建文件夹"按钮(或者:在右边窗格中的空白处单击鼠标右键,在弹出的快捷菜单中选择"新建→文件夹"命令),最后输入文件夹名字"15000001"即可。

第3题

创建文件夹:方法与第2题一样,先在左边的"导航窗格"中选择要在其下创建子文件夹的文件夹,这里是选择C盘中的15000001文件夹,然后单击工具栏上的"新建文件夹"按钮,最后输入文件夹名字。5个文件夹要进行5次创建文件夹的操作。

设置属性:选择HIDE文件夹并单击鼠标右键,然后在弹出的快捷菜单中选择"属性"命令,弹出如图2-4所示的对话框,勾选"只读"和"隐藏"复选框,最后单击"确定"按钮。

第3题做好后,效果如图2-5所示。注意:HIDE文件夹虽然是隐藏文件夹,但也显示出来了,只是其图标显示得比较淡(这表示隐藏)。

模块二　Windows 基本操作

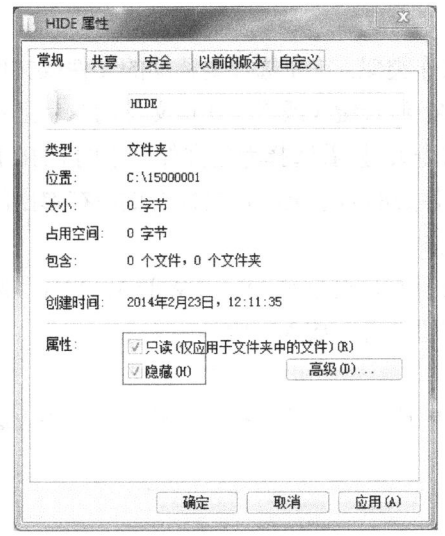

图 2-4　"HIDE 属性"对话框

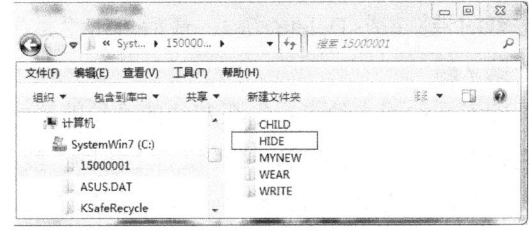

图 2-5　隐藏文件

第 4 题

创建新文本文档：先在左边的"导航窗格"中选择要在其下创建文件的文件夹，这里是选择 15000001 文件夹下的 MYNEW 文件夹，然后在右边窗格中的空白处单击鼠标右键，在弹出的快捷菜单中选择"新建→文本文档"命令，最后输入文件名字"MYTEXT.TEXT"即可。创建另一个文件的操作方法一样。

设置属性：与第 3 题类似，如图 2-6 所示。

第 5 题

复制文件或文件夹：先选择要复制的文件或文件夹，这里是 WORK.WER 文件，然后按<Ctrl+C>组合键（或者：在该文件的名字上单击鼠标右键，在弹出的快捷菜单中选择"复制"命令）；接着选择考生文件夹 15000001，按<Ctrl+V>组合键（或者：在考生文件夹的名字上单击鼠标右键，在弹出的快

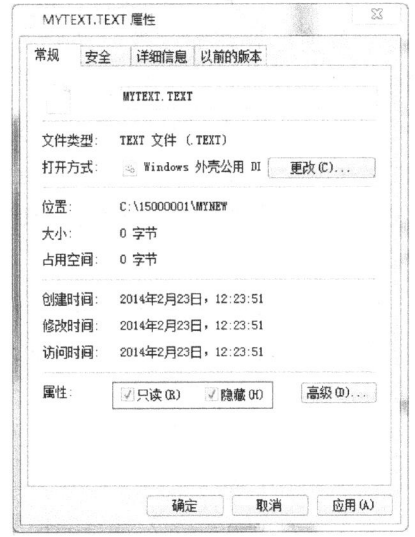

图 2-6　文件属性

捷菜单中选择"粘贴"命令），这样就完成"一份直接保存到考生文件夹下"。接着选择 WEAR 文件夹，按<Ctrl+V>组合键，因 WEAR 文件夹已经有一个同名文件，故复制的文件自动命名为 WORK - 副本.WER，将其重命名为 WORK.W，这样就完成"另一份就放在 WEAR 文件夹（相同文件夹）中，但文件名改为 WORK.W"。

重命名文件或文件夹：先选择要重命名的文件或文件夹，这里是 WORK - 副本.WER，然后按<F2>键，最后输入新的名字即可，这里是 WORK.W。

第 6 题

移动文件或文件夹：与复制文件或文件夹的操作类似，首先选择要移动的文件或文件夹，这里是 WEAR\WORK.W 文件，然后按<Ctrl+X>组合键（或者：在该文件的名字上单击鼠标右键，在弹出的快捷菜单中选择"剪切"命令）；接着选择考生文件夹下的 CHILD 文件夹，按<Ctrl+V>组合键（或者：在 CHILD 文件夹的名字上单击鼠标右键，在弹出的快捷菜单中选择"粘贴"命令），即可完成移动操作。

删除文件或文件夹：先选择要删除的文件或文件夹，这里是 MYNEW\DDD.TXT，然后按<Del>键（或<Delete>键），最后单击"是"按钮即可（放入回收站中）。

第 7 题

搜索文件或文件夹：先在左边的"导航窗格"中选择要在其下搜索文件的文件夹，这里选择 15000001 文件夹，然后在右上角的"搜索"框中输入要搜索的关键字，这里是"W*"，如图 2-7 所示，找到 2 个文件夹和 3 个文件。

注意：题目只要求复制文件，因此只要将这 3 个文件复制到 WRITE 文件夹内，注意不包括文件夹；由于存在同名文件，故复制文件时会提示替换已存在的文件，选择替换，结果 WRITE 文件夹内只有 2 个文件。

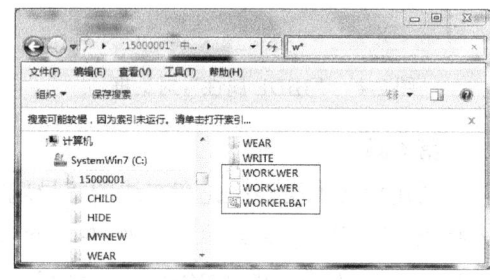

图 2-7　查找文件

搜索的关键字一般是要查找的文件或文件夹的名字的全部或一部分，有时还会包含"?"和"*"这两个通配符，"?"代表任意 1 个字符，"*"代表任意多个字符。允许有多个关键字，只需用英文的逗号","隔开即可。比如：

要查找名称由 3 个字符组成，并且以 A 开头的文件和文件夹，关键字为"A??"。

要查找名称中以"试卷"结尾的 WORD 文档（扩展名为.doc 或.docx），关键字为"*试卷.doc"。

要查找 MP3 文件和 JPG 文件，关键字为"*.mp3 OR *.jpg"（OR 要用大写字母且其前后各有 1 个空格）。

更多有关 Windows 7 搜索的使用技巧，请参阅：

http://support.microsoft.com/kb/979467/zh-cn

http://pcedu.pconline.com.cn/windows7/skill/1112/2613245.html

第 8 题

创建快捷方式：方法一，先选择 CHILD\WORKER.BAT 文件，然后复制，接着在左边的"导航窗格"中选择存放快捷方式的文件夹，这里是选择 15000001 文件夹，然后在右边窗格的空白处单击鼠标右键，在弹出的快捷菜单中选择"粘贴快捷方式"命令，会生成名为 WORKER.BAT 的快捷方式（快捷方式的图标的左下角有箭头，如 WORKER.BAT），最后将其改名为 GO_WORKER 即可。方法二：在

CHILD\WORKER.BAT 文件名字上单击鼠标右键,然后在弹出的快捷菜单中选择"创建快捷方式"命令,会在同一文件夹下生成名为 WORKER.BAT 的快捷方式,最后将其改名并移动到存放快捷方式的文件夹中,这里是考生文件夹 15000001。

第 9 题

启动"计算器"和"画图":单击"开始→所有程序→附件→计算器"命令可启动"计算器"程序;单击"开始→所有程序→附件→画图"命令可启动"画图"程序。

截图方法:直接按<Print Screen>键为整个屏幕截图;按<Alt + Print Screen>组合键为当前窗口截图。截图结果自动保存在"剪贴板"中,可以在"画图"等程序中按<Ctrl + V>组合键粘贴出来。

保存图片:截图后启动"画图"程序,然后按<Ctrl + V>组合键将截图粘贴出来(见图 2-8),最后按<Ctrl + S>组合键进行保存,在弹出的"保存为"对话框中先选择好保存位置,这里是考生文件夹 15000001,再选择"保存类型"为"JPEG (*.jpg;*.jpeg;*.jpe;*.jfif)",然后在"文件名"文本框中输入"计算器窗口",单击"保存"按钮即可。

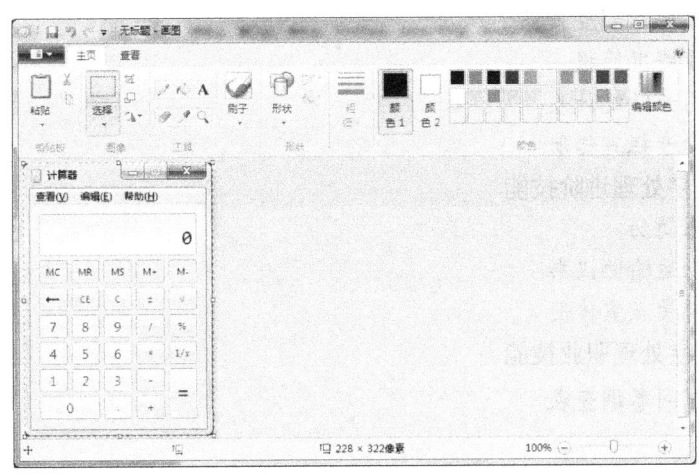

图 2-8 "画图"程序

任务小结

本任务主要练习 Windows 基本操作:启动程序/软件,截图,文件与文件夹的新建、复制、移动、重命名、设置属性、搜索等操作。这些操作都是计算机一级考试中"Windows 基本操作"模块的考纲要求。

模块三 Word 文字处理系统

Word 2010 是 Microsoft Office 2010 中最常用的组件之一，主要用于编辑和处理文档。本模块介绍了从 Word 的基本操作到文字排版、图形操作、表格操作、艺术字操作以及页面操作等相关内容。

本章要点：

项目一 文字处理基础技能
※ 制作请示文档
※ 制作员工考核制度文档
※ 制作公司概况简报
※ 制作公司业绩统计表
※ 制作美食专栏宣传册

项目二 文字处理进阶技能
※ 制作个人简历
※ 制作货物运输协议书
※ 制作旅游景点宣传册

项目三 文字处理职业技能
※ 制作客户问卷调查表

项目一 文字处理基础技能

任务一 制作请示文档

任务背景

请示是办公应用中的一种常见问题，是一种请求性公文，请示就是下级单位就某一问题或者事项向上级单位请求作出指示。

任务分析

制作请示文档时，首先输入请示文档，然后根据要求设置字体格式、字符间距，添加

模块三 Word 文字处理系统

下画线、字符边框或底纹,突出显示文本。

任务要求

根据任务分析,可将本文档设计如下:
1)根据需要输入请示内容。
2)将标题文字("关于增加装修费用的请示")设置为宋体、三号、红色,字符间距加宽 3 磅。
3)为正文文字("在原计划中……共计 396 元。")设置双下画线(橙色,强调文字颜色 6,深色 25%)并添加字符边框。
4)将请示文档中的文字"增补 396 元"设置为"突出显示文本"格式。
5)将文档中的"m2"设置为"m^2"格式。
6)保存文档,文件名为"关于增加费用的请示"。

效果如图 3-1 所示。

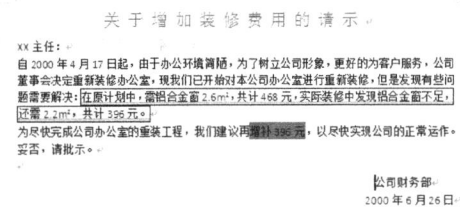

图 3-1 效果图

任务实施

1. 输入文档内容

新建一个空白 Word 文档,在其中输入请示内容,并通过空格键设置相应位置,如图 3-2 所示。

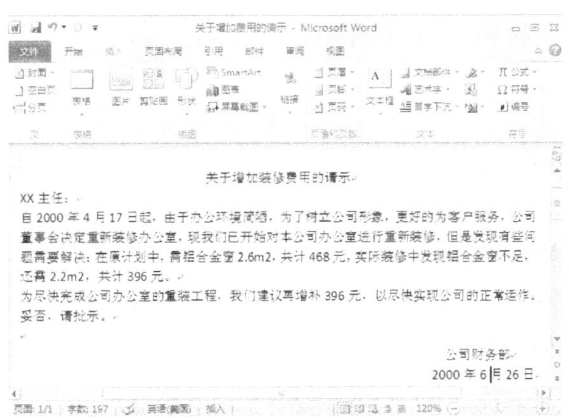

图 3-2 新建文档

2. 设置标题文字

1）选中标题文字。

2）单击"开始→字体"组中的 下拉按钮，弹出"字体"对话框，如图3-3所示。

3）设置字体格式。在弹出的"字体"对话框中，设置标题文字（"关于增加装修费用的请示"）为宋体、三号、红色，如图3-4所示。

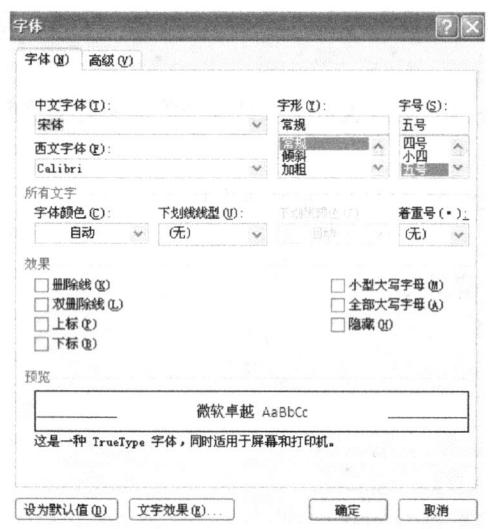

图3-3 "字体"对话框

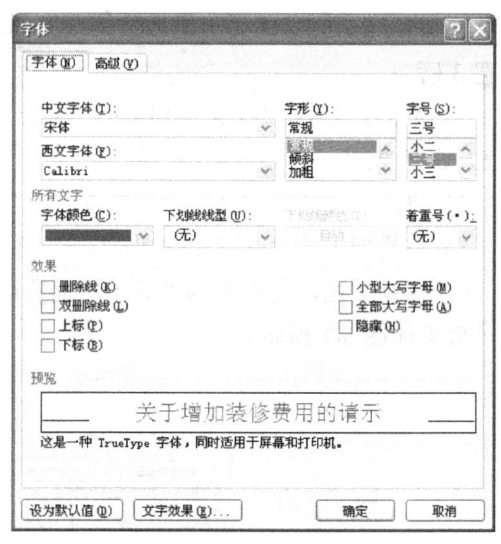

图3-4 设置字体格式

4）设置字符间距。切换到"高级"选项卡，设置字符间距加宽3磅，设置完成后单击"确定"按钮，如图3-5所示。

3. 设置下画线

1）选中要添加下画线的文本"在原计划中……共计396元"。

2）单击"开始→字体"组中"下画线"按钮右侧的下拉按钮，在弹出的下拉列表中选择需要的下画线样式，如图3-6所示。

3）设置下画线颜色。再次单击"下画线"按钮右侧的下拉按钮，在弹出的下拉列表中单击"下画线颜色"命令，在展开的"颜色"面板中选择"橙色，强调文字颜色6，深色25%"，如图3-7所示。

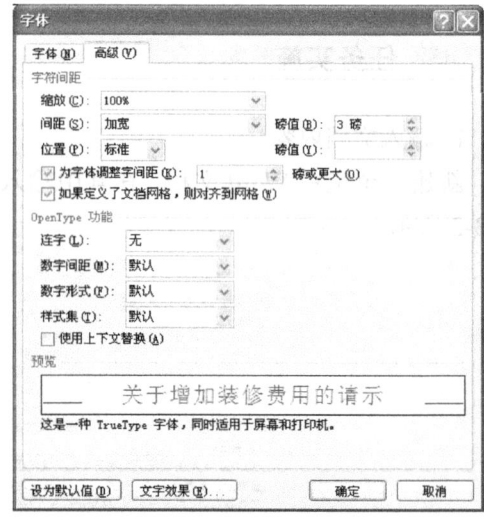

图3-5 设置字符间距

模块三　Word 文字处理系统

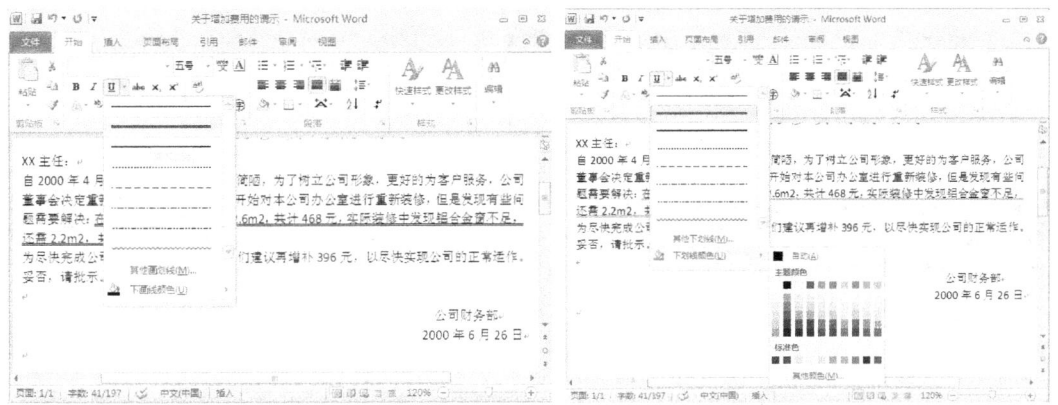

图 3-6　选择下画线样式　　　　　　　图 3-7　设置下画线颜色

4）添加字符边框。选中要添加字符边框的文本，单击"开始→字体"组中的"字符边框"按钮，如图 3-8 所示。

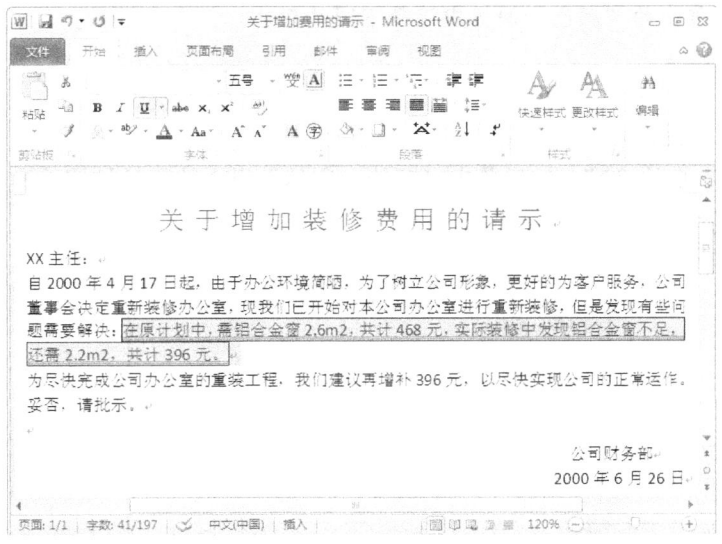

图 3-8　添加字符边框

4. 突出显示文本

1）将光标定位在文档的开始处，单击"开始→编辑"组中的"替换"按钮，在弹出的"查找和替换"对话框中设置，在"查找内容"和"替换为"下拉列表中输入"增补 396 元"，如图 3-9 所示。

2）选中"替换为"下拉列表中的内容（"增补 396 元"），单击"更多"按钮，单击"格式"按钮，在弹出的菜单中选择"突出显示"命令，完成后单击"替换"按钮，如图 3-10 所示。

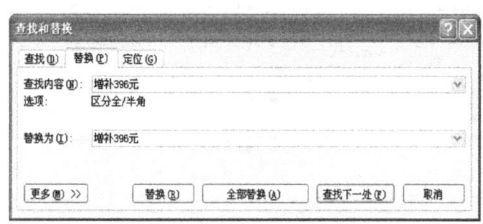

图 3-9 "查找和替换"对话框

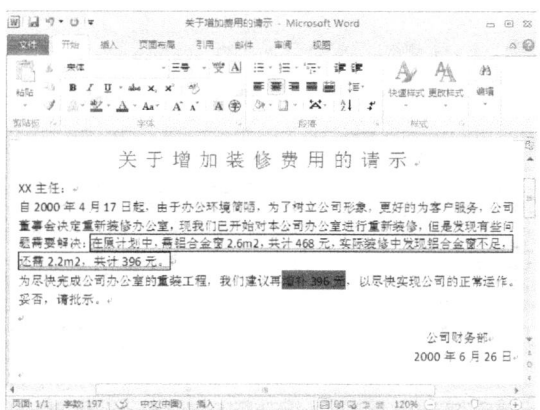

图 3-10 突出显示替换文本

单击"开始→字体"组中的"以不同颜色突出显示文本"按钮右侧的下拉按钮，可在弹出的"颜色"面板中选择不同的颜色。

5. 将"m2"设置为"m^2"格式

选中"m2"中的"2"，然后单击"开始→字体"组中的下拉按钮，弹出"字体"对话框，勾选"上标"复选框，如图 3-11 所示。

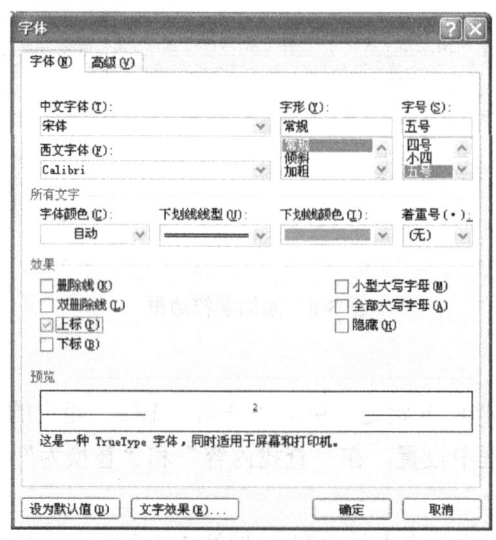

图 3-11 设置"上标"格式

6. 保存文档

1）文档编辑好以后，单击快速访问工具栏中的"保存"按钮。

2）单击"文件→另存为"命令，在弹出的"另存为"对话框中设置好文件名、保存类型和保存位置，单击"保存"按钮即可，如图 3-12 所示。

图 3-12 "另存为"对话框

任务小结

请示是下级机关向上级机关请求决断、指示、批示或批准事项所使用的呈批性公文。根据内容、性质的不同，请示分为请求指示的请示、请求批准的请示。请示事项要具体、明确、条项清楚，以便上级机关给予明确批复。

任务二 制作员工考核制度文档

任务背景

考核是企业管理的基础性工作，是统计发工资、奖金、劳保福利等待遇的重要依据。了解考核管理的工作流程，也是人事部工作人员所必须具备的基本常识。

任务分析

制作员工考核制度文档，首先要输入文档内容，然后根据要求设置文档段落缩进、间距、底纹和边框以及项目符号和编号等。

任务要求

根据任务分析，可将本文档设计如下：
1）根据需要输入文档内容。
2）将标题文字（"员工考核制度"）设置为楷体、二号、加粗、居中。
3）将正文各段文字格式设置为小四号宋体，各段落左右各缩进 1.5 字符，首行缩进 2 字符，段前间距 1 行。
4）给标题文字（"总则""考核办法"）添加编号样式"（一)(二)……"。

5）给段落（"自我述职……""综合判断的……"）前添加编号"1.2.3.…"。

6）给每个考核方法正文各段（不包括标题段文字）添加项符号" "。

7）给每个考核方法正文各段（不包括标题段文字）设置边框，边框线为虚线、蓝色，宽度为1磅，应用范围为段落并添加橙色（强调文字颜色6，淡色60%）底纹。

效果如图3-13所示。

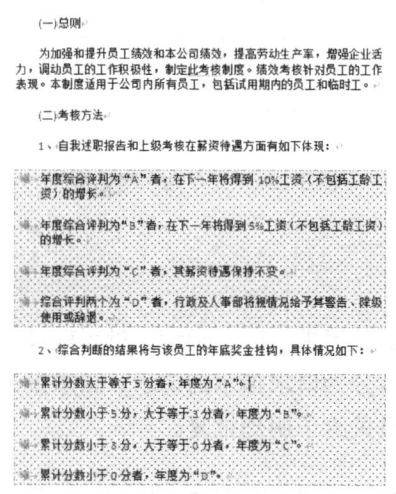

图3-13　效果图

任务实施

1. 输入文档内容

新建一个空白Word文档，在其中输入考核内容，如图3-14所示。

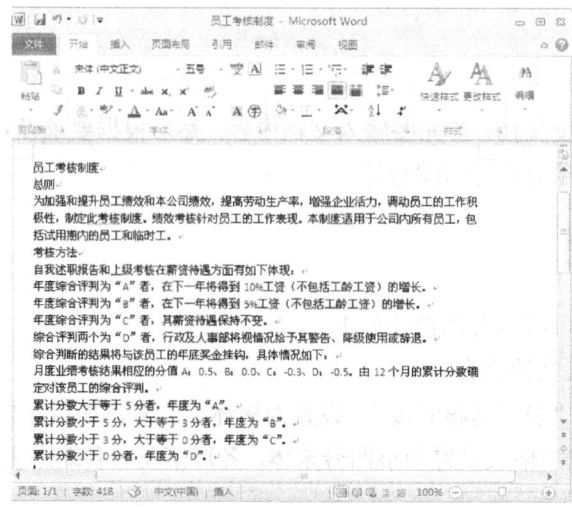

图3-14　新建文档

2. 设置标题段文字格式

1）选中标题行文字。

2）在"开始→字体"组中设置字体、字号和颜色等格式,在"段落"组中设置文本居中对齐,如图3-15所示。

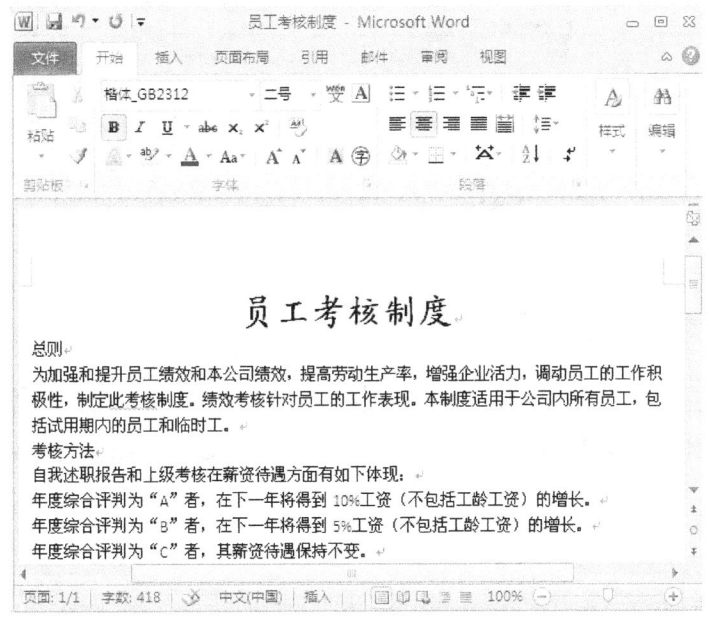

图3-15　设置标题文字格式

> 设置段落对齐方式的组合键:左对齐:<Ctrl+L>;右对齐:<Ctrl+R>;居中:<Ctrl+E>;两端对齐:<Ctrl+J>;分散对齐:<Ctrl+Shift+J>。

3. 设置段落格式

1）选中需要设置段落格式的段落。

2）单击"开始→字体"组中的下拉按钮,弹出"字体"对话框,设置为小四号、宋体,如图3-16所示。

3）单击"开始→段落"组中的下拉按钮,弹出"段落"对话框,设置段落左右各缩进1.5字符,首行缩进2字符,段前间距1行,如图3-17所示。

4. 设置编号样式

1）将光标定位在文字"总则"前。

2）单击"开始→段落"组中的"编号"按钮右侧的下拉按钮,在弹出的下拉列表中单击需要的编号样式"(一)(二)……",如图3-18所示。

3）按照同样的方法设置其他同等级别的编号样式,如图3-19所示。

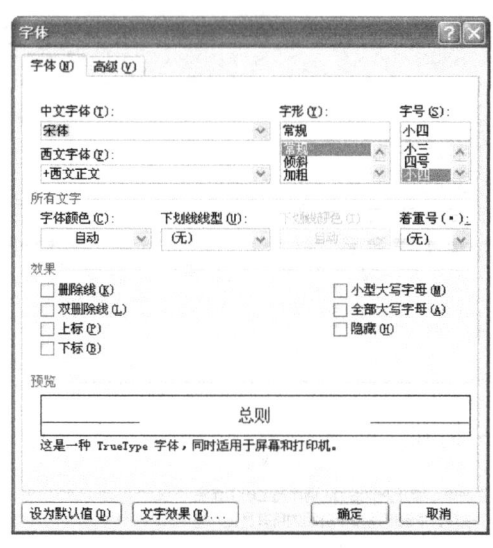

图3-16　设置文字格式

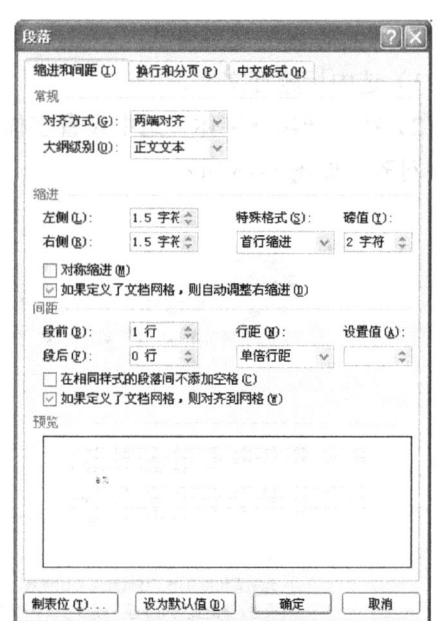

图3-17　设置段落格式

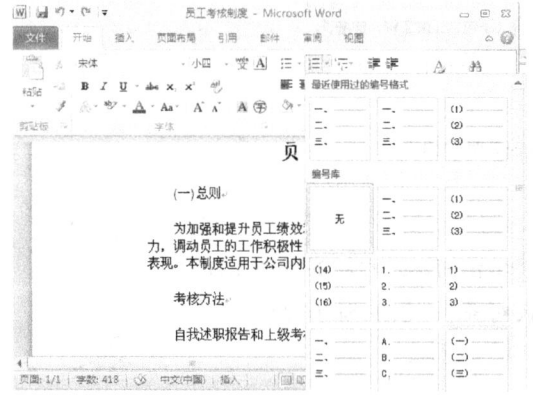

图3-18　选择编号样式

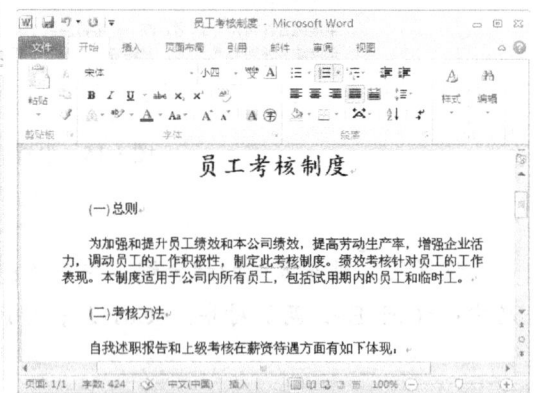

图3-19　设置编号样式1

5. 设置编号样式

1）将插入点定位到需要设置编号的段落中。

2）单击"开始→段落"组中的"编号"按钮右侧的下拉按钮，在弹出的下拉菜单中单击"1.2.3…"编号样式，效果如图3-20所示。

6. 添加项目符号

1）选中要添加项目符号的段落。

2）单击"开始→段落"组中的"项目符号"按钮右侧的下拉按钮，在弹出的下拉列表中选择需要的样式。本例设置图片符号样式，因此单击"定义新项目符号"命令，如图3-21所示。

3）弹出"定义新项目符号"对话框，单击"图片"按钮，如图3-22所示。

模块三　Word 文字处理系统

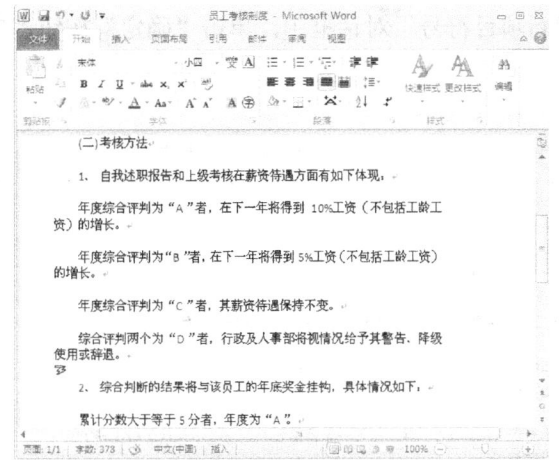

图 3-20　设置编号样式 2

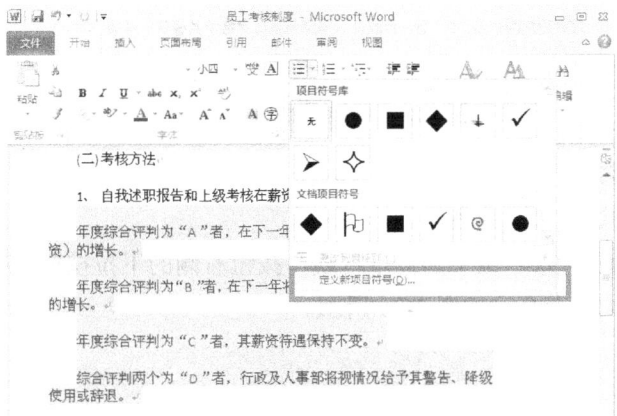

图 3-21　定义新项目符号

4）弹出"图片项目符号"对话框，勾选"包含来自 Office.com 的内容"复选框，选中需要的图片样式，最后单击"确定"按钮，如图 3-23 所示。

 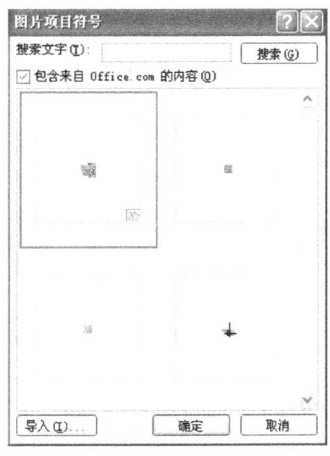

图 3-22　"定义新项目符号"对话框　　　图 3-23　选择项目符号样式

5）返回到"定义新项目符号"对话框中，单击"确定"按钮，效果如图3-24所示。

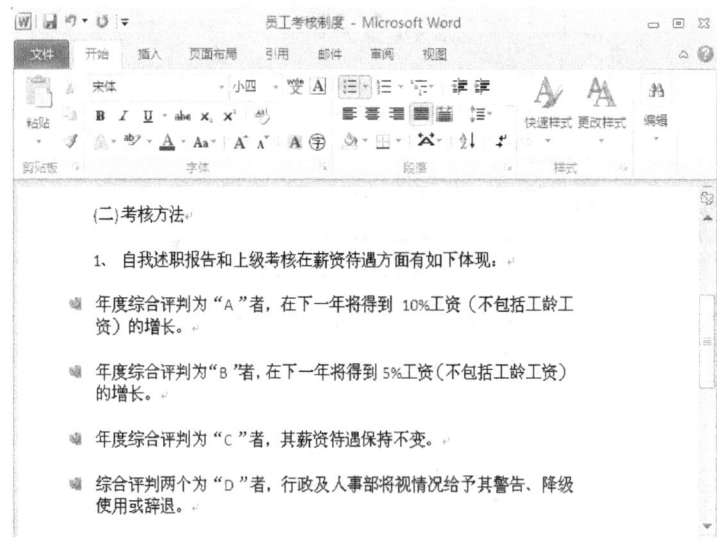

图3-24 添加项目符号效果图

7. 设置边框底纹

1）选中要添加边框底纹的段落。

2）单击"开始→段落"组中的"下框线"按钮右侧的下拉按钮，在弹出的下拉菜单中选择"边框和底纹"命令，如图3-25所示。

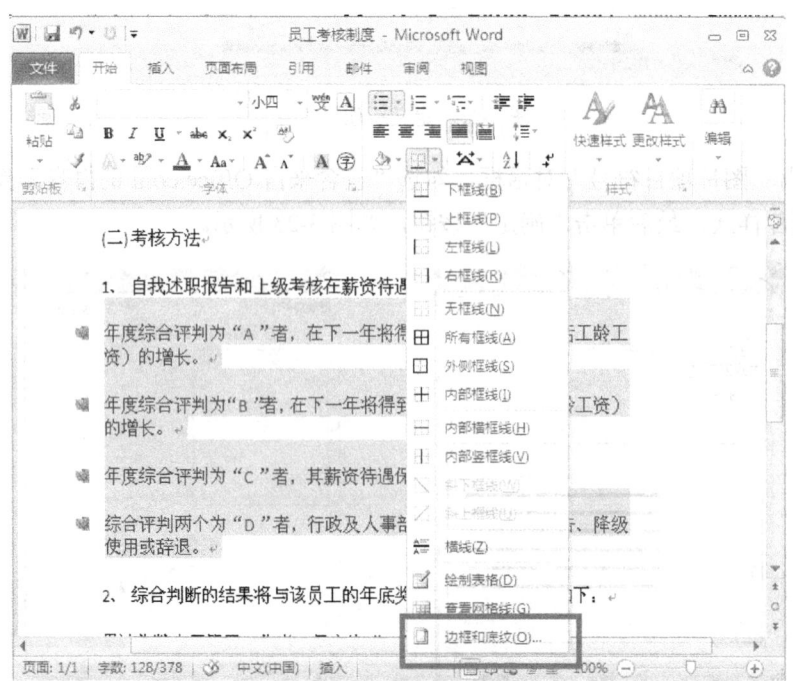

图3-25 选择"边框和底纹"命令

3）设置边框线为虚线、蓝色，宽度为 1 磅，应用范围为段落，如图 3-26 所示。

4）添加橙色（强调文字颜色 6，淡色 60%）底纹，图案样式：5%，然后单击"确定"按钮，如图 3-27 所示。

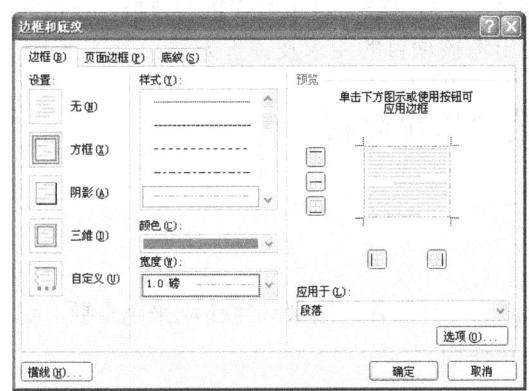 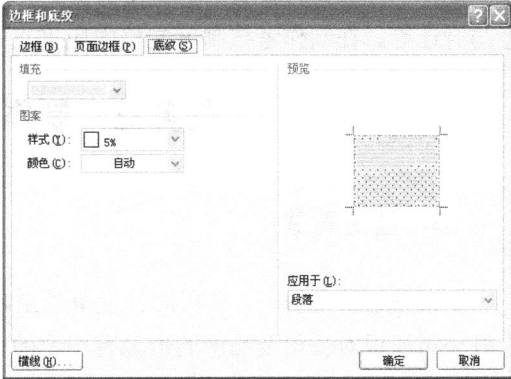

图 3-26　设置边框线　　　　　　　　　图 3-27　设置底纹样式

5）用同样的方法为其他段落添加边框和底纹，如图 3-28 所示。

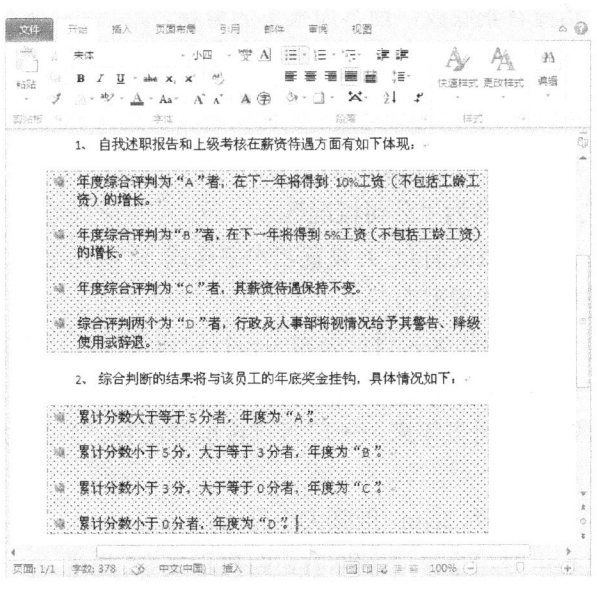

图 3-28　设置边框和底纹的效果图

除了上述方法之外，还可以通过"格式刷"按钮来完成相同文本格式的设置：选中设置好的标题，双击"格式刷"按钮，将其他标题刷成相同格式。单击"格式刷"按钮只能刷一次，双击"格式刷"按钮可以刷多次。

任务小结

在公司的日常人事管理中,考核是一项十分重要的内容,有利于评价、监督和促进员工的工作,有明显的激励作用和发掘员工的潜力。对员工给予公正的评价与待遇,包括奖惩与升迁等。在制作考核制度文档中应重点突出考核项目的要求及评价方法。

任务三 制作公司概况简报

任务背景

在市场经济环境下,公司间的竞争越来越激烈,对品牌的凝聚和宣传越来越重要。制作好公司简报对公司及品牌的形象有一定的宣传作用。

任务分析

在制作公司概况简报的文档上设置标题、段落文字的格式,添加首字下沉、页眉以及艺术型的页面边框,填充背景底纹,使得简报更加美观。

任务要求

根据任务分析,可分解任务过程如下:

1)新建 Word 文档,命名为"公司概况"。
2)将标题文字("公司概况简介")设置艺术字样式("填充-橙色、强调文字颜色 6、暖色粗糙梭台""朝鲜鼓""四周型")。
3)将正文各段文字("福州××设计公司……行业和领域。")设置为五号、楷体;各段落左右各缩进 0.5 字符,首行缩进 2 字符,1.5 倍行距,段前间距 0.5 行。
4)将正文第二段("公司多年来……广告宣传单等内容。")分为等宽的两栏,栏宽 17 字符,加分隔线。
5)设置页面上下边距各为 3cm;纸张大小为 A4。
6)设置首字("福州")下沉,下沉 2 行,距离正文 0.2 厘米。
7)设置页面边框,艺术型小树,10 磅;将背景底纹填充为"水滴"。
8)给文档设置页眉"公司概况简介",瓷砖型、五号、楷体。

效果如图 3-29 所示。

模块三 Word 文字处理系统

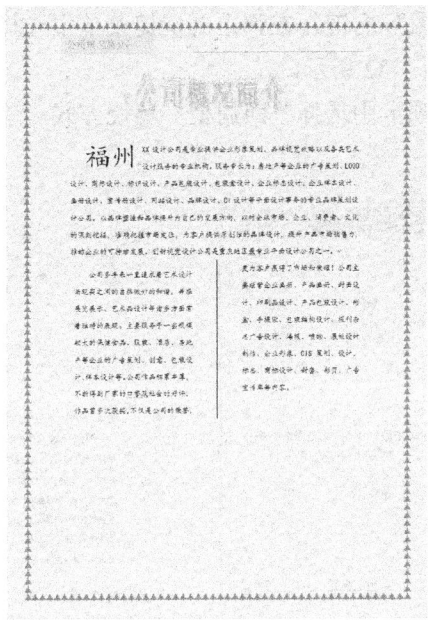

图 3-29 效果图

任务实施

1. 新建文档

新建 Word 文档，命名为"公司概况"。

2. 设置艺术字样式

1）选中标题，单击"插入→文本"组中的"艺术字"按钮，在弹出的下拉列表中设置艺术字样式，如图 3-30 所示。

2）选中艺术字，单击"绘图工具→格式→艺术字样式"组中的"文本效果"按钮，在弹出的下拉菜单中选择"转换"命令，在级联菜单中选择形状"朝鲜鼓"，如图 3-31 所示。

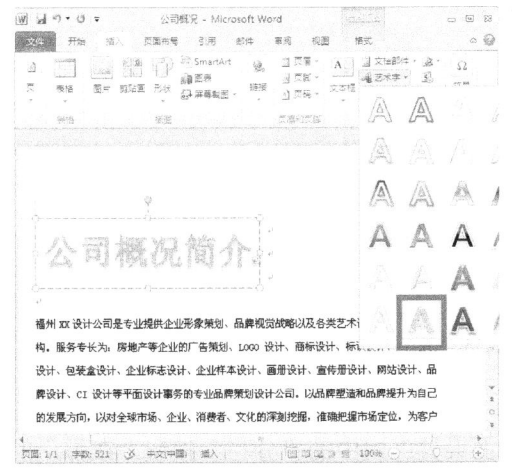

图 3-30 设置艺术字样式

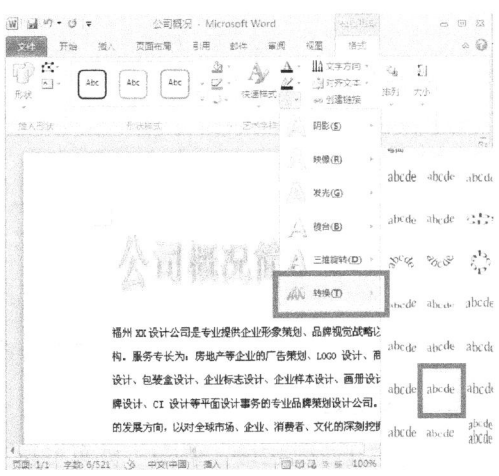

图 3-31 设置艺术字形状

3)选中艺术字并单击鼠标右键,在弹出的快捷菜单中选择"其他布局选项"命令,弹出"布局"对话框,如图 3-32 所示。

4)在"文字环绕"选项卡中选择"四周型"环绕方式,单击"确定"按钮,效果如图 3-33 所示。

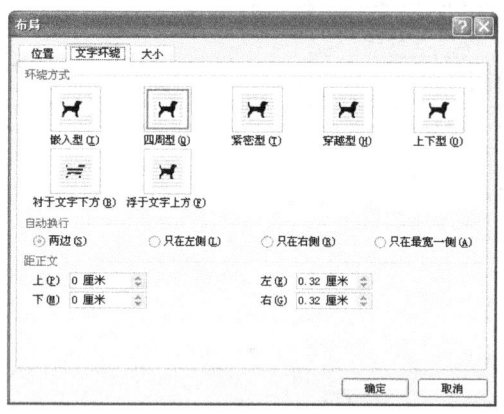

图 3-32 "布局"对话框

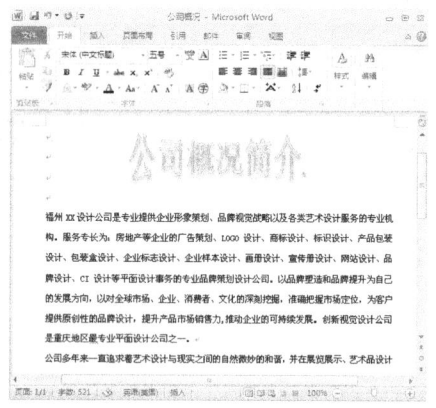

图 3-33 艺术字

3. 设置字体段落格式

1)选中正文,单击"开始→字体"组,设置为五号、楷体。

2)单击"开始→段落"组中的下拉按钮,弹出"段落"对话框,设置各段落左右各缩进 0.5 字符,首行缩进 2 字符,1.5 倍行距,段前间距 0.5 行,如图 3-34 所示。

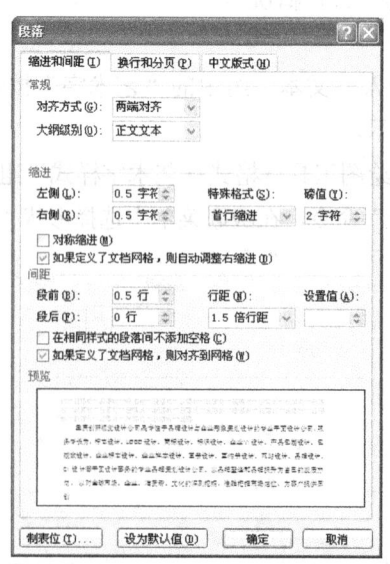

图 3-34 设置段落格式

4. 设置分栏

1)选中正文第二段,单击"页面布局→页面设置"组中的"分栏"按钮,在弹出的下拉菜单中选择"更多分栏"命令,如图 3-35 所示。

2)在弹出的"分栏"对话框中设置等宽两栏,栏宽 17 字符,加分隔线,如图 3-36 所示。

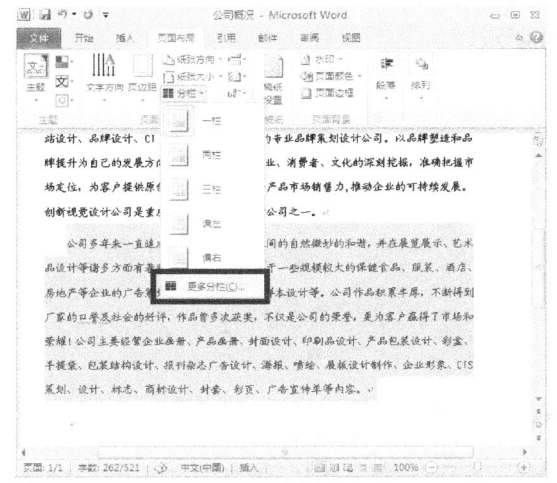 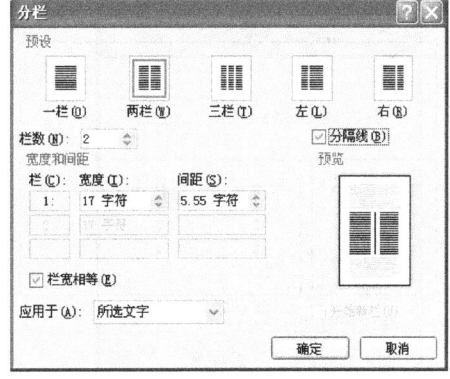

图 3-35　选择更多"分栏"命令　　　　　图 3-36　设置分栏格式

5. 设置页面上下边距、纸张大小

1)单击"页面布局→页面设置"组中的"页边距"按钮,在弹出的下拉菜单中选择"自定义边距"命令,然后在弹出的"页面设置"对话框中设置页边距,如图 3-37 所示。

2)单击"纸张"选项卡,选择纸张大小为 A4,如图 3-38 所示。

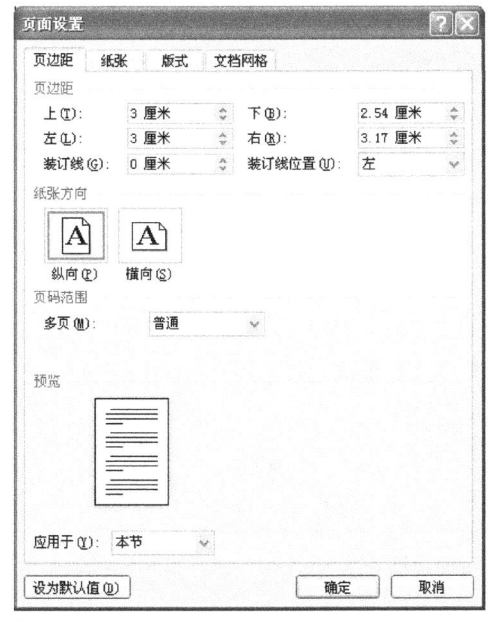 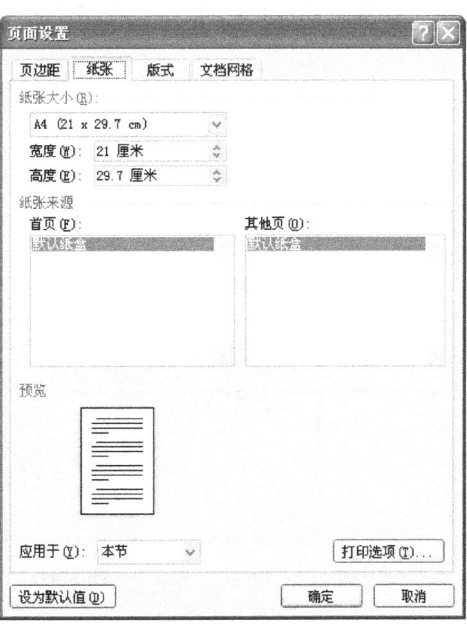

图 3-37　设置页边距　　　　　　　　图 3-38　设置纸张大小

6. 设置首字("福州")下沉

1)选中段落首字"福州"二字,单击"插入→文本"组中的"首字下沉"按钮,在弹出的下拉菜单中选择"首字下沉选项"命令,弹出"首字下沉"对话框,设置如图3-39所示。

2)单击"确定"按钮,效果如图3-40所示。

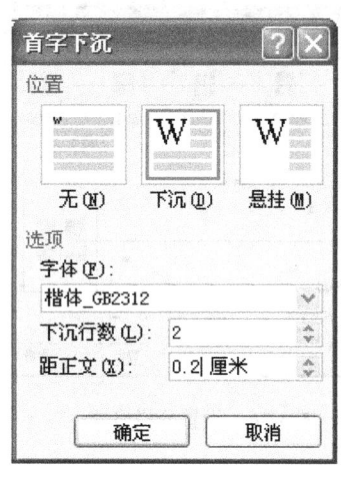

图3-39 "首字下沉"对话框

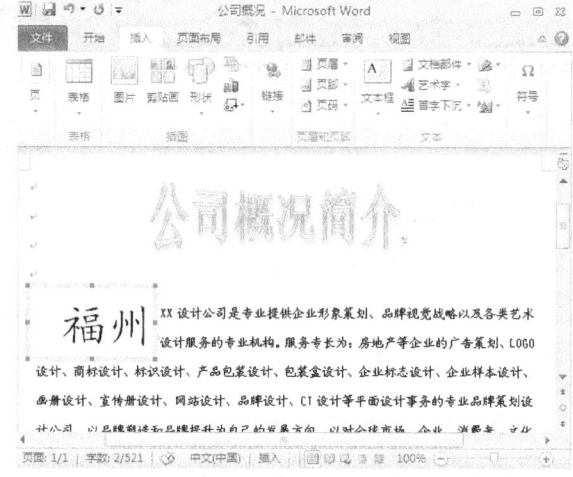

图3-40 "首字下沉"文字效果

7. 设置页面边框和背景底纹

1)单击"页面布局→页面背景"组中的"页面边框"按钮,在弹出的"边框和底纹"对话框中设置页面边框,如图3-41所示。

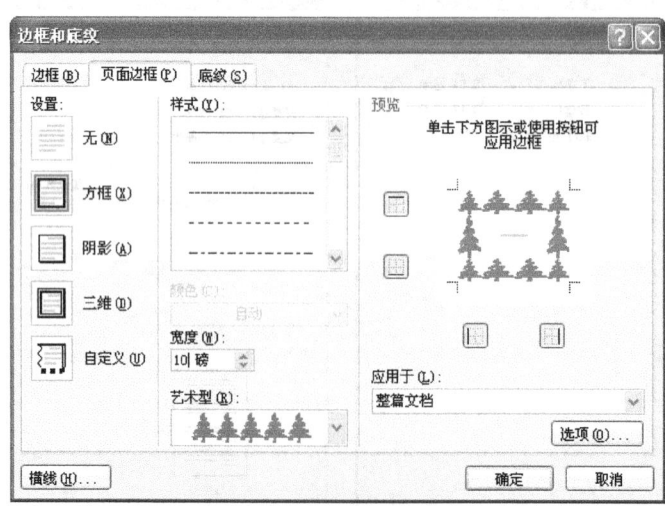

图3-41 设置页面边框

2)单击"页面布局→页面背景"组中的"页面颜色"按钮,在弹出的下拉菜单中选择"填充效果"命令,如图3-42所示。

模块三　Word 文字处理系统

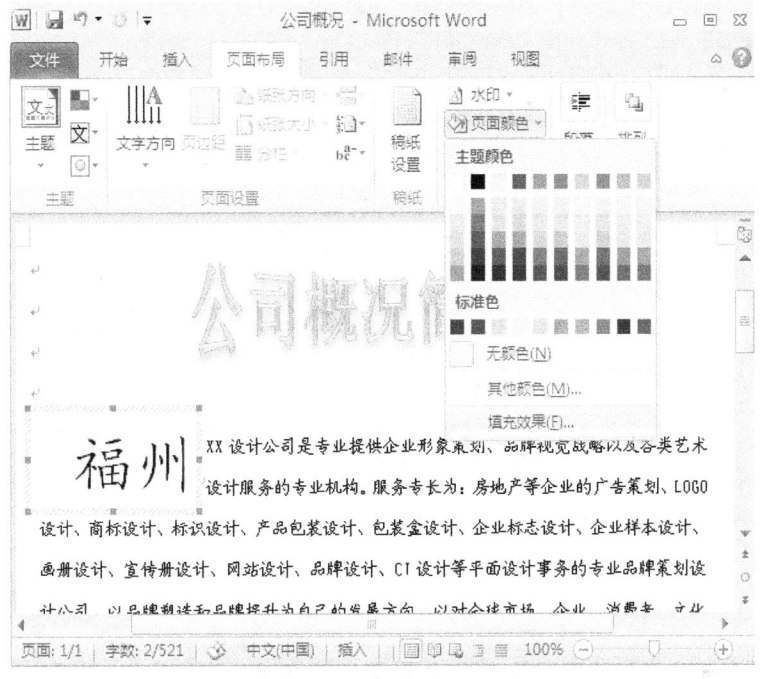

图 3-42　选择"填充效果"命令

3）在弹出的"填充效果"对话框中选择"纹理"选项卡中的"水滴",如图 3-43 所示。

4）单击"确定"按钮,效果如图 3-44 所示。

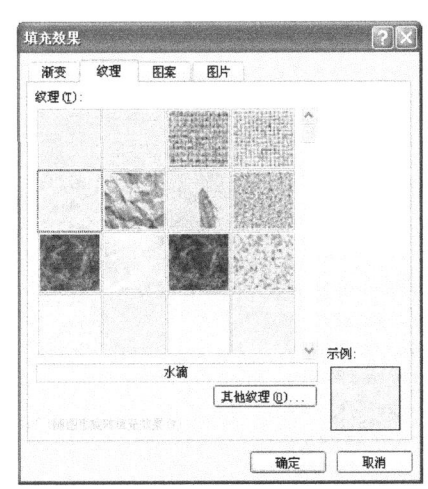

图 3-43　"填充效果"对话框

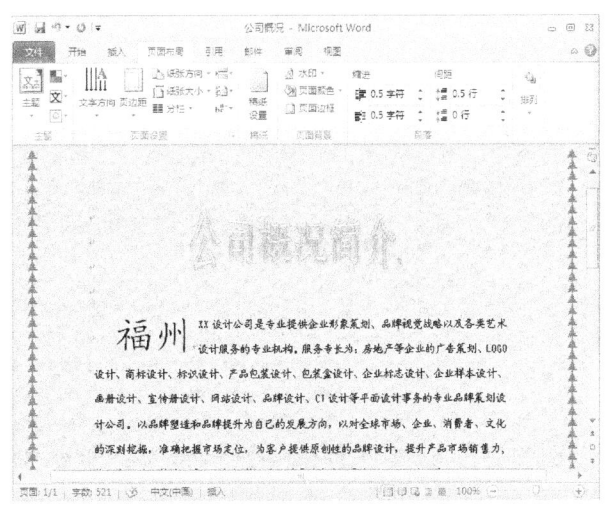

图 3-44　页面效果

8. 给文档设置页眉

1）单击"插入→页眉和页脚"组中的"页眉"按钮,在弹出的下拉菜单中选择页眉的类型,如图 3-45 所示。

计算机应用基础实训指导

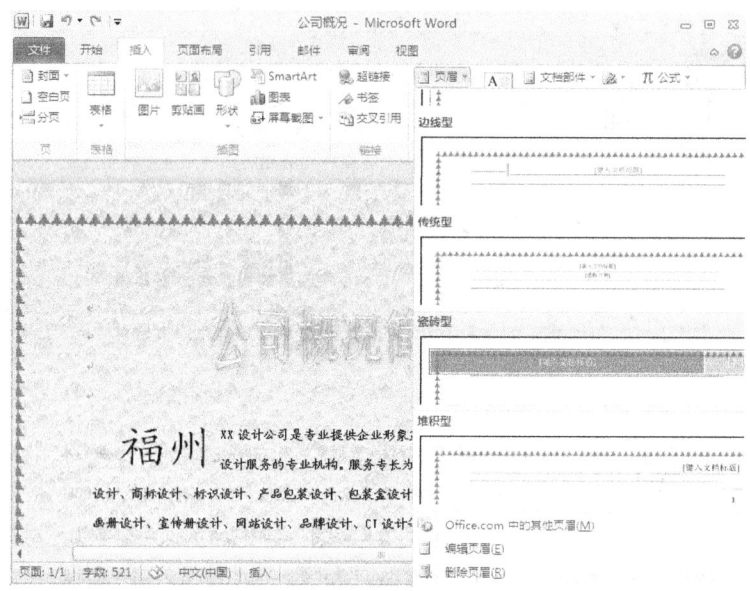

图 3-45　插入页眉

2）在页眉处输入"公司概况简介"，并设置字体格式，页眉样式。设置完成后单击"关闭"按钮，如图 3-46 所示。

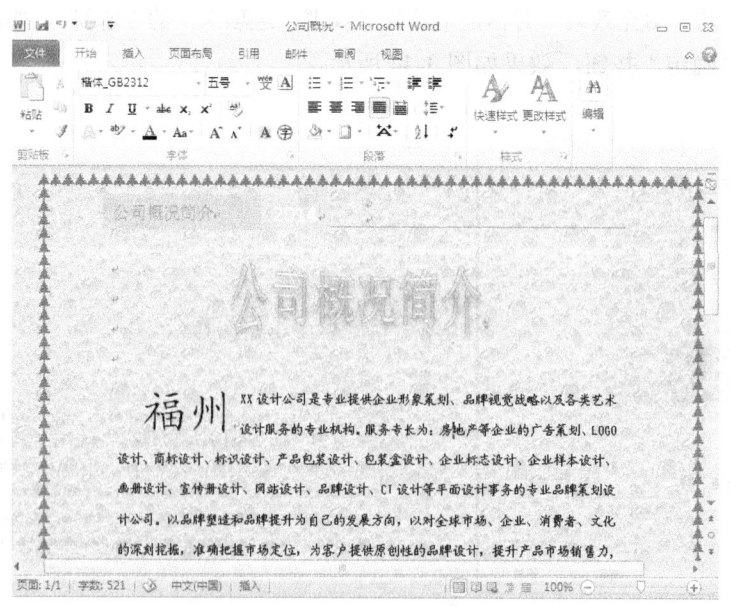

图 3-46　插入页眉效果图

任务小结

制作公司概况简报主要是为了宣传公司文化，凝聚公司核心精神，在文档上添加艺术型页面边框、水滴纹理使宣传效果更加深动、形象。

任务四 制作公司业绩统计表

任务背景

员工的业绩情况会直接影响企业的发展水平。为了提高企业在市场中的竞争力,可统计各部门的季度销售情况以及年度销售总量,以此来嘉奖销售量较高的部门,有利于提高员工的工作积极性。

任务分析

制作公司业绩统计表要首先制作一个表格,把各部门每季的销售情况录入,然后利用函数 SUM 来计算各部门一年来的销售总量以及销售的均值,并以总的销售数量排序。

任务要求

根据任务分析,可分解任务过程如下:

1)新建一空白文档,命名为"年度业绩统计表"。在文档中插入一个 5 行 5 列的表格,并输入相关内容。

2)将标题段文字("公司年度业绩统计表")设置为三号、宋体、蓝色、加粗、居中,着重号,并保存。

3)设置表格居中,表格第一列宽为 2.5cm;设置表格所有内框线为 1 磅、蓝色、单实线,表格所有外框线为 3 磅、黑色、单实线。

4)在表格的最后增加一列,设置不变,列标题为"全年合计",计算各部门的总销售量并插入相应单元格内;在表格下方增加一行,行标题为"季度总计";计算"季度总计"行的值。

5)在表格的最后增加一列,设置不变,列标题为"销售平均值",计算各部门的销量均值并插入相应单元格内,结果为整数。

6)以"全年合计"列为排序依据(主要关键字)、以"数字"类型降序排序表格(除"季度总计"行外),表格中所有文字"中部居中"。

效果如图 3-47 所示。

公司年度业绩统计表

季度\部门	第一季	第二季	第三季	第四季	全年合计	销售平均值
部门 B	20000	7000	8500	13000	48500	12125
部门 D	14000	7500	7700	13500	42700	10675
部门 A	12000	6000	8000	15000	41000	10250
部门 C	10000	8000	7600	12000	37600	9400
季度总计	56000	28500	31800	53500	169800	42450

图 3-47 效果图

任务实施

1. 创建表格

1）新建一空白文档，并命名为"年度业绩统计表"。

2）插入一个 5 行 5 列的表格，并输入相关内容，如图 3-48 所示。

公司年度业绩统计表				
	第一季	第二季	第三季	第四季
部门 A				
部门 B				
部门 C				
部门 D				

图 3-48　新建文档

2. 设置标题文字

将标题段文字（"公司年度业绩统计表"）设置为三号、宋体、蓝色、加粗、居中，着重号，并保存，如图 3-49 所示。

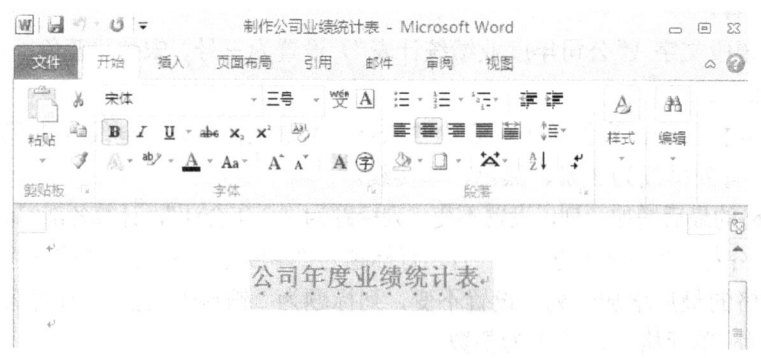

图 3-49　设置标题文字

3. 设置表格对齐方式及边框线

1）选中表格，单击"表格工具→布局→单元格大小"组的下拉按钮，弹出"表格属性"对话框，单击"表格"选项卡中的"居中"对齐方式，如图 3-50 所示。

2）选中表格第 1 列，单击"表格工具→布局→单元格大小"组的下拉按钮，在弹出的"表格属性"对话框中单击"列"选项卡，并指定宽度为"2.5cm"，然后单击"确定"按钮，如图 3-51 所示。

3）选中表格，单击"表格工具→设计→绘图边框"组，设置"笔画粗细"为"3 磅"，设置"笔样式"为"单实线"，设置"笔颜色"为"黑色"，此时鼠标变为"小蜡笔"形状，沿着边框线拖动设置外侧框线属性。

4）按同样的操作设置内部框线，效果如图 3-52 所示。

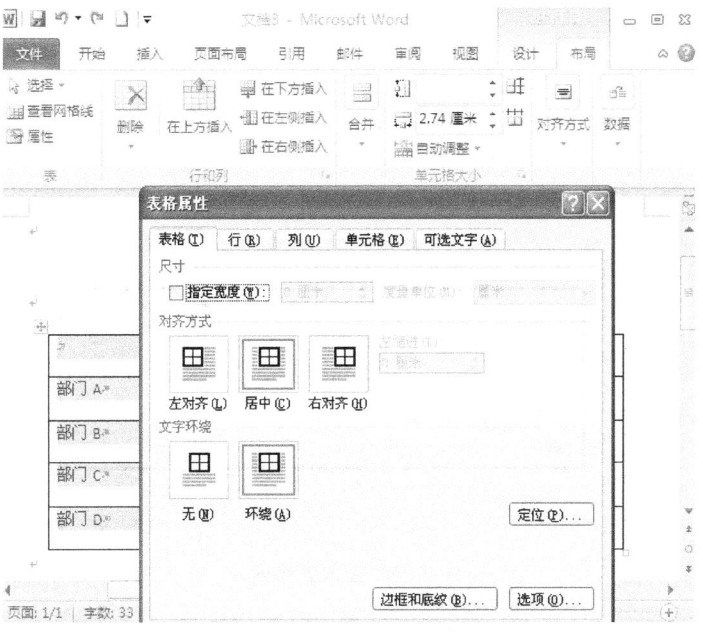

图 3-50　设置表格对齐方式

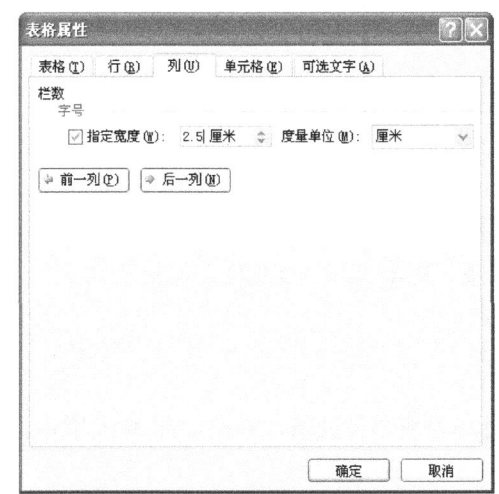

图 3-51　设置表格列宽

图 3-52　设置表格内部框线

4. 增加"全年合计"列和"季度总计"行

1）选中表格最后一列，在"表格工具→布局→行和列"组中单击"在右侧插入"按钮，如图 3-53 所示。

2）在第一行第六列输入"全年合计"，在"表格工具→布局→数据"组中单击"公式"按钮，弹出"公式"对话框，单击"确定"按钮，如图 3-54 所示。

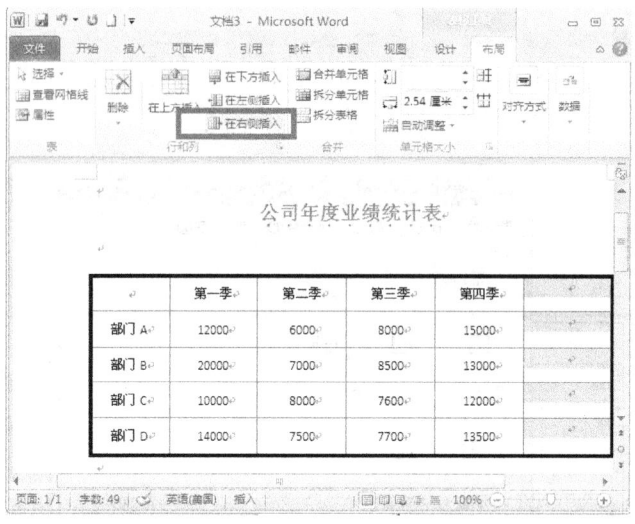

图 3-53 插入表格列

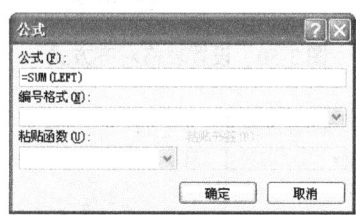

图 3-54 "公式"对话框

> SUM 是求和函数，若求 4 个季度的总销售量，参数既可用 LEFT，也可用 b2:e2(注：冒号必须在英文状态下输入)。

3）按同样的方法在表格下方增加一行，并计算季度总计的值，结果如图 3-55 所示。

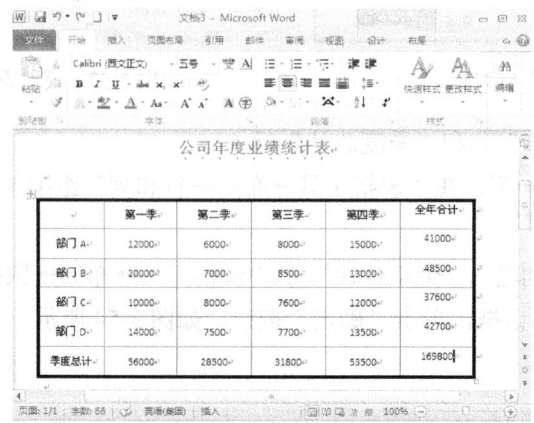

图 3-55 SUM 函数求和结果

模块三　Word 文字处理系统

5. 增加"销售平均值"列

1）在"表格工具→布局→行和列"组中单击"在右侧插入"按钮。

2）在第一行第七列输入"销售平均值"，在"表格工具→布局→数据"组中单击"公式"按钮，弹出"公式"对话框，设置如图 3-56 所示。

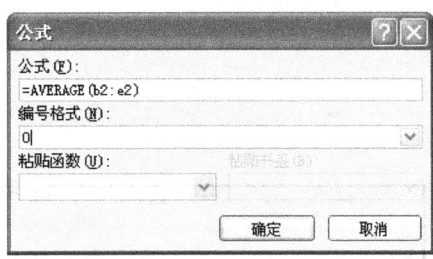

图 3-56　"公式"对话框

AVERAGE 是求平均值的函数，若求 4 个季度的平均销售值，参数不能用 LEFT（LEFT 意思为"左边"，即将此单元格左边的数字全部求和，包括了全年合计），必须用 b2:e2。

3）按同样的方法计算其他部门的季度销售均值，结果如图 3-57 所示。

图 3-57　AVERAGE 函数求平均值

6. 排序表格

1）选中"全年合计"列（除"季度总计"行外），单击"表格工具→布局→数据"组中的"排序"按钮，如图 3-58 所示。

2）在弹出的"排序"对话框中设置参数，如图 3-59 所示。

计算机应用基础实训指导

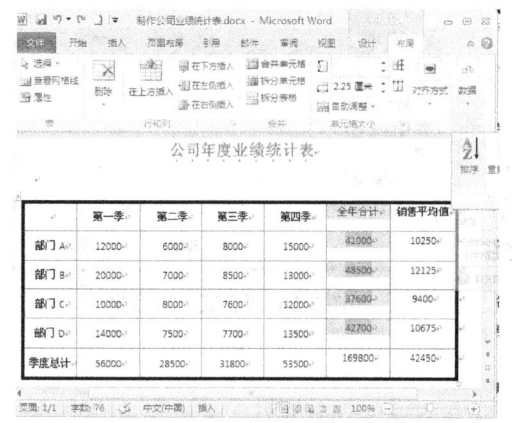

图 3-58　单击"排序"按钮　　　　　　　图 3-59　数据排序

3）选中所有文字并单击鼠标右键，在弹出的快捷菜单中选择"单元格对齐方式→中部居中"命令，效果如图 3-60 所示。

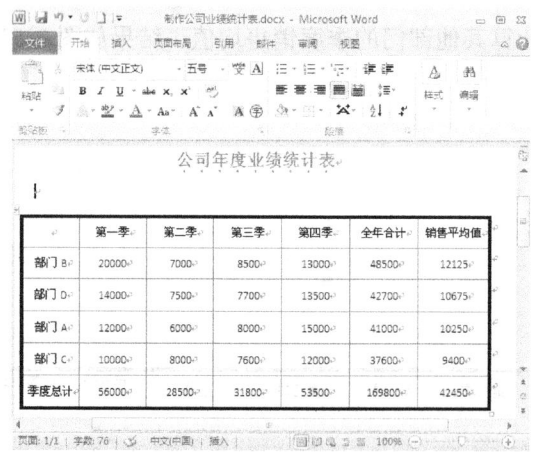

图 3-60　设置文字对齐方式

任务小结

利用公司业绩统计表可以很好地了解公司各个季度的销售情况及运营情况，并及时地给予嘉奖，提高员工的工作积极性。制作过程要求运用函数 SUM、AVERAGE 求出总销售量以及平均销售额，并进行排序。

任务五　制作美食专栏宣传册

任务背景

在网络信息时代，网络的应用已融入百姓生活，我们常常利用网络寻找各种美食和餐馆，这些制作精美、让人眼花缭乱的电子宣传册往往能将各种美食形象生动地展现在大家面前。这些宣传册怎么制作呢？

任务分析

制作美食专栏宣传册首先要根据要求设置文字格式及段落格式来修饰文档，然后通过插入艺术字、设置图片的样式、插入尾注等效果来美化文档，达到美食宣传的效果。

任务要求

根据任务分析，可分解任务过程如下：

1）打开素材"制作美食专栏介绍"的文档。

2）将标题段文字（"美食专栏介绍"）设置为二号、红色、黑体、加粗、居中，字符间距加宽 4 磅，并添加黄色底纹。

3）正文各段文字为宋体、四号，正文各段落首行缩进 2 字符，单倍行距。

4）在样文所示的位置插入图片，设置其环绕方式为"四周型"，高度为 4.5cm，宽度为 5.5 厘米，设置"发光"（橄榄色，8pt 发光，强调文字颜色 3）效果，并适当调整图片位置。

5）在文档开始处插入自选图形样式"爆炸形 2"，无填充，线条颜色为绿色；在自选图形中插入艺术字（"福州小吃"），设置艺术字样式为"填充-橙色，强调文字颜色 6，暖色粗糙梭台"，并适当调整其位置及大小。

6）给第一段开头文字"福州"插入尾注"福州是中国优秀旅游城市，山清水秀、风光绮丽，名山、名寺、名园、名居繁多，独具滨江滨海和山水园林旅游城市风貌。"

效果如图 3-61 和图 3-62 所示。

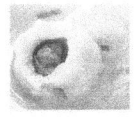

图 3-61　效果图 1

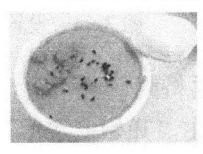

图 3-62　效果图 2

任务实施

1. 打开素材文档
2. 设置字体格式

1)设置标题文字("美食专栏介绍")为二号、红色、黑体、加粗、居中,字符间距加宽4磅,效果如图3-63所示。

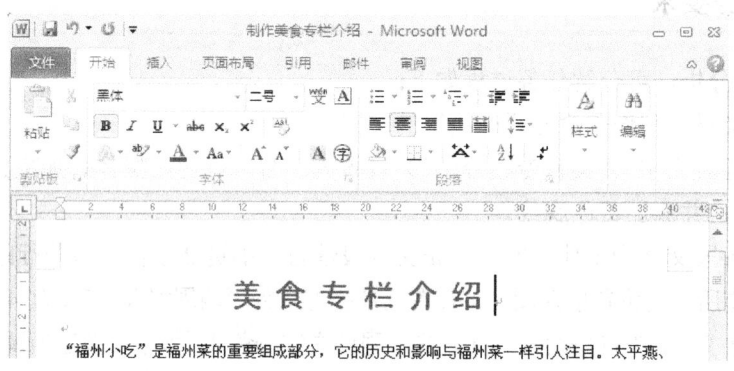

图3-63 设置标题文字格式

2)单击"开始→段落"组中的"下框线"按钮右侧的下拉按钮,在弹出的下拉菜单中选择"边框和底纹"命令,在弹出的"边框和底纹"对话框中选择"底纹"选项卡,单击填充"黄色",应用范围为"文字",如图3-64所示。

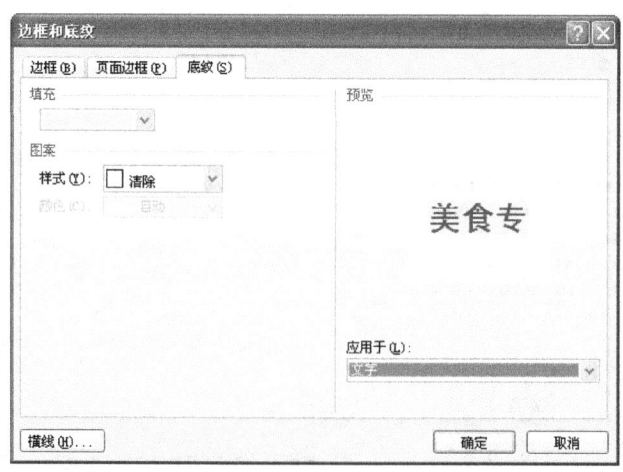

图3-64 设置底纹

3. 设置正文各段字体、段落格式

1)选中正文各段文字,单击"开始→字体"组,设置文字为宋体、四号,如图3-65所示。

2)单击"开始→段落"组中的下拉按钮,弹出"段落"对话框,设置段落首行缩进

模块三 Word 文字处理系统

2 字符，单倍行距，如图 3-66 所示。

4．插入图片并设置效果

1）按样文的位置插入图片。单击"插入→插图"组中的"图片"按钮，弹出"插入图片"对话框，如图 3-67 所示。

2）选择图片，单击"插入"按钮，插入效果如图 3-68 所示。

3）选中图片，并单击鼠标右键，在弹出的快捷菜单中选择"大小和位置"命令，然后在弹出的"布局"对话框中设置图片大小和环绕方式，如图 3-69 所示。

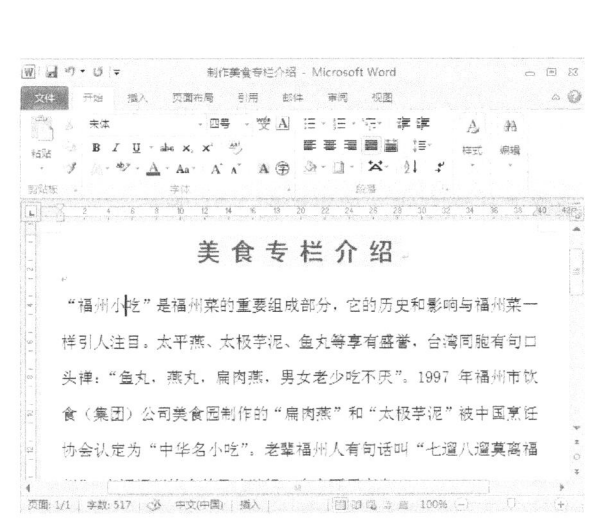

图 3-65　设置正文各段文字格式

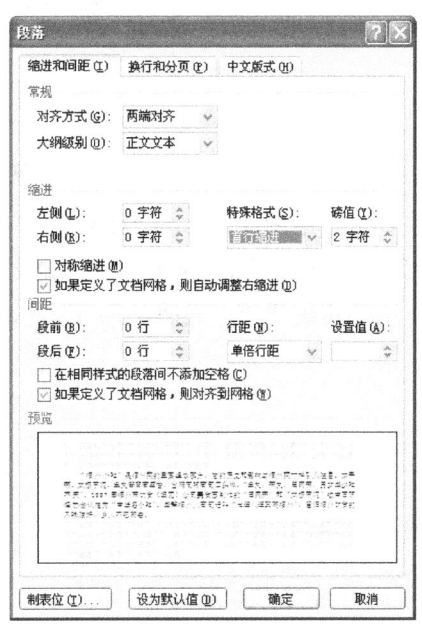

图 3-66　设置段落格式

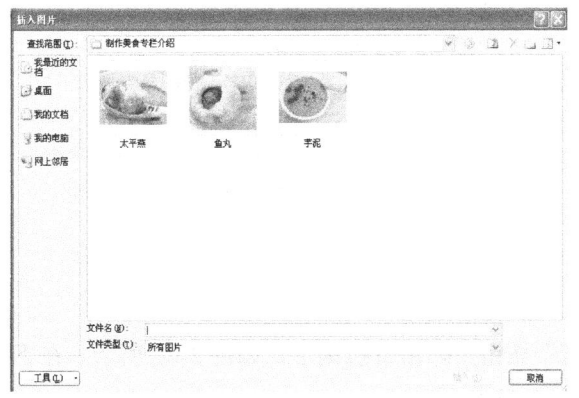

图 3-67　"插入图片"对话框

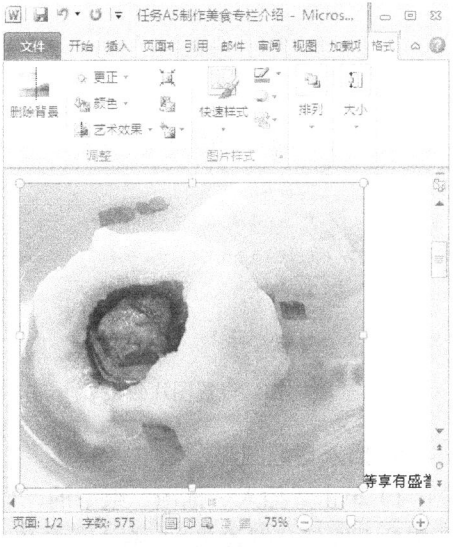

图 3-68　插入图片

47

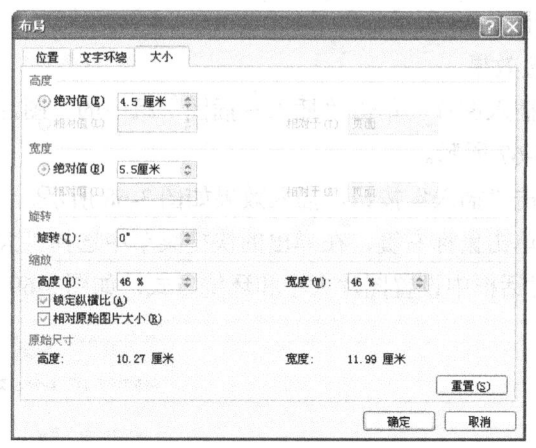

图 3-69　设置图片格式

4）选中图片,单击"图片工具→格式→图片样式"组中的"图片效果"按钮,设置"发光"(橄榄色,8pt 发光,强调文字颜色 3)效果,如图 3-70 所示。

5）用同样的方式插入其他图片,适当修改环绕方式,效果如图 3-71 所示。

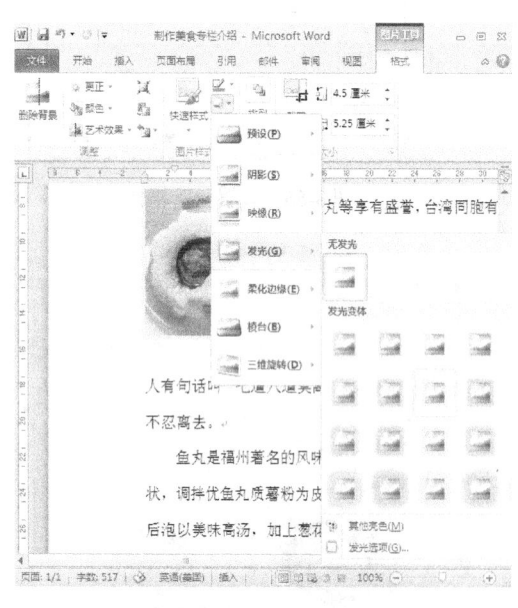
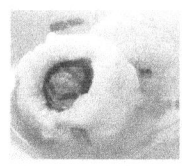
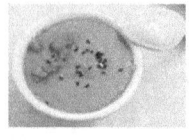

图 3-70　设置图片效果　　　　　　　　图 3-71　插入图片效果

5. 插入自选图形、艺术字

1）单击"插入→插图"组中的"形状"按钮,弹出下拉菜单,如图 3-72 所示。在下拉菜单中选择"爆炸形 2"命令,效果如图 3-73 所示。

模块三　Word 文字处理系统

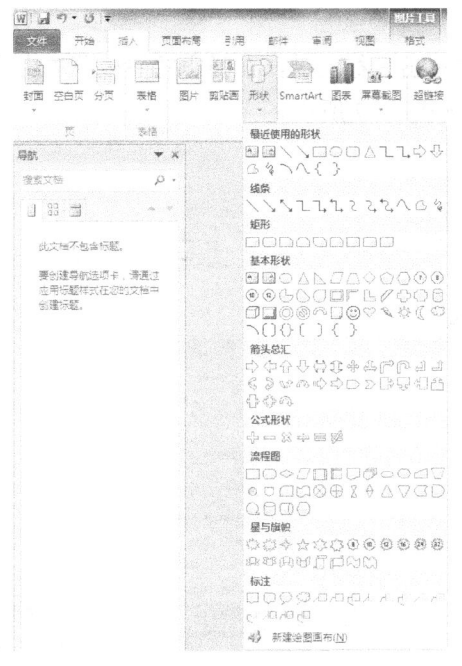

图 3-72　"形状"下拉菜单

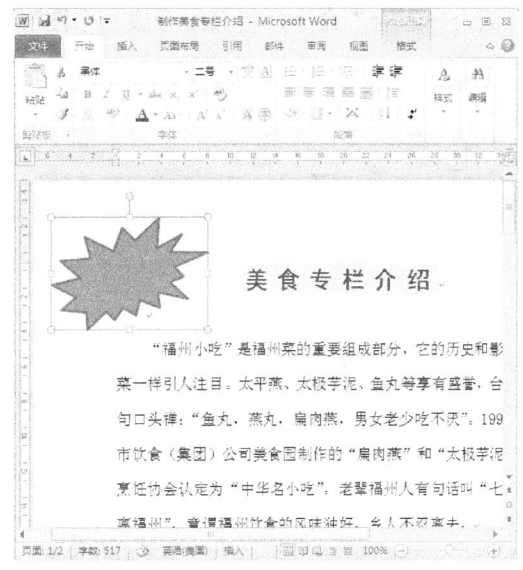

图 3-73　插入自选图形

2）选中自选图形并单击鼠标右键，在弹出的快捷菜单中选中"设置形状和格式"命令，在弹出的"设置形状格式"对话框中设置无填充和线条颜色，如图 3-74 所示。

3）单击"插入→文本"组中的"艺术字"按钮，插入艺术字"福州小吃"，如图 3-75 所示。

图 3-74　设置自选图形格式

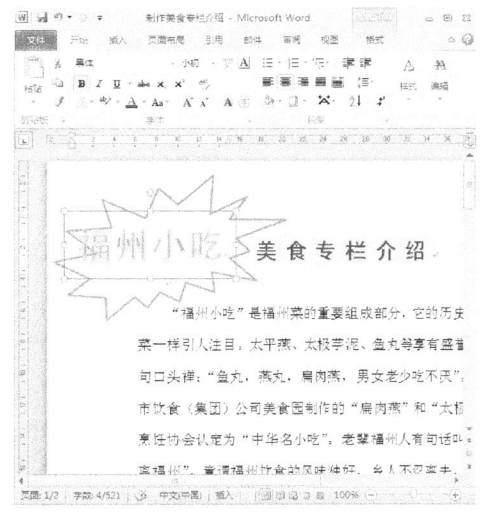

图 3-75　插入艺术字

4）选中艺术字，单击"绘图工具→格式→艺术字样式"组的列表框，设置艺术字样式为"填充-橙色，强调文字颜色 6，暖色粗糙棱台"，适当调整艺术字及自选图形大小，如图 3-76 所示。

5）按<Ctrl>键，选中艺术字和自选图形，并单击鼠标右键，在弹出的快捷菜单中选择"组合→组合"命令，将其组合成一个图形，如图 3-77 所示。

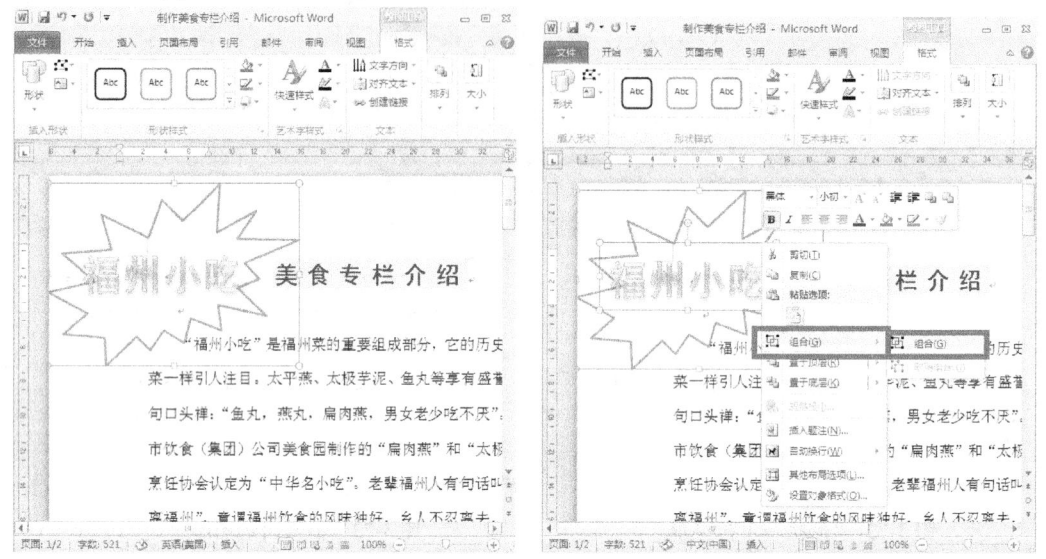

图 3-76　设置艺术字样式　　　　　　　　图 3-77　组合图形

6）保持选中状态，并单击鼠标右键，在弹出的快捷菜单中选择"其他布局选项"命令，在弹出的"布局"对话框中设置环绕方式"衬于文字上方"，适当调整图形大小及位置，如图 3-78 所示。

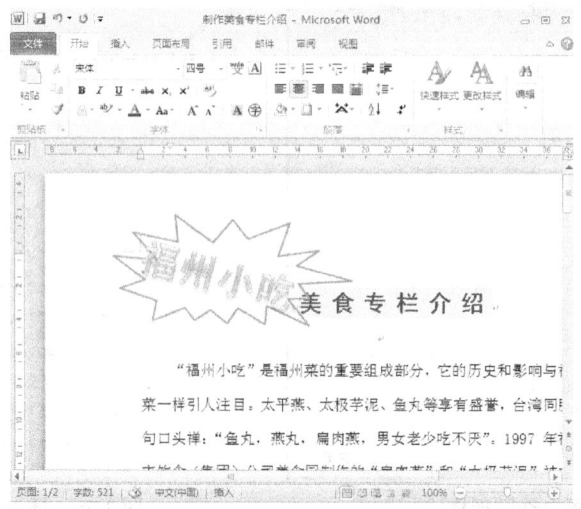

图 3-78　艺术字效果图

6. 添加尾注

1）选中第一段开头的文字"福州"。

模块三 Word 文字处理系统

2）单击"引用→脚注"组中的"插入尾注"按钮，如图 3-79 所示。

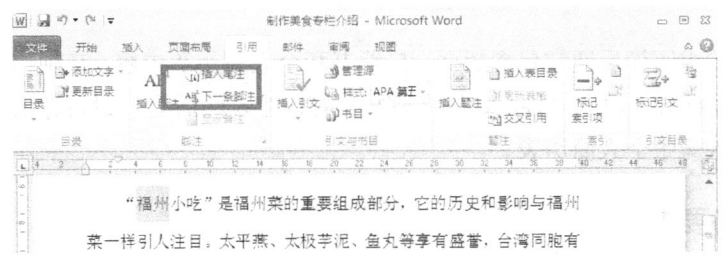

图 3-79 插入尾注

3）输入尾注内容，效果如图 3-80 所示。

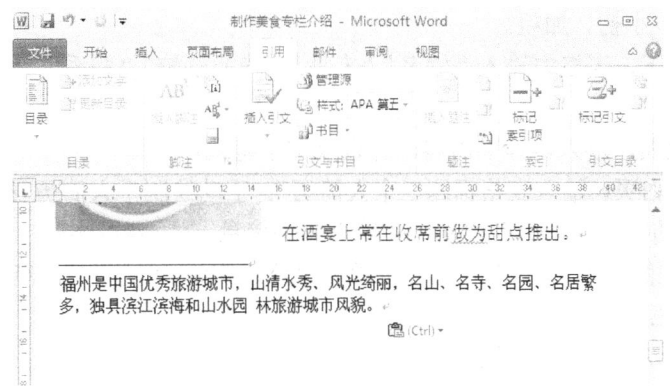

图 3-80 插入尾注内容

任务小结

在制作电子宣传册的过程中要突出美食产品宣传，以及图片效果，要大方美观、语言简练。

项目二 文字处理进阶技能

任务一 制作个人简历

任务背景

在人才辈出的当今社会，人们的工作压力越来越大，岗位竞争越来越残酷，一份制作精美，简单而突出重点的简历往往能起到敲门砖的作用，让应聘者能够在众多求职者中脱颖而出。

任务分析

一份正式的求职简历通常包含封面、自荐书和个人简历等内容。在制作时首先选择封面样式,在封面样式上输入"姓名、毕业院校"等内容,然后写一封自荐信并设置相应的格式,最后插入一张个人简历表。

任务要求

根据任务分析,可分解任务过程如下:

1) 新建一个名为"个人简历"的空白文档,选择"现代型"封面样式。
2) 插入艺术字"个人简历",选择艺术字样式(渐变填充,蓝色,强调文字颜色1),设置字体为楷体、小初、加粗。
3) 在文档左下方表格中输入"姓名""专业""毕业学校""联系电话",设置为隶书、四号、加粗、蓝色。
4) 插入一页面,输入自荐书内容,并设置文字格式。
5) 插入一空白页,输入表格标题"个人简历";手动绘制个人简历表格(参照"最后效果"文件夹中的"个人简历"样文)并输入相关信息。
6) 给表格中第一列、第二列、第四列单元格添加底纹:"橄榄色(淡色60%)""图案样式50%、水绿色(淡色60%)"。
7) 制作背景水印(秋天小路.jpg),100%缩放,冲蚀效果。
8) 打印个人简历。

效果如图3-81~图3-83所示。

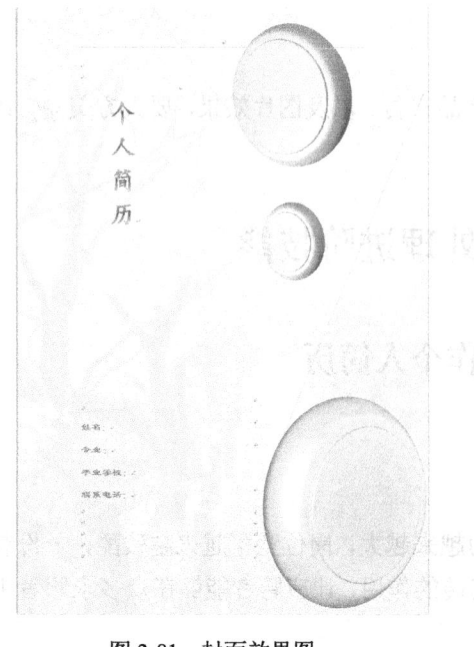

图3-81 封面效果图

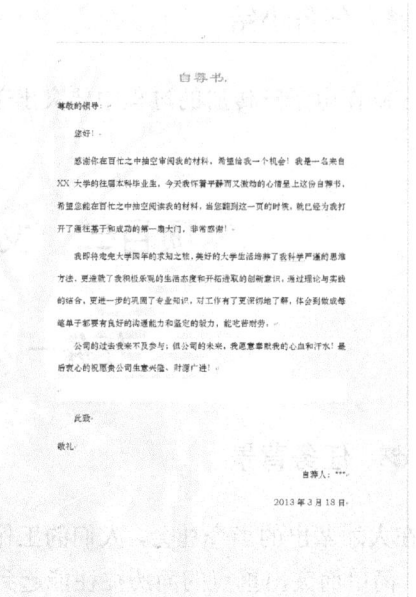

图3-82 自荐书效果图

模块三　Word 文字处理系统

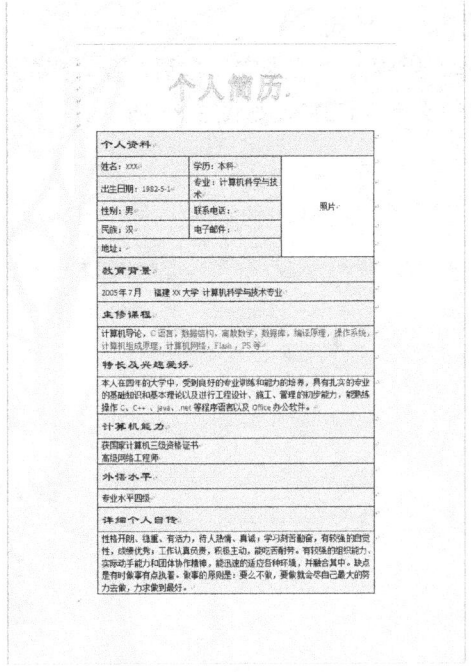

图 3-83　个人简历效果图

任务实施

1. 新建文档并选择封面样式

1）单击"文件→新建"命令，新建一个名为"个人简历"的空白文档。

2）单击"插入→页"组中的"封面"按钮，在弹出的下拉列表中选择"现代型"封面样式，如图 3-84 所示。

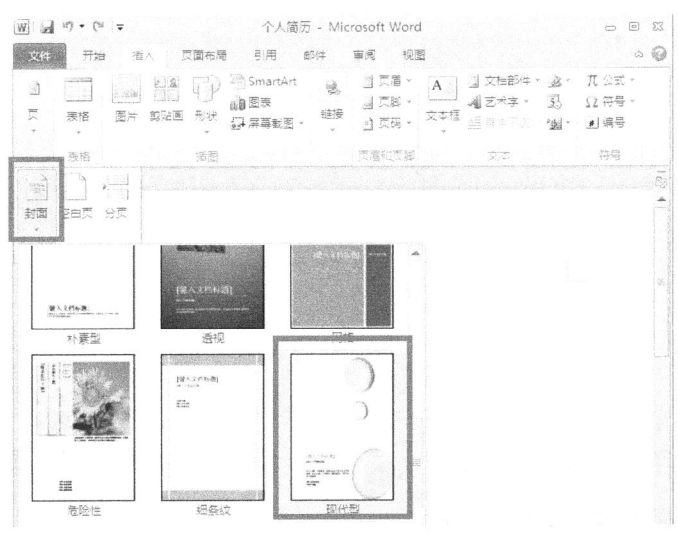

图 3-84　"现代型"封面样式

2. 插入艺术字并设置艺术字样式

1）单击"插入→文本"组中的"艺术字"按钮，在弹出的下拉列表中选择艺术字样式（渐变填充，蓝色，强调文字颜色1），如图3-85所示。

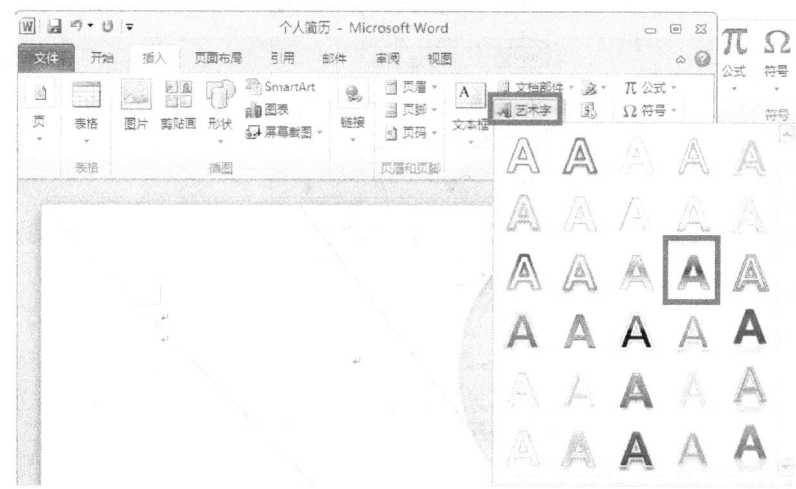

图3-85　设置艺术字样式

2）输入"个人简历"，设置为楷体、小初、加粗，如图3-86所示。

3. 输入表格项目

在文档的左下方表格中输入"姓名""专业""毕业学校""联系电话"，设置为隶书、四号、加粗、蓝色，如图3-87所示。

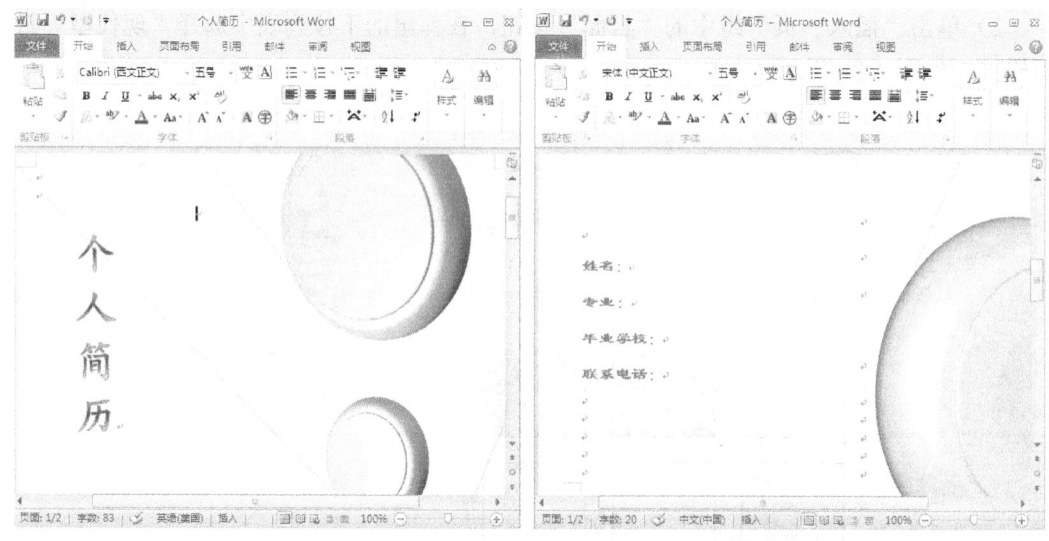

图3-86　设置艺术字　　　　　　　图3-87　输入文字并设置字体格式

4. 输入自荐书内容并设置文字格式

单击"插入→页"组中的"空白页"按钮，输入自荐书内容，并设置文字格式，如图 3-88 所示。

5. 制作个人简历

1）单击"插入→页"组中的"空白页"按钮，并输入表格标题"个人简历"（艺术字）。

2）单击"插入→表格"组中的"表格"按钮，在弹出的下拉菜单中选择"插入表格"命令，在弹出的"插入表格"对话框中设置插入一个 18 行 3 列的表格，如图 3-89 所示。

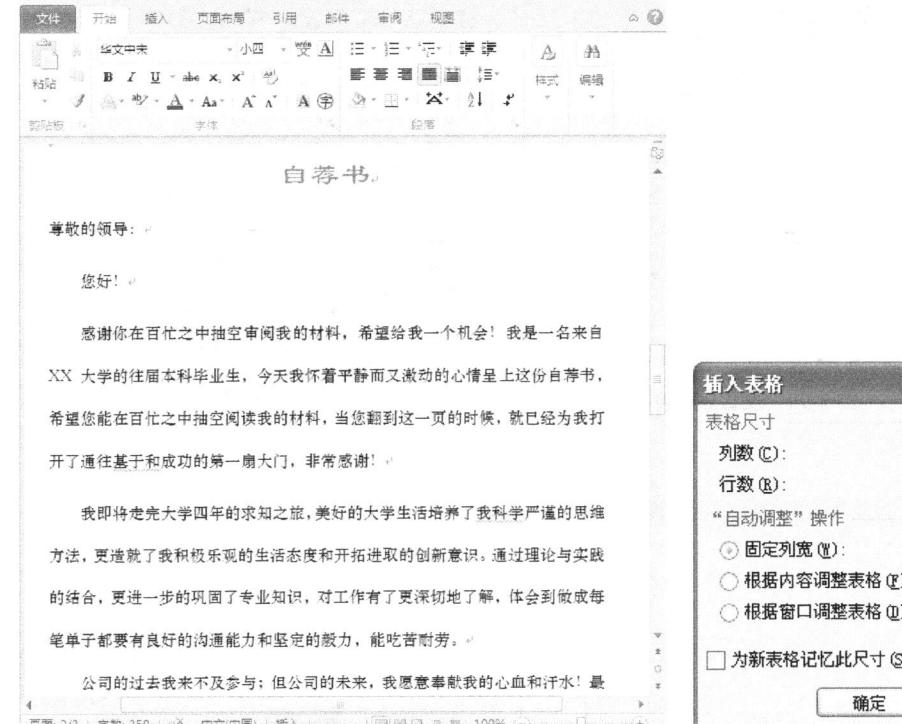

图 3-88　输入自荐书内容　　　　　　　图 3-89　"插入表格"对话框

3）按照样文合并（拆分）单元格，并适当调整行高/列宽。

4）在表格中输入需要的信息（可参照素材文件夹中的"个人简历"样文）。

6. 设置表格底纹样式

1）选中表格第 1 行，在"表格工具→设计→表格样式"组中单击"底纹"按钮，在弹出的下拉列表中选择底纹样式，如图 3-90 所示。

2）按同样的方法设置底纹样式，效果如图 3-91 所示。

7. 制作水印

1）单击"页面布局→页面背景"组中的"水印"按钮，在弹出的下拉菜单中选择"自定义水印"命令，弹出"水印"对话框，如图 3-92 所示。

2）选择"图片水印"单选按钮，导入图片"秋天小路.jpg"，缩放 100%，如图 3-93 所示。

3）单击"确定"按钮，效果如图 3-94 所示。

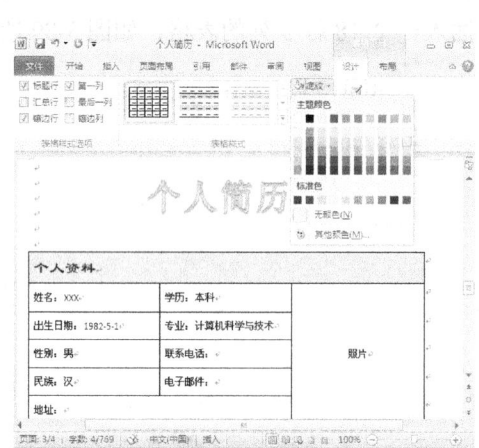

图 3-90 设置底纹样式

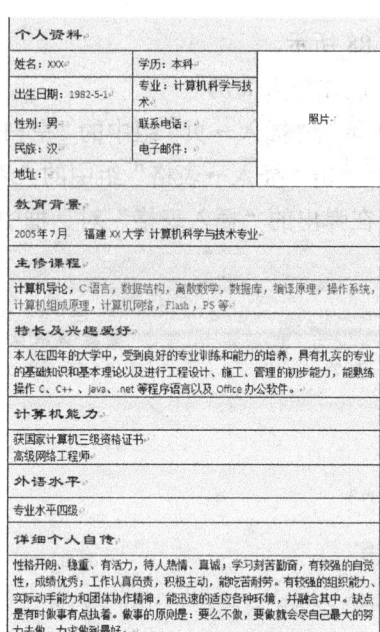

图 3-91 个人简历效果图

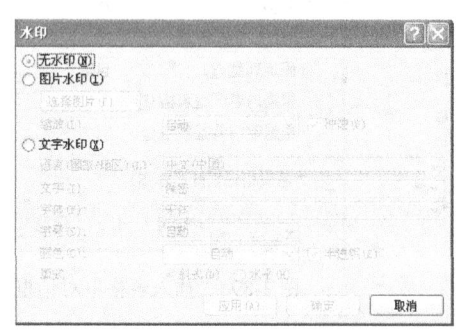

图 3-92 "水印"对话框

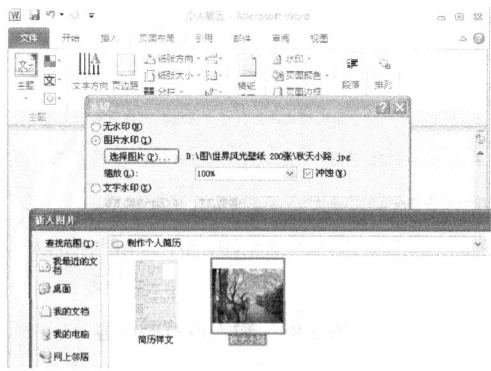

图 3-93 导入水印图片

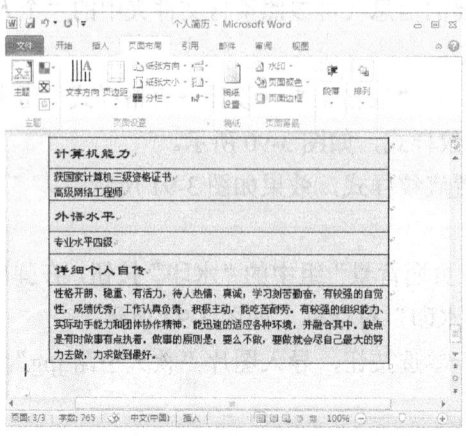

图 3-94 水印效果

8. 打印设置

单击"文件→打印"命令，在页面右侧的"预览"窗格中可以看到打印效果，设置好打印份数和打印范围，单击"打印"按钮打印文档即可，如图 3-95 所示。

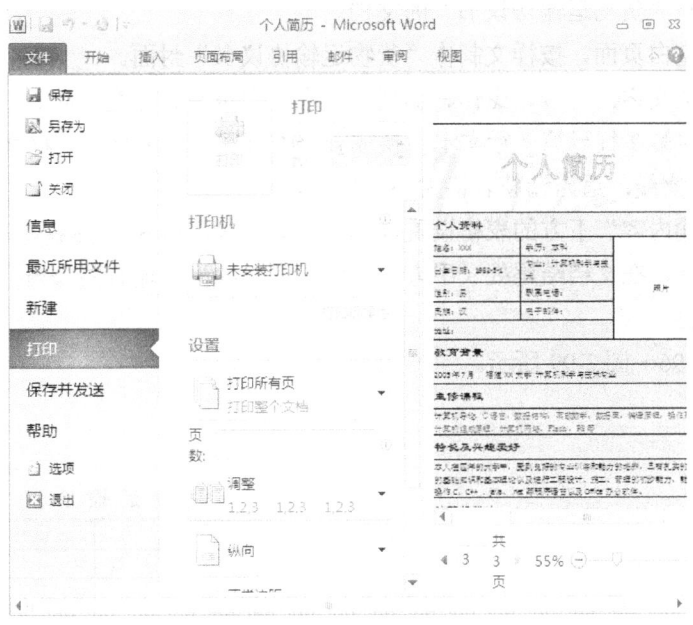

图 3-95　打印设置

任务小结

大方而简洁的一份个人履历，通过"现代型"封面样式和背景图片的艺术渲染，更加生动形象地将求职者的特点展现出来。

任务二　制作货物运输协议书

任务背景

合同、协议书是体现合作者平等权利和义务的载体，其内容规范而严谨，是社会各阶层必不可少的一种具有法律效力的文书。货物运输协议书是其中一种。

任务分析

制作货物运输协议书要首先设置封面、标题文字的格式，然后插入表格并设置表格的样式，突出协议内容，最后制作印章，使得合同双方的权利和义务更加明朗化。

任务要求

根据任务分析,可分解任务过程如下:
1)打开素材"货物运输协议书"的文档。
2)插入一空白页面,按样文制作"货物运输协议书"封面。
3)设置标题文字:一号、黑体、加粗、居中、字符间距加宽 5 磅。
4)将文档中第 2 行至第 7 行文本转换成一个 6 行 2 列的表格,外框线为 1.5 磅双线,内框线为 1 磅单实线;适当调整表格大小及位置。
5)将"运输内容"下方的表格设置样式"中等深线网格 3",内容"中部居中"。
6)按照样文,在文档结尾处(甲方)制作印章:物流运输有限公司。
7)保存文档。

效果如图 3-96~图 3-99 所示。

图 3-96 效果图 1   图 3-97 效果图 2

模块三　Word 文字处理系统

图 3-98　效果图 3　　　　　　　　　图 3-99　效果图 4

任务实施

1. 打开素材文档，制作协议封面

1）打开"货物运输协议书.docx"文档。

2）将光标定位在文档的开始处，单击"插入→页"组中的"空白页"按钮，制作协议封面，如图 3-100 所示。

2. 设置标题文字

设置标题文字格式：一号、黑体、加粗、居中、字符间距加宽 5 磅，效果如图 3-101 所示。

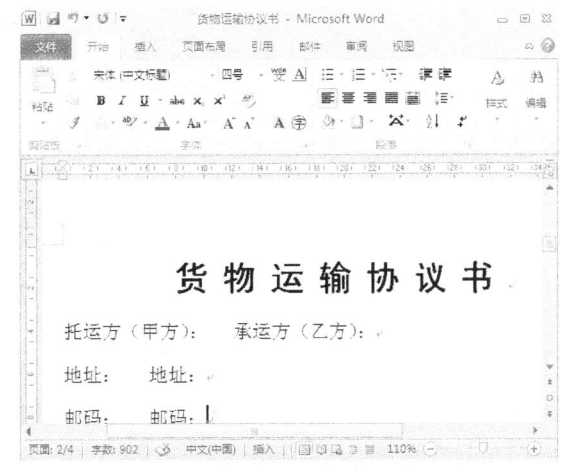

图 3-100　协议书封面　　　　　　　　图 3-101　设置标题文字

3. 文本转换表格，并设置表格样式

1）选中要转换为表格的文档。

2）单击"插入→表格"组中的"表格"按钮，在弹出的下拉菜单中选择"文本转换成表格"命令，在弹出的"将文字转换成表格"对话框中设置如图 3-102 所示，插入一个 6 行 2 列的表格。

3）选中表格，单击"表格工具→表格样式边框"按钮，在下拉列表中选择"边框和底纹"命令，设置边框线样式，如图 3-103 所示。

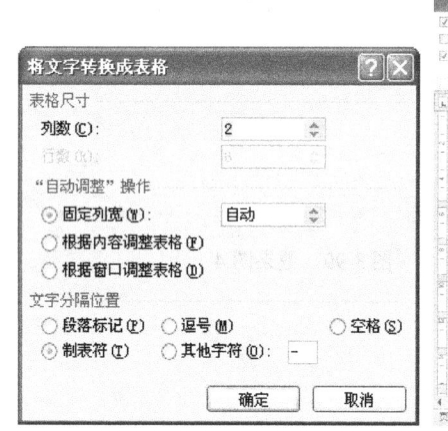

图 3-102　文本转换成表格

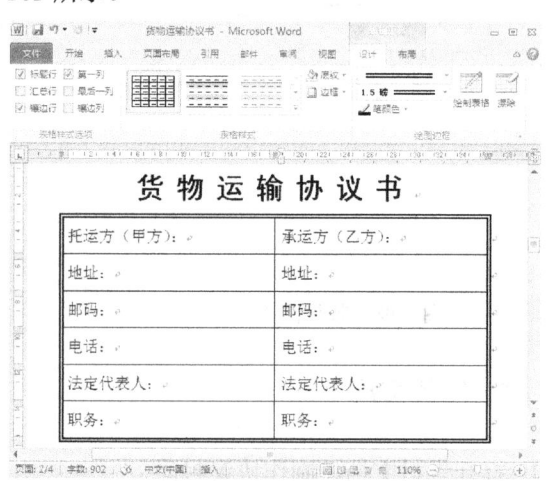

图 3-103　设置表格样式

4. 添加表格样式，内容中部居中

1）选中整个表格，在"表格工具→设计→表格样式"组中选择需要的表格样式，如图 3-104 所示。

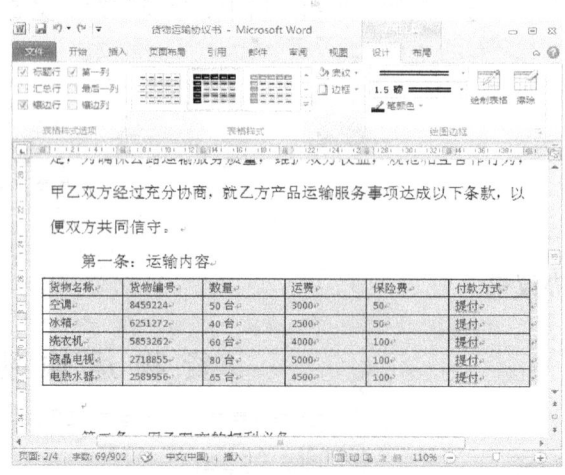

图 3-104　设置表格样式

2）保持整个表格为选中的状态，在"表格工具→布局→对齐方式"组中单击"水平居中"按钮，使表格中的文本水平居中对齐，如图 3-105 所示。

模块三　Word 文字处理系统

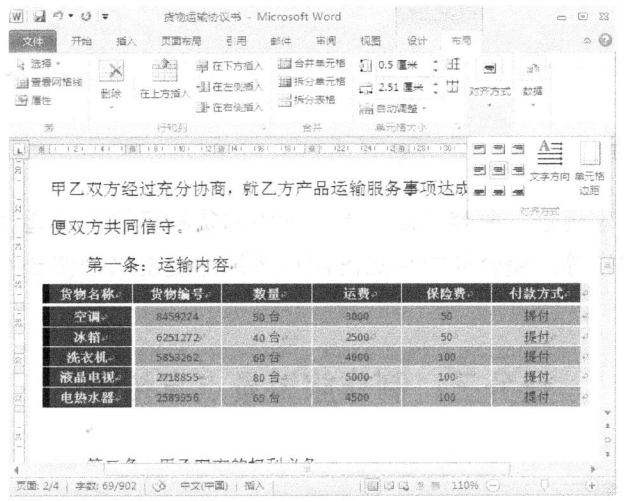

图 3-105　表格内容中部居中

5. 制作印章

1）单击"插入→插图"组中的"形状"按钮，在弹出的下拉菜单中选择形状"椭圆形"，按住<Shift>键，绘制印章外形，如图 3-106 所示。

2）选中图形，并单击鼠标右键，在弹出的快捷菜单中选择"设置形状格式"命令，在弹出的"设置形状格式"对话框中设置（无填充色，线条颜色为红色，线型为 4 磅）。

3）单击"插入→文本"组中的"艺术字"按钮，输入文字"物流运输有限公司"。同上，在"设置形状格式"对话框中设置（填充文本颜色为红色，艺术字形状为上弯弧），适当调整艺术字大小及位置，如图 3-107 所示。

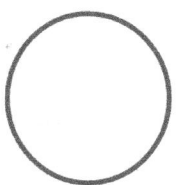
图 3-106　绘制印章外形

图 3-107　制作印章

4）单击"插入→插图"组中的"形状"按钮，在弹出的下拉菜单中选择"五角星"，绘制五角星，组合图形，调整图形的大小及位置，如图 3-108 所示。

图 3-108　印章效果图

6. 保存文档

设置完成后,单击快速访问工具栏中的"保存"按钮,保存文档即可。

任务小结

协议书讲究文本规范、内容严谨。本任务中的货物运输协议通过制作表格、填充表格样式、制作印章等,使合同的特点淋漓尽致地体现出来,使合作双方的权利和义务一目了然。

任务三　　制作旅游景点宣传册

任务背景

祖国大好河川,旅游景点包罗万象,各个景区都有自己的特色景点,旅游公司总是想方设法地将各个景点完美地呈现在人们面前,让人未进其境先睹其景。制作精美的旅游景点宣传册就是应用最多的一种方式。

任务分析

制作景点宣传册时,首先要求在文档中录入强调景点文化宣传的文字,然后通过设置图片格式、插入艺术字、剪贴画、文本框等来修饰文档,达到美化的效果。

任务要求

根据任务分析,可分解任务过程如下:

1)打开"九寨沟——美丽的童话世界"文档,设置上下页边距为 2.5 厘米,左右页边距为 3 厘米;设置纸张高度为 20 厘米,宽度为 30 厘米。

2)输入标题文字"九寨沟——美丽的童话世界":设置为艺术字("填充-蓝色,强调文字颜色 1,金属棱台,映像");适当调整艺术字大小及位置。

3)设置正文各段首行缩进 2 字符,1.5 倍行距,首字下沉 2 行。

4)插入图片,设置为"紧密型"环绕,图片样式为"圆形对角,白色"。

5)在文档下方插入一个 5 行 2 列的表格,录入相应内容,表格居中,无环绕,第一行第一列添加橙色底纹,图案样式 10%;第一列添加玫瑰红底纹,图案样式 10%。

6)设置页眉"现代型",旅游胜地。

7)插入剪贴画"运输","四周型"环绕。

8)插入文本框,输入旅游线路。

效果如图 3-109～图 3-111 所示。

模块三　Word 文字处理系统

图 3-109　效果图 1

图 3-110　效果图 2

图 3-111　效果图 3

任务实施

1. 设置页面格式

1）打开"九寨沟——美丽的童话世界",单击"页面布局→页面设置"组的下拉按钮,弹出"页面设置"对话框,在"页边距"栏中设置上下页边距为 2.5 厘米,左右页边距为 3 厘米,如图 3-112 所示。

2）单击"纸张"选项卡,在"纸张大小"栏中设置宽度为 30 厘米,高度为 20 厘米,单击"确定"按钮,如图 3-113 所示。

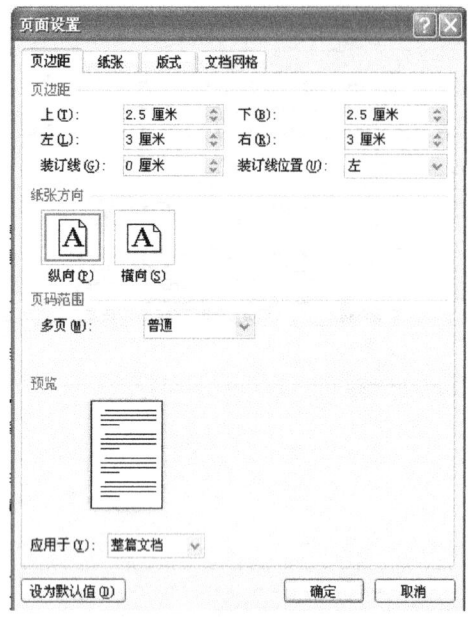
图 3-112　设置页边距

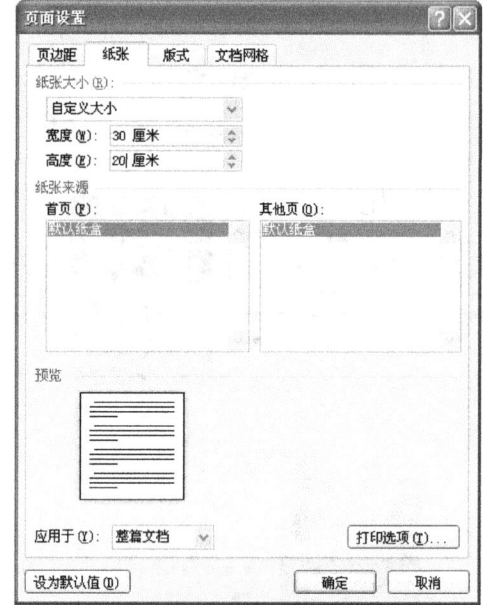
图 3-113　设置纸张大小

2. 设置标题文字格式

选中标题文字，单击"插入→文本"组中的"艺术字"按钮，在弹出的下拉列表中选择艺术字样式"填充-蓝色，强调文字颜色 1，金属棱台，映像"，效果如图 3-114 所示。

3. 设置正文各段段落格式

选中正文部分，单击"开始→段落"组中的下拉按钮，弹出"段落"对话框，如图 3-115 所示。

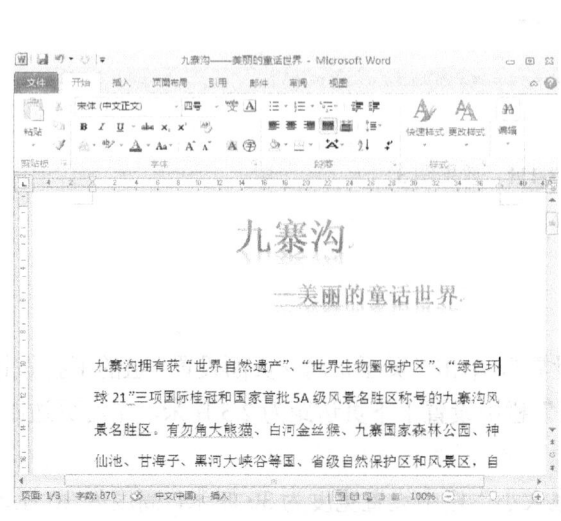
图 3-114　设置艺术字样式

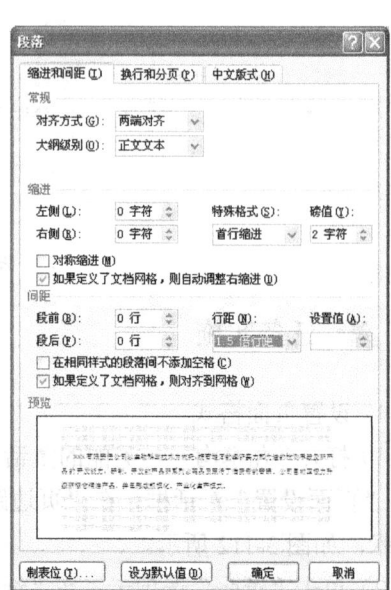
图 3-115　设置段落格式

模块三 Word 文字处理系统

选中首字"九",单击"插入→文本"组中的"首字下沉"按钮,在弹出的下拉菜单中选择"下沉"命令,设置效果如图 3-116 所示。

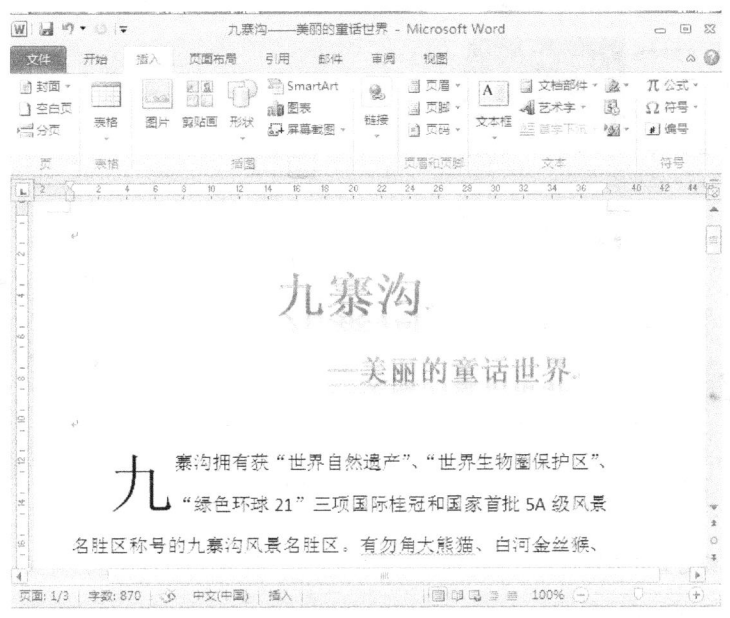

图 3-116　设置首字下沉

4. 插入图片并设置图片格式

1)单击"插入→插图"组中的"图片"按钮,弹出"插入图片"对话框,选择要插入的图片并插入,如图 3-117 所示,然后适当调整图片大小。

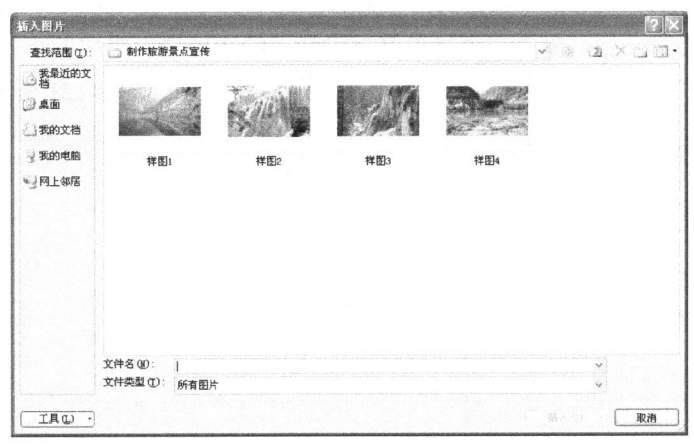

图 3-117　插入图片

2)选中图片,并单击鼠标右键,在弹出的快捷菜单中选择"大小和位置"命令,在弹出的"布局"对话框中单击"文字环绕"选项卡,选择"紧密型"环绕方式,拖动图片,将其放置于合适的位置,如图 3-118 所示。

65

3）选中图片，在"图片工具→格式→样式"组中设置图片样式为"圆形对角，白色"，如图 3-119 所示。

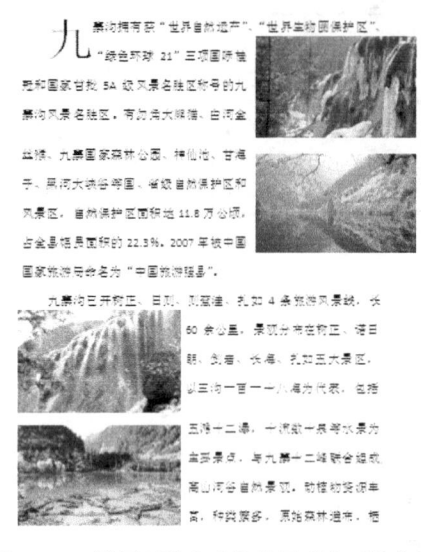

图 3-118 设置环绕方式并放置到合适的位置

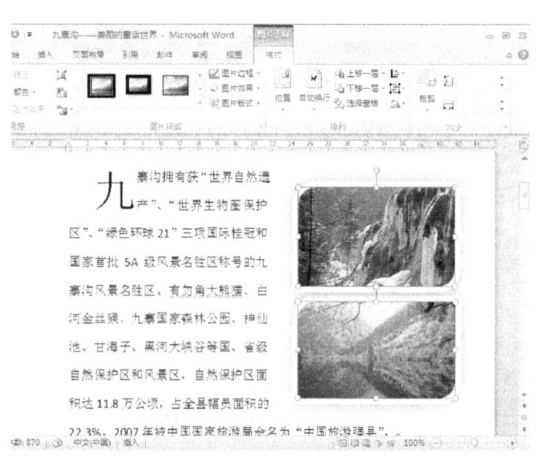

图 3-119 设置图片样式

5. 插入表格并设置相应格式

1）用鼠标单击文档结尾处，单击"插入→表格"组中的"表格"按钮，新建一个 5 行 2 列的表格。

2）按样文输入表格内容。

3）选中表格，并单击鼠标右键，在弹出的快捷菜单中选择"表格属性"命令，然后在弹出的"表格属性"对话框中设置表格"居中"对齐方式、"无"环绕，如图 3-120 所示。

4）选中表格第一行，单击"表格工具→设计→绘图边框"组中的下拉按钮，在弹出的"边框和底纹"对话框中设置橙色底纹，图案样式 10%，如图 3-121 所示。

图 3-120 设置表格属性

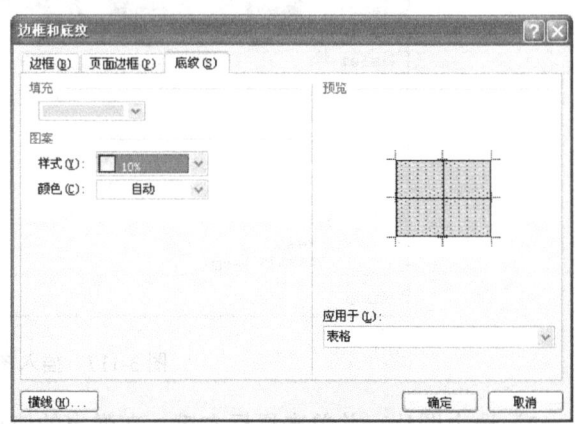

图 3-121 设置底纹样式

5）用同样的方法设置第一列底纹样式，效果如图 3-122 所示。

景区	主要介绍
树正群海	九寨沟风景的大门，群海沟全长 13.8 公里，共有各种湖泊（海子）40 余个，约占九寨沟景区全部湖泊的 40%，40 多个湖泊，由大小 19 块海子所组成。
五花海	有着“九寨精华”及“九寨一绝”的美名，站在五花海最高点，即老虎石上俯视，可一览五花海全景；此处也是九寨沟最佳取景点之一。
宝镜岩	位于沟口处，从沟口至荷叶寨一路有迎客松可观赏；这里的主要景观是宝镜岩，它距离沟口 1 千米处，位于公路的左边。
诺日郎瀑布	特点在于雄伟；宽达 300 米，落差 20 米的瀑布呈多级下跌趋势。

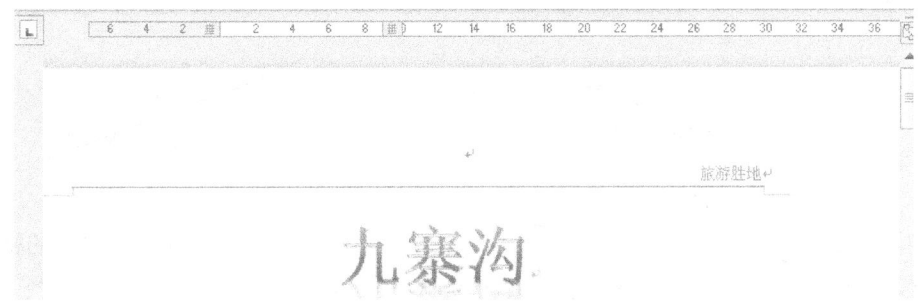

图 3-122　表格效果图

6. 插入页眉

1）单击“插入→页眉和页脚”组中的“页眉”按钮，在弹出的下拉菜单中选择“现代型”命令。

2）在页眉中输入文本“旅游胜地”，右对齐，效果如图 3-123 所示。

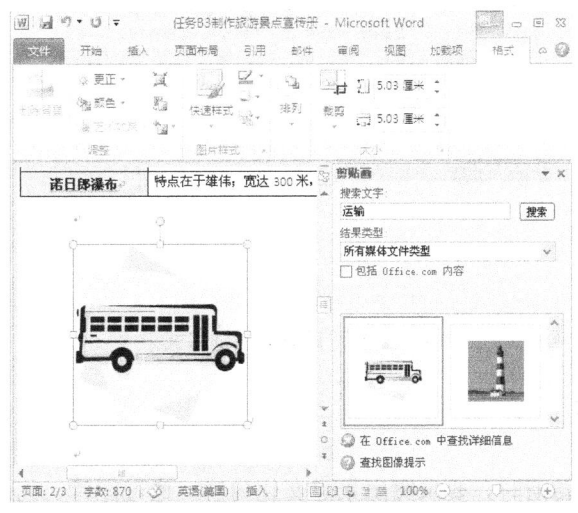

图 3-123　设置页眉效果图

7. 搜索剪贴画

1）单击“插入→插图”组中的“剪贴画”按钮，打开“剪贴画”导航。

2）在“搜索文字”文本框中输入剪贴画的类型“运输”，单击“搜索”按钮进行搜索。完成搜索后，在列表框中单击要插入的剪贴画，如图 3-124 所示。

图 3-124　搜索剪贴画

3）设置插入的剪贴画大小，然后调整至合适的位置。

4）设置剪贴画环绕方式"四周型"，在剪贴画上单击鼠标右键，在弹出的快捷菜单中选择"大小和位置"命令，在弹出的"布局"对话框中单击"文字环绕"选项卡，如图3-125所示。

5）单击"确定"按钮，效果如图3-126所示。

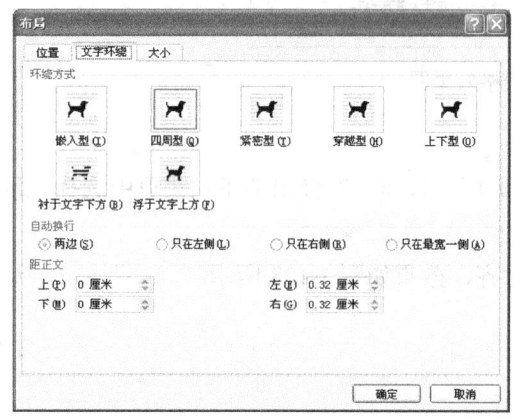
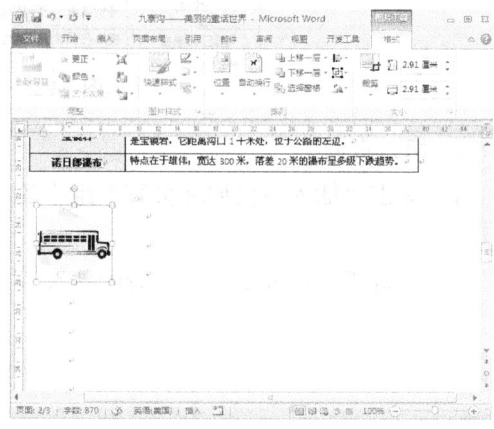

图 3-125　设置环绕方式　　　　　　　　图 3-126　插入剪贴画效果

8. 插入并编辑文本框

插入一个空白文本框，在其中输入相应的内容，然后分别对边框和文本内容的格式进行设置，最后调整文本框的位置，效果如图3-127所示。

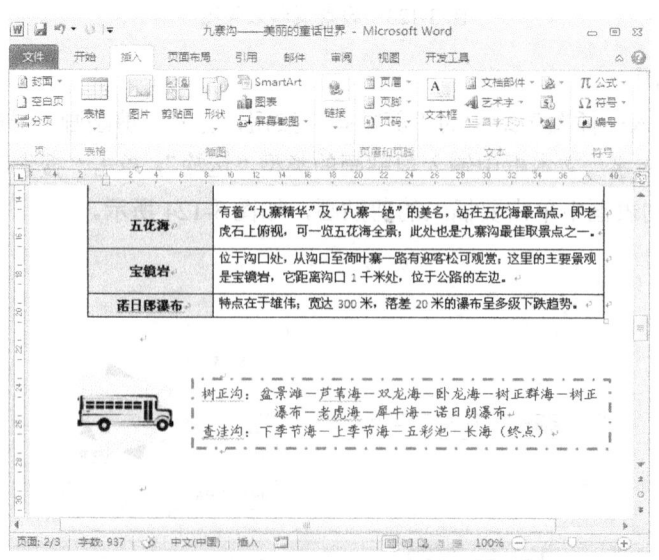

图 3-127　设置文本框格式

任务小结

制作旅游景点宣传册时，要求突出景点文化内容，通过图片、艺术字、文本框等内容来突出景点文化的宣传，使得整个版面更加美观大方。

模块三　Word 文字处理系统

项目三　文字处理职业技能

任务　制作客户问卷调查表

任务背景

企业产品开发人员为了保证新产品上市后能给企业带来一定的经济效益，通常需要经过各方面的调查，然后将产品推向市场。

任务分析

在制作客户问卷调查表时，首先需要明确所要制作的客户问卷调查表的内容，然后在调查表内使用控件来设定各个调查内容项。制作时，在突出问卷调查内容的同时也要突出图、文、表的混合排版。

任务要求

在制作客户问卷调查表时，首先需要明确纸张大小，然后设计问卷标题和问卷调查的内容。为使调查的内容项能直观选择，可以在文档中使用各种控件，如单选按钮、复选框等。效果如图 3-128 所示。

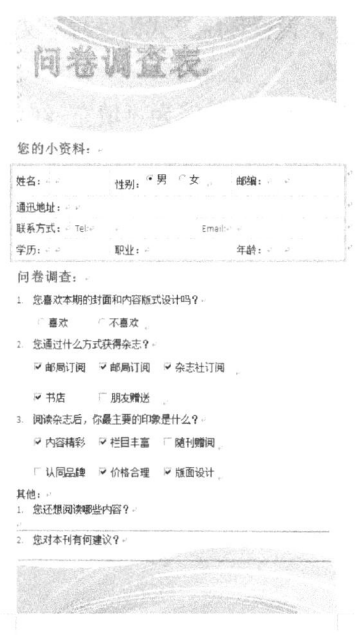

图 3-128　效果图

任务实施

1. 新建文档，设置页面大小

新建"问卷调查表"文档，设置纸张大小为 16 开，如图 3-129 所示。

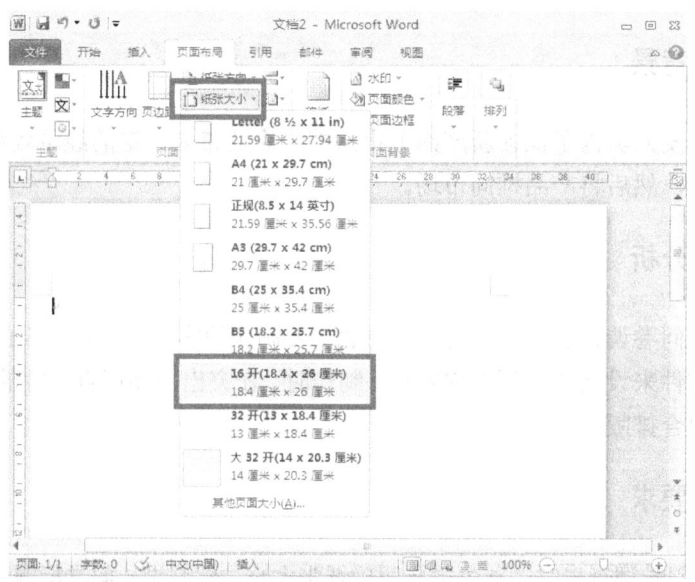

图 3-129　设置页面大小

2. 插入图片

在页眉处插入图片"001.jpg"，设置环绕方式为"衬于文字下方"，效果如图 3-130 所示。

3. 插入艺术字并设置其样式

插入艺术字"问卷调查表"，设置其样式为"填充-红色，强调文字颜色 2，暖色粗糙棱台"，如图 3-131 所示。

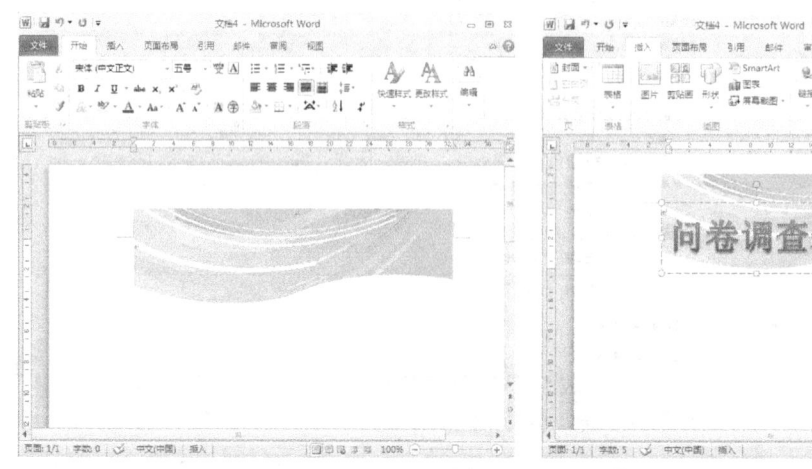

图 3-130　设置页眉　　　　　　　　图 3-131　插入艺术字

模块三　Word 文字处理系统

4. 设计问卷调查表

1）插入表格，合并/拆分单元格，并录入相关内容，如图 3-132 所示。

图 3-132　插入表格

2）录入其他问卷调查内容，如图 3-133 所示。

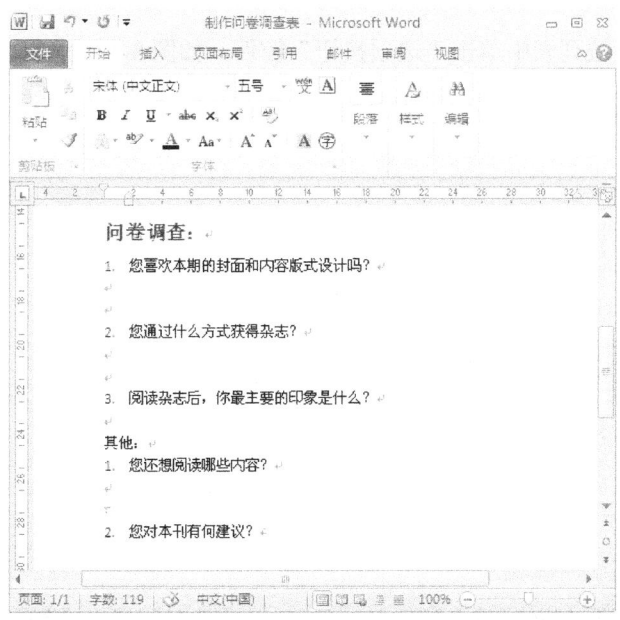

图 3-133　录入问卷调查内容

5. 制作控件按钮

1）单击"文件→选项"命令，在弹出的"Word 选项"对话框的目录树中选择"自定义功能区"项，在"自定义功能区"的"主选项卡"下拉菜单项中选中"开发工具"复选框，如图 3-134 所示。

图 3-134　"Word 选项"对话框

2）将光标定位在"性别"后，单击"开发工具→控件"组中的"旧式工具"按钮，如图 3-135 所示。

3）在弹出的下拉列表中单击"选项按钮"控件，如图 3-136 所示。

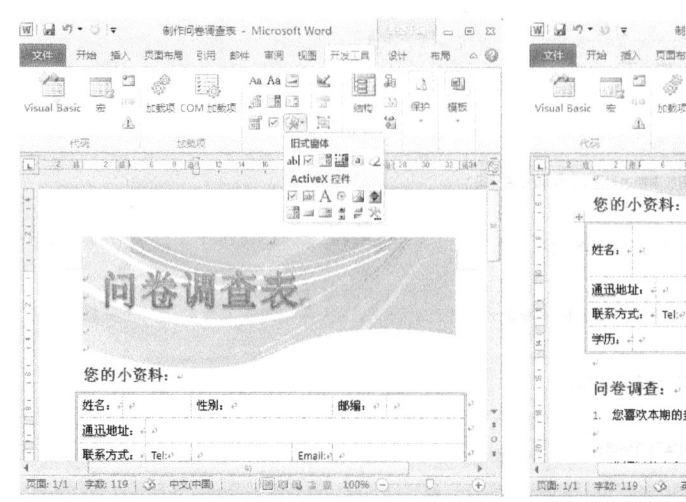
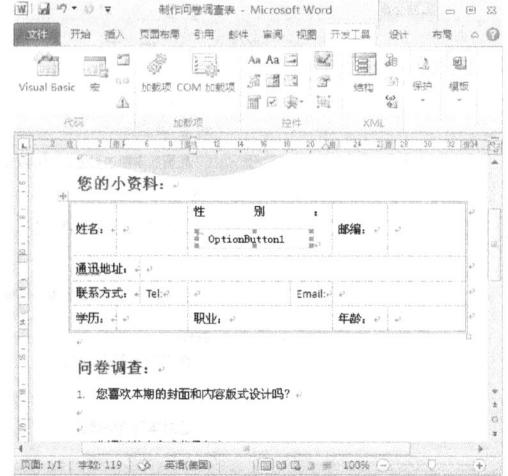

图 3-135　打开"控件"命令窗口　　　　图 3-136　插入"选项按钮"控件

4）在"选项按钮"上单击鼠标右键，在弹出的快捷菜单中选择"属性"命令，弹出

模块三 Word 文字处理系统

"属性"对话框。选择"按字母序"选项卡,单击 Caption 选项,在其右侧的文本框中输入男;单击 Value 选项,在其右侧的文本框中输入 True,即将此按钮的初始状态设为"选中"状态,然后调整其大小,如图 3-137 所示。

图 3-137 设置控件格式

5)返回文档,使用复制粘贴功能复制一个选项按钮,将其 Caption 属性更改为女,将 Value 属性更改为 False,然后调整其大小和位置,如图 3-138 所示。

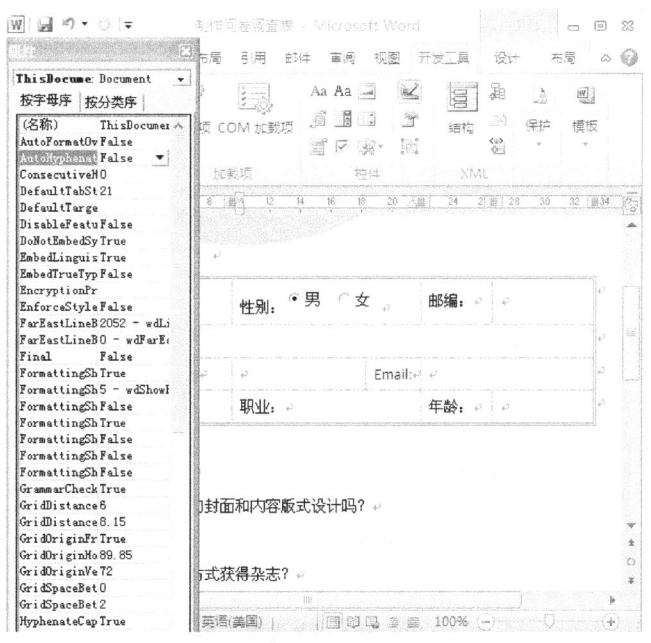

图 3-138 设置控件格式

6)设置完成后,单击"开发工具→控件"组中的设计模式"按钮,即可选择性别,如图3-139所示。

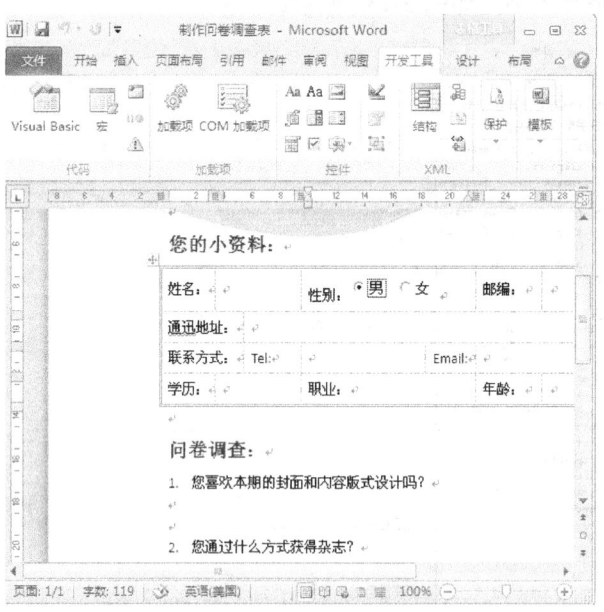

图3-139 设置控件效果

7)单击"开发工具→控件"组中的"旧式工具"按钮,在弹出的下拉菜单中选择"复选框"控件,如图3-140所示。

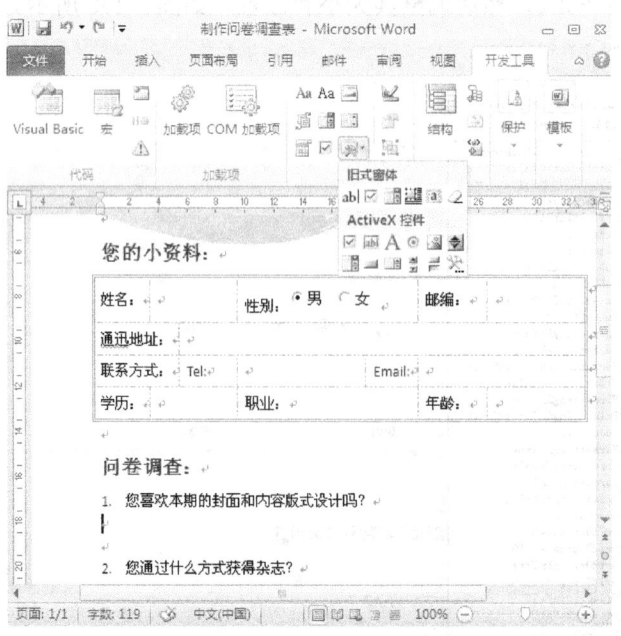

图3-140 插入"复选框"控件

模块三　Word 文字处理系统

8）选中 Checkbox1 控件，并单击鼠标右键，在弹出的快捷菜单中选择"属性"命令，弹出"属性"对话框。选择"按字母序"选项卡，单击 Caption 选项，在其右侧的文本框中输入邮局订阅，如图 3-141 所示。

图 3-141　设置控件格式

9）用同样的方法设置其他"复选框"控件，如图 3-142 所示。

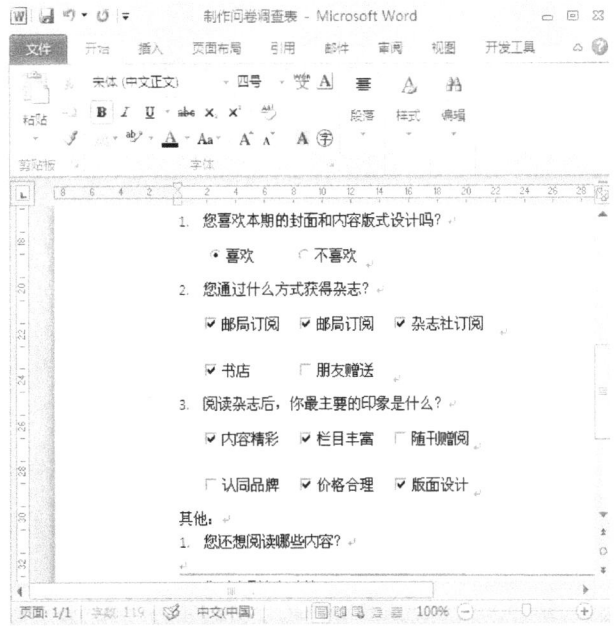

图 3-142　设置控件格式

75

任务小结

制作问卷调查表是客户服务工作中的重点,因此制作一份重点突出、条理清晰的客户问卷调查表是很重要的。制作过程中除了制作表格外,还要学会如何将各种形式的数据源导入到主控文档中以及如何制作控件按钮。

模块四　Excel 电子表格软件

Excel 2010 是微软 Office 办公软件的一个组成部分，具有大量的公式函数，可方便地制作各类表格，应用于有繁重计算任务的预算、财务、数据汇总等工作。目前，Excel 2010 广泛地应用于管理、统计财经、金融等多个领域。

本章要点：

项目一　电子表格基础技能
※　制作销售业绩统计表
※　制作班级成绩考核表
※　制作班级成绩单
※　制作图书销售情况表

项目二　电子表格进阶技能
※　制作学生基本信息登记表
※　制作家庭年度收支明细表

项目三　电子表格职业技能
※　会计日常账务处理

项目一　电子表格基础技能

任务一　制作销售业绩统计表

任务背景

某公司为了了解各销售部门的销售情况，要统计部门中各个员工 1~6 月的销售业绩。

任务分析

制作销售业绩统计表时，首先在工作表中录入数据，然后根据数据的长短调整行高列宽，设置单元格格式等，最后使用公式计算总销售额、排名，并汇总。

任务要求

根据任务分析，可分解任务过程如下：

1）根据公司需要录入工作表数据。

2）设置标题"员工销售业绩统计表"行高 40；调整数据区域（A2：K26）行高 18，列宽 10。

3）设置单元格区域（A1：K1）合并后居中，黑体、加粗、20、蓝色；设置工作表数据区域（A2：K26），宋体、12，外框线为单实线（粗）、蓝色，内框线为单实线（细）、蓝色，文字水平居中、垂直居中；选中工作表区域（A2：K2），设置单元格填充背景为灰色。

4）计算"总销售额"列内容，使用求和函数 SUM。

5）计算员工销售排名，使用排名函数 RANK，按"总销售额"降序排名。

6）对数据区域（A2：K26）按部门升序排序；按部门分类汇总"总销售额"，汇总结果显示在数据下方。

7）修改工作表名为"员工销售业绩统计表"。

效果如图 4-1 所示。

图 4-1　效果图

任务实施

1. 录入工作表数据

1）新建一个 Excel 工作表，单击"文件→另存为"命令，如图 4-2 所示。

2）在弹出的"另存为"对话框中选择工作表要保存的位置，输入文件名，单击"保存"按钮，如图 4-3 所示。

3）在单元格 A1 中输入标题文字，其他单元格中录入销售业绩的数据和文本，如图 4-4 所示。

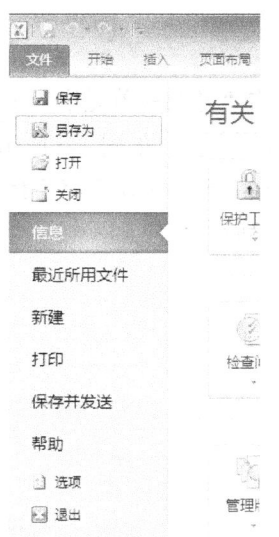

图 4-2　新建 Excel 工作表并另存

图 4-3　"另存为"对话框

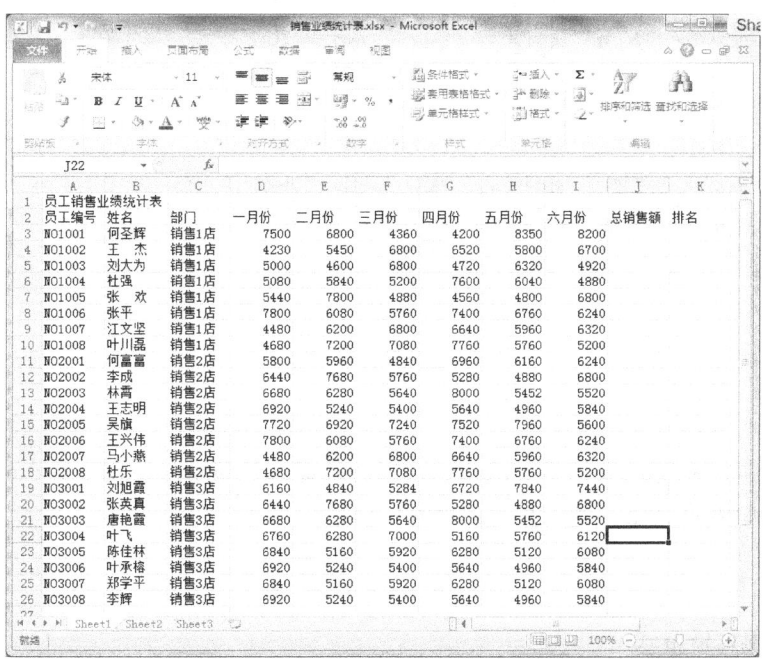

图 4-4　文本录入结果

对于"员工编号"列，可将鼠标指向单元格右下角的填充柄，当指针变为+形状时以拖曳方式智能填充数据。

2. 调整单元格行高、列宽

1）单击选择需要修改行高的单元格或单元格所在的行，单击"开始→单元格"组中的"格式"按钮，在弹出的下拉菜单中选择"行高"命令，输入行高值，如图4-5所示。

2）单击选择需要修改列宽的单元格或单元格所在的列，单击"开始→单元格"组中的"格式"按钮，在弹出的下拉菜单中选择"列宽"命令，输入列宽值。

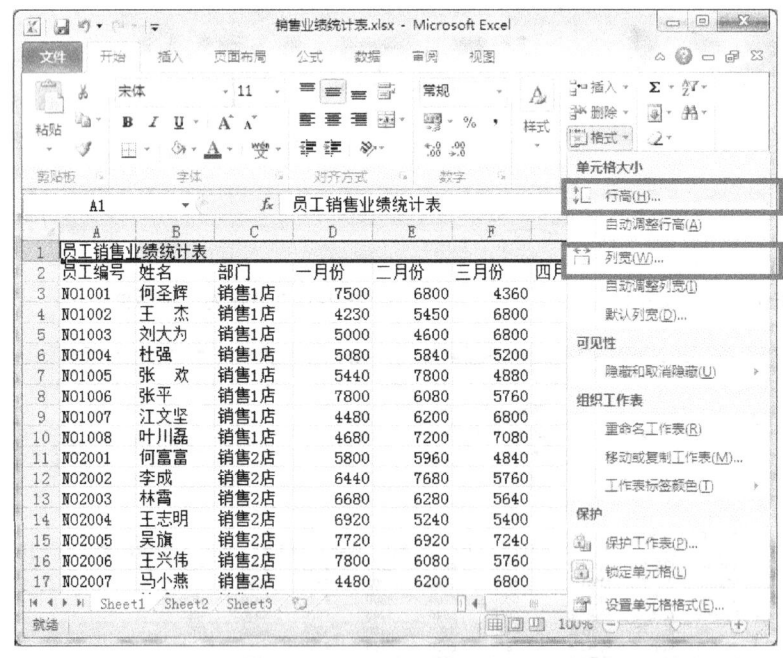

图4-5 设置行高和列宽

若对行高、列宽的数值不要求精确，可将鼠标指针移动到单元格所在的行号或列标的相交线上，按下鼠标左键拖曳调整。

3. 设置单元格格式

1）选中单元格区域（A1：K1），单击"开始→对齐方式"组中的"合并后居中"按钮，如图4-6所示。

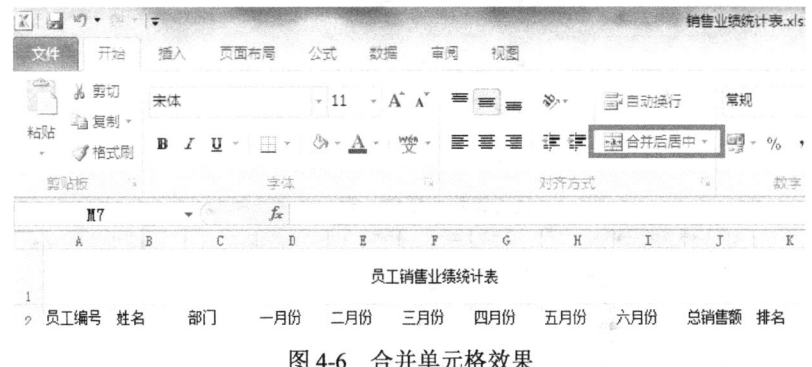

图 4-6 合并单元格效果

2）选中"员工销售业绩统计表"文本所在的单元格 A1，在"开始→字体"组中，选择黑体、加粗、20、蓝色，效果如图 4-7 所示。

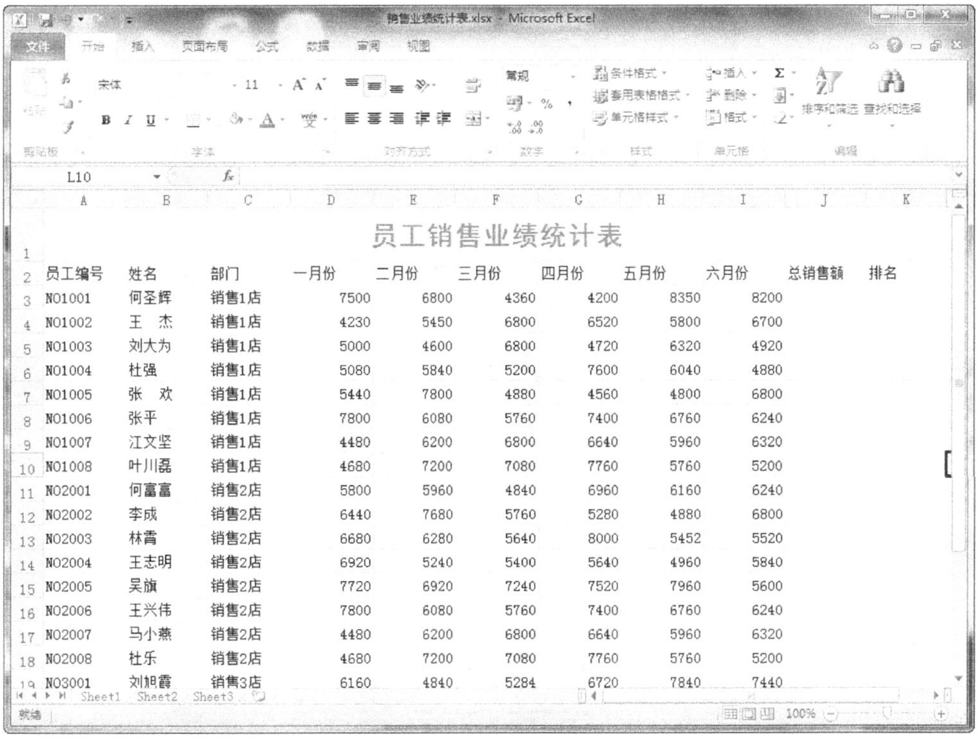

图 4-7 字体设置效果

3）选中工作表数据区域（A2：K26），设置宋体、12。

4）保持选中状态，单击"开始→单元格"组中的"格式"按钮，在弹出的下拉菜单中选择"设置单元格格式"命令，如图 4-8 所示。

5）在弹出的"设置单元格格式"对话框中，设置边框外框线为单实线（粗）、蓝色，内框线为单实线（细）、蓝色，文字水平居中、垂直居中，效果如图 4-9 所示。

6）选中工作表区域（A2：K2），设置单元格填充背景为灰色，效果如图 4-10 所示。

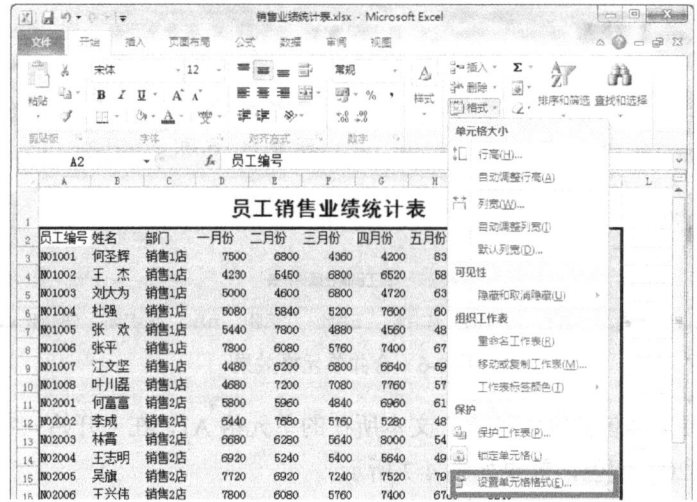

图 4-8 选择"设置单元格格式"命令

图 4-9 边框设置效果

图 4-10 底纹设置效果

4. 计算"总销售额"列内容

1）选中单元格 J3，输入"="，单击"名称"框可选择函数，选择函数 SUM，在弹出的"函数参数"对话框中选择求和区域（D3：I3），单击"确定"按钮，得到求和结果，如图4-11所示。也可以直接在单元格J3中输入"=SUM(D3:I3)"得到计算结果。

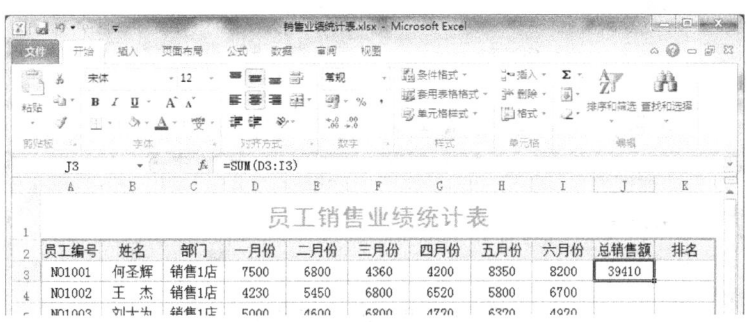

图4-11　求和函数设置效果

2）选中单元格J3，单击鼠标左键拖曳智能填充区域（J4：J26）计算其他员工1~6月的总销售额，单击右下角的 选择"不带格式填充"，填充结果如图4-12所示。

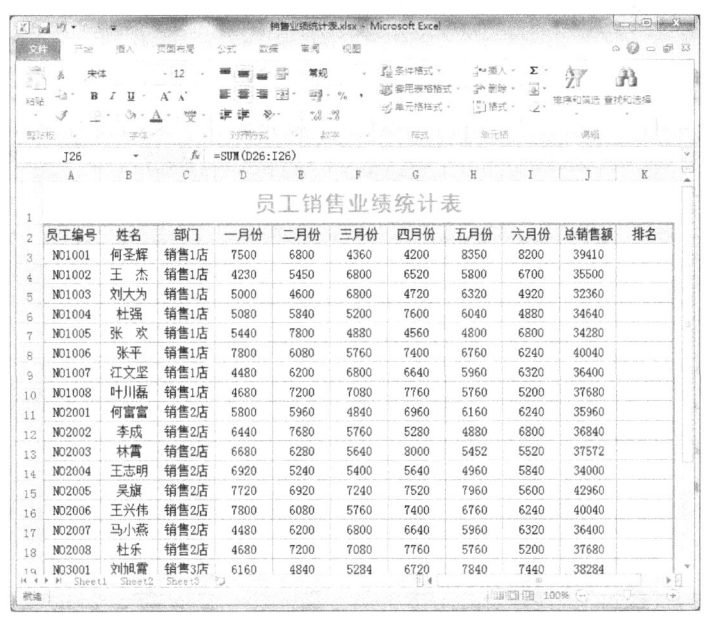

图4-12　SUM函数填充效果

5. 计算员工销售排名

1）选中单元格K3，输入"="，在"名称"框中选择函数RANK，在弹出的"函数参数"对话框中，选项选择如下：

● Number项：选择需要排名的数所在的单元格J3。
● Ref项：选择需要排名的区域（$J$3：$J$26）。
● Order项：输入0，代表排名按降序排列。

如图4-13所示，单击"确定"按钮。也可在单元格K3中直接输入"=RANK(J3,$J$3:

$J$26,0)"得到排名结果。

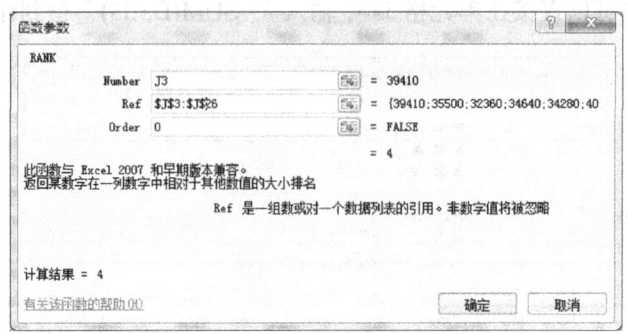

图4-13 RANK函数设置

> 使用RANK函数时，Ref项中的排名区域一般都为固定区域，可在区域名称的行号、列标的前面加上绝对符号$。

2）选中单元格K3，单击鼠标左键拖曳智能填充区域（K4：K26）计算其他员工排名名次，单击右下角的 ，选择"不带格式填充"，填充计算结果如图4-14所示。

图4-14 RANK函数填充效果

6. 汇总各销售部门总销售额

1）对数据区域（A2：K26）按部门排序。选中工作表区域（A2：K26），单击"数据→排序和筛选"组中的"排序"按钮，在弹出的"排序"对话框中选择"部门""数值"

模块四　Excel 电子表格软件

"升序",如图 4-15 所示。

2)对数据区域(A2:K26)分类汇总。选中工作表区域(A2:K26),单击"数据→分级显示"组中的"分类汇总"按钮,弹出"分类汇总"对话框,在"分类字段"下拉列表中选择"部门"选项,在"汇总方式"下拉列表中选择"求和"选项,在"选定汇总项"文本框中勾选"总销售额"复选框,勾选"汇总结果显示在数据下方"复选框,如图 4-16 所示。

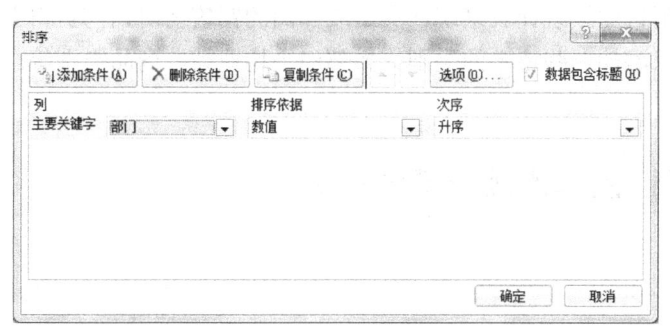

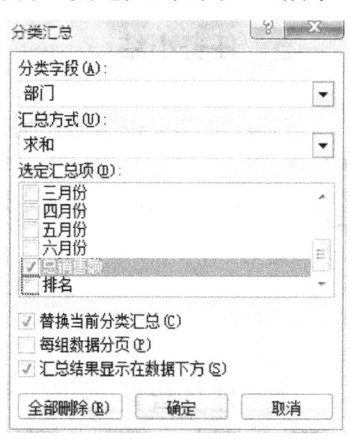

图 4-15　"排序"对话框　　　　　　　图 4-16　"分类汇总"对话框

7. 修改工作表名为"员工销售业绩统计表"

双击工作表状态栏名称 Sheet1,输入工作表名称"员工销售业绩统计表",修改效果如图 4-17 所示。

图 4-17　完成设置效果图

使用 Excel 的分类汇总功能之前，一般都要将工作表的数据按分类项进行排序，然后再根据需求汇总。

任务小结

许多厂商都会根据需要制作销售业绩统计表来统计员工或部门的销售情况，作为部门奖惩的依据，一般会根据实际需求添加一些特定的类别，如部门平均业绩、商品类别等。制作时以美观、适用、实用为主。

任务二 制作班级成绩考核表

任务背景

学期末，某学校需要统计班级各科目的成绩情况，了解学生的平时作业、表现及期末考试情况，文档要求纸质保存。此表格由班级相应科目的科任教师根据学生的具体情况制作。

任务分析

制作班级成绩考核表时，首先在工作表中录入成绩数据，接着根据数据的长短调整行高列宽，设置单元格格式等，然后对数据使用条件格式标识不及格成绩，并使用公式计算成绩，最后根据统计计算的结果制作图表。

任务要求

根据任务分析，可分解任务过程如下：

1）根据学生的成绩情况录入工作表数据。

2）设置第 1 行、第 2 行、第 3 行行高为 30，其余行高为 18；调整"姓名"列、"学生人数"列、">=90"列、"80~89"列、"70~79"列、"60~69"列、"不及格"列的列宽为 8，其余文字数据列的列宽为 6。

3）设置单元格区域（A1：P1）合并后居中，宋体、加粗、18；设置其余文字及数据区域：宋体、12；设置单元格区域（B2：E2）合并，垂直居中，文本左对齐；设置单元格区域（G2：I2）合并，垂直居中，文本左对齐；设置单元格区域（A3：I23）、（K3：P5）自动换行，文字水平居中，垂直居中；设置工作表区域（K3：P3）、单元格 K5 填充背景为深灰色；选中工作表区域（A3：B23）、（C3：E23）、（F3：H23）、（I3：I23）、（K3：P5）并设置外框线为单实线（粗），内框线为单实线（细）。

4）选中工作表区域（C4：I23），设置条件格式，当成绩低于60（不包含60）时设置字体：红色、加粗倾斜、双下画线。

5）计算"平时总评"列内容，平时总评＝作业分×60%＋表现分×40%，计算结果用整数表示；计算"期末成绩"列内容，期末成绩＝期末理论考试×50%＋期末上机考试×50%，计算结果用整数表示；计算"期末总评"列内容，期末总评＝平时成绩×60%＋期末成绩×40%，计算结果用整数表示；计算学生人数，使用函数（COUNT）；计算数据表区域（L4:P4）中每个分数段的人数，使用函数（COUNTIF）；计算每个分数段所占百分比（百分比＝分数段人数/学生人数），数据结果用百分比、一位小数表示。

6）选中工作表区域（K3：P3）、（K5：P5），制作"分离型三维饼图"，标题"成绩考核比例图"，数据显示在数据标签内，图例显示在底部，将图表放置在区域（K8：P23）中。

7）设置页面纸张方向为横向，上下页边距为 2，页面水平居中，调整工作表区域 J 列，将页面内容在 1 页内显示。

效果如图 4-18 所示。

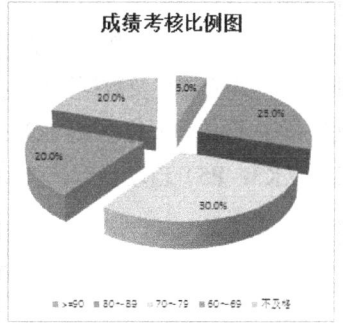

图 4-18　效果图

任务实施

1. 录入工作表数据

1）新建一个 Excel 工作表，保存文件。

2）在单元格中输入各学生座号、姓名等各项数据。

2. 调整单元格行高、列宽

1）单击选择需要修改行高的单元格或单元格所在的行，单击"开始→单元格"组中的"格式"按钮，在弹出的下拉菜单中可设置行高。设置第 1 行、第 2 行、第 3 行行高为

30，其余行高为 18。

2）单击选择需要修改列宽的单元格或单元格所在的列，单击“开始→单元格”组中的“格式”按钮，在弹出的下拉菜单中可设置列宽。调整“姓名”列、“学生人数”列、“>=90”列、“80~89”列、“70~79”列、“60~69”列、“不及格”列的列宽为 8，其余文字数据列的列宽为 6，如图 4-19 所示。

	A	B	C	D	E	F	G	H	I	J	K	L	M	N	O	P
1	2012-2013学年第1学期成绩考核表															
2	班级：	计算机应用1班				科目：	计算机应用基础				教师：	张阳				
3	座号	姓名	作业分	表现分	平时总i	期末理i	期末上ǂ	期末成ǂ	期末总评		学生人数	>=90	80～89	70～79	60～69	不及格
4	1	林丽	94	80		73	70									
5	3	黄珊琪	99	90		73	70				百分比					
6	5	杨伟健	91	87		82	55									
7	6	张洪湖	60	75		80	60									
8	7	郝艳芬	70	70		76	62									
9	9	李成	98	94		80	92									
10	11	张红	20	40		80	75									
11	12	李诗	15	30		85	80									
12	13	杜乐	60	45		70	48									
13	14	黄海生	87	83		40	87									
14	15	唐艳霞	98	86		60	90									
15	16	赵明铭	50	70		75	96									
16	17	王阳	75	75		85	55									
17	18	刘大为	72	78		80	82									
18	22	唐艳霞	84	77		80	60									
19	23	程小丽	93	80		70	38									
20	25	张艳	60	74		68	62									
21	27	卢红	91	88		80	92									
22	28	刘丽	82	88		78	68									
23	29	杜月	5	60		60	10									
24																

图 4-19 行高和列宽设置效果

3. 设置单元格字体边框

1）选中区域（A1：P1），单击“开始→对齐方式”组中的“合并后居中”按钮，合并单元格，在“开始→字体”组中设置字体为宋体、加粗、18。

2）同理，设置其余文字及数据区域为宋体、12；设置单元格区域（B2：E2）合并，垂直居中，文本左对齐；设置单元格区域（G2：I2）合并，垂直居中，文本左对齐；设置单元格区域（A3：I23）、（K3：P5）自动换行，文字水平居中，垂直居中，完成效果如图 4-20 所示。

	A	B	C	D	E	F	G	H	I	J	K	L	M	N	O	P
1	2012-2013学年第1学期成绩考核表															
2	班级，	计算机应用1班				科目，	计算机应用基础				教师，	张阳				
3	座号	姓名	作业分	表现分	平时总评	期末理论考试	期末上机考试	期末成绩	期末总评		学生人数	>=90	80～89	70～79	60～69	不及格
4	1	林丽	94	80		73	70									
5	3	黄珊琪	99	90		73	70				百分比					
6	5	杨伟健	91	87		82	55									
7	6	张洪湖	60	75		80	60									
8	7	郝艳芬	70	70		76	62									
9	9	李成	98	94		80	92									
10	11	张红	20	40		80	75									
11	12	李诗	15	30		85	80									
12	13	杜乐	60	45		70	48									
13	14	黄海生	87	83		40	87									
14	15	唐艳霞	98	86		60	90									
15	16	赵明铭	50	70		75	96									
16	17	王阳	75	75		85	55									
17	18	刘大为	72	78		80	82									
18	22	唐艳霞	84	77		80	60									
19	23	程小丽	93	80		70	38									
20	25	张艳	60	74		68	62									
21	27	卢红	91	88		80	92									
22	28	刘丽	82	88		78	68									
23	29	杜月	5	60		60	10									

图 4-20 单元格字体边框设置效果

模块四　Excel 电子表格软件

3）单击"开始→单元格"组中的"格式"按钮，在弹出的下拉菜单中选择"设置单元格格式"命令，在弹出的"设置单元格格式"对话框中单击"填充"选项卡，设置工作表区域（K3：P3）、单元格 K5 填充背景为深灰色，如图 4-21 所示。

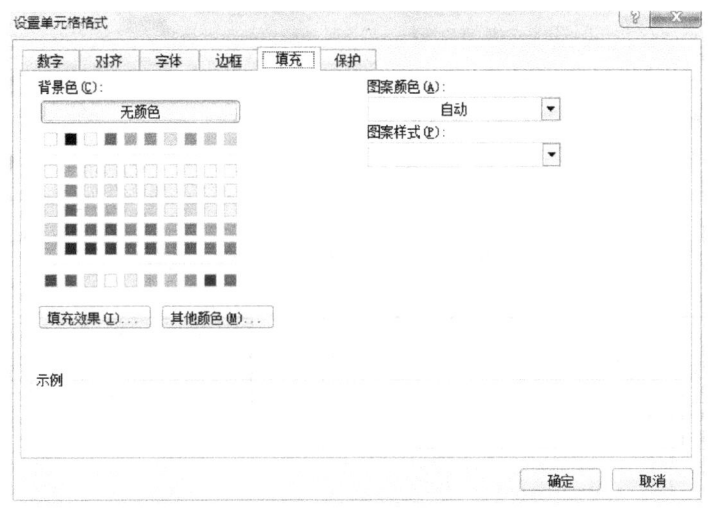

图 4-21　"填充"选项卡

4）按住<Ctrl>键，选中工作表区域（A3：B23）、(C3：E23）、(F3：H23）、(I3：I23）、(K3：P5)，同上打开"设置单元格格式"对话框，选择"边框"选项卡，设置外框线为单实线（粗）、内框线为单实线（细），如图 4-22 所示。

图 4-22　边框底纹设置效果

4. 设置条件格式

选中工作表区域（C4：I23），单击"开始→样式"组中的"条件格式"按钮，在弹出的下拉菜单中选择"新建规则"命令,如图 4-23 所示,弹出"新建格式规则"对话框,如图 4-24 所示。在"选择规则类型"栏中选择"只为包含以下内容的单元格设置格式",设置当成绩低于 60(不包含 60)时字体为红色、加粗倾斜、双下画线,完成后的效果如图 4-25 所示。

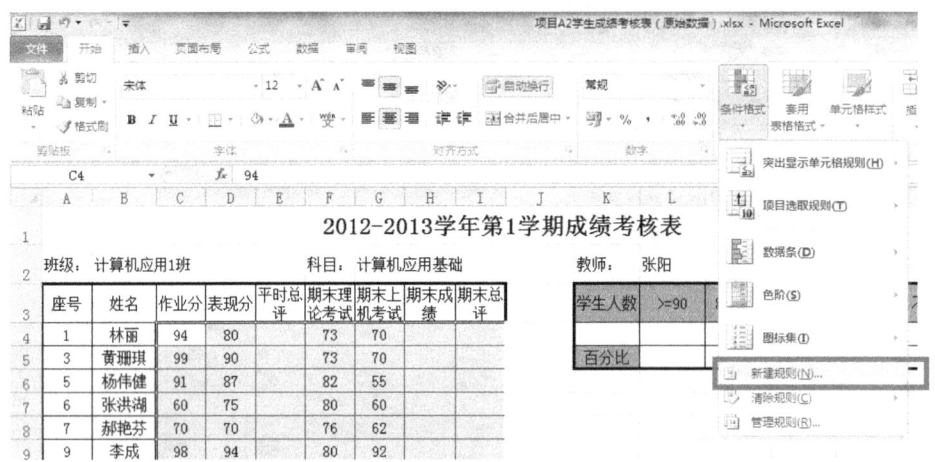

图 4-23 选择"新建规则"命令

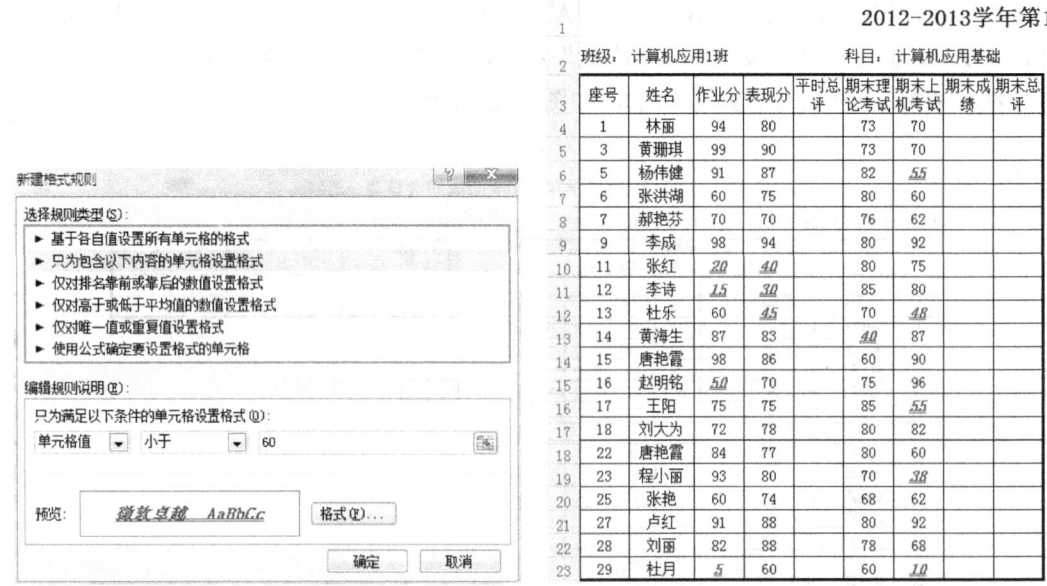

图 4-24 "新建格式规则"对话框　　图 4-25 条件格式设置效果

5. 计算"平时总评"列内容

平时总评 = 作业分 × 60% + 表现分 × 40%。选中单元格 E4,输入"=C4*60%+D4*40%",智能不带格式填充"平时总评"列其他单元格内容;选中单元格区域(E4:E23),打开"设置单元格格式"对话框,选择"数字"选项卡,选择"数值"选项,其小数位数设置为"0",如图 4-26 所示。

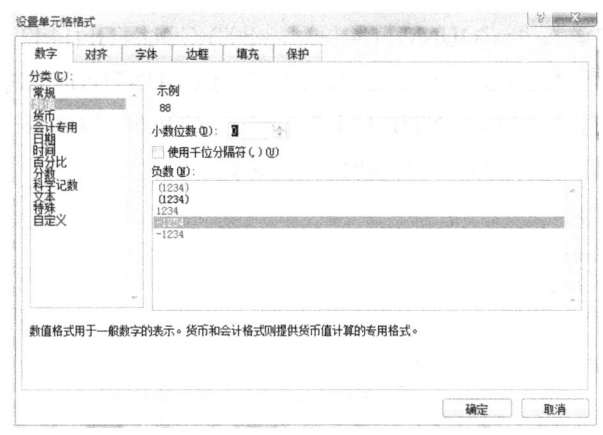

图 4-26 "数字"选项卡

6. 计算"期末成绩"列内容

期末成绩＝期末理论考试×50％＋期末上机考试×50％。选中单元格 H4，输入"=F4*50%+G4*50%"，智能不带格式填充"期末成绩"列其他单元格内容；选中单元格区域（H4：H23），设置小数位数"0"。

7. 计算"期末总评"列内容

期末总评＝平时成绩×60％＋期末成绩×40％。选中单元格 I4，输入"=E4*60%+H4*40%"，智能不带格式填充"期末总评"列其他单元格内容；选中单元格区域（I4：I23），设置小数位数"0"。

8. 计算学生人数，使用函数（COUNT）

选中单元格 K4，输入"="，在"名称"框中选择函数 COUNT，在弹出的"函数参数"对话框中选择统计的范围（A4：A23），如图 4-27 所示，或直接在单元格中输入"=COUNT(A4:A23)"。

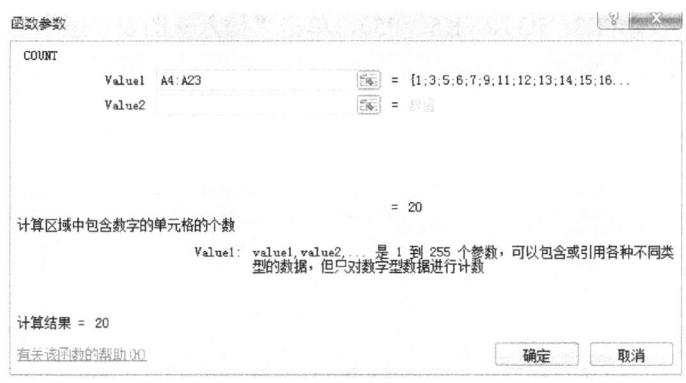

图 4-27 "函数参数"对话框

9. 使用函数（COUNTIF）计算数据表区域（L4:P4）中每个分数段的人数

调出 COUNTIF 函数，在"函数参数"对话框中进行参数选择，如图 4-28 所示，或直接在单元格中输入函数表达式。

在单元格 M4 中输入"=COUNTIF(I4:I23,">=80")-COUNTIF(I4:I23,">=90")"。
在单元格 N4 中输入"=COUNTIF(I4:I23,">=70")-COUNTIF(I4:I23,">=80")"。
在单元格 O4 中输入"=COUNTIF(I4:I23,">=60")-COUNTIF(I4:I23,">=70")"。
在单元格 P4 中输入"=COUNTIF(I4:I23,"<60")"。

图 4-28 COUNTIF 函数设置对话框

10. 计算每个分数段所占百分比

选中单元格 L5，输入"=L4/$K$4"，智能不带格式填充其他单元格。选中单元格区域（L5：P5），打开"设置单元格格式"对话框，在"数字"选项卡中选择"百分比"选项，其小数位数设置为"0"，最后效果如图 4-29 所示。

学生人数	>=90	80~89	70~79	60~69	不及格
20	1	5	6	4	4
百分比	5%	25%	30%	20%	20%

图 4-29 分数段计算结果

11. 制作"分离型三维饼图"

选中工作表区域（K3：P3）、(K5：P5)，单击"插入→图表"组中的"饼图"按钮，在弹出的下拉菜单中选择类型"分离型三维饼图"，如图 4-30 所示。

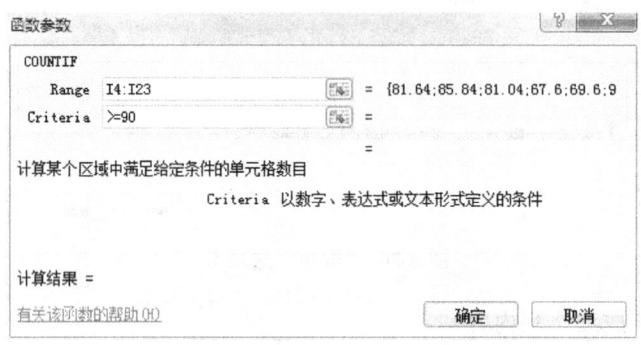

图 4-30 选择类型"分离型三维饼图"

12. 设置图表

1）选中图表，双击图表标题，修改为"成绩考核比例图"。

2）单击"布局→标签"组中的"数据标签"按钮，在弹出的下拉菜单中选择"数据标签内"命令，如图 4-31 所示。

图 4-31　选择"数据标签内"命令

3）单击"布局→标签"组中的"图例"按钮，在弹出的下拉菜单中选择"在底部显示图例"命令，如图 4-32 所示。

4）选择图表，将其放置在区域（K8：P23），完成效果如图 4-33 所示。

图 4-32　选择"在底部显示图例"命令　　　图 4-33　图表设置效果

13. 设置页面格式及打印效果

1）单击"页面布局→页面设置"组中的"纸张方向"按钮，设置方向为横向。

2）单击"页面布局→页面设置"组中的"页边距"按钮，在弹出的下拉菜单中选择"自定义边距"命令，在弹出的"页面设置"对话框中设置上下页边距为2，居中方式水平。

3）调整工作表区域 J 列列宽，将页面内容在 1 页内显示，可单击"文件→打印"命令，查看打印预览效果，如图 4-34 所示。

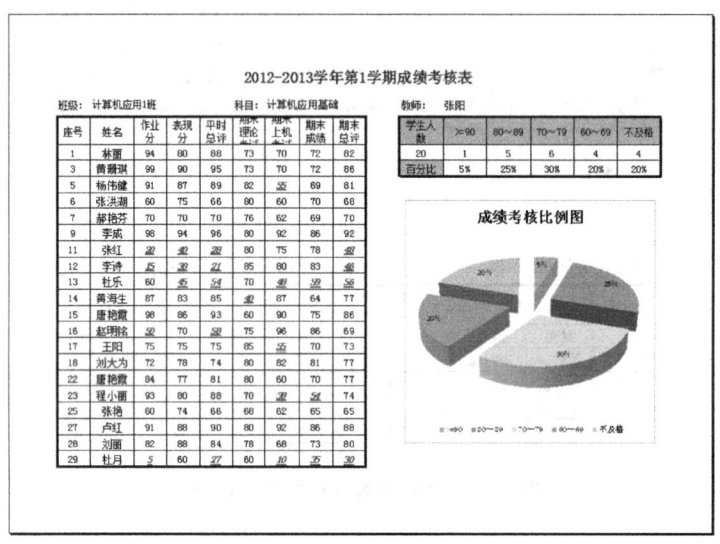

图 4-34　打印预览效果

任务小结

期末时科任老师需要根据学生的期末考试成绩结合平时情况核定任教班级学生的期末总评成绩，一般会根据学校、学生及科目的具体要求添加或删除某些类别，比如"网页设计"课程可能会添加学生的设计作品成绩等。制作时应以直观，实用为主。

任务三　制作班级成绩单

任务背景

每个学期班主任需要为班级学生制作班级成绩单，为方便进行成绩统计，需要在成绩单中标明学生各科的成绩、所有科目总分、及格率等情况，对于不及格的学生及缺考的学生用红色标出。

任务分析

制作班级成绩单时，首先在工作表中录入学生的成绩数据，接着根据数据的长短调整行高列宽，设置单元格格式等，然后对数据条件格式标识不及格成绩、缺考、单科最高分

模块四 Excel 电子表格软件

等,并使用公式计算总成绩、及格率及排名等。

任务要求

根据任务分析,可分解任务过程如下:

1) 根据学生的各科考试成绩情况录入工作表数据。

2) 设置单元格区域(A1:L1)合并后居中、宋体、加粗、18,在文字"2007""2008""一"下方添加下画线;设置第二行中的文字为宋体、12;设置其余文字及数据区域:宋体、11;设置单元格区域(B2:D2)合并,垂直居中,文本左对齐;设置单元格区域(F2:H2)合并,垂直居中,文本左对齐;设置单元格区域(I2:J2)合并,垂直居中,文本右对齐;设置单元格区域(K2:L2)合并,垂直居中,文本左对齐;设置单元格区域(A29:B29)合并,加粗;设置单元格区域(A3:L3)自动换行;设置单元格区域(A3:L29)文字水平居中,垂直居中,所有框线为单实线(细)。

3) 选中工作表区域(C4:J29),设置条件格式,当成绩低于60(不包含60)时或为"缺"时,设置字体为红色、加粗倾斜、双下画线;各科最高分设置为"浅红填充色深红色文本"。

4) 计算"平均分"列和"总分"列内容,计算结果用整数表示;计算"排名"列,使用函数 RANK;计算"及格率"行中各科的及格率(及格率=及格人数/总人数),数据结果用百分比、两位小数表示。

5) 设置第1行、第3行行高为46,第二行行高为32,其余行高为18。

6) 设置页面纸张方向为横向,上下页边距为"2",页面水平居中,调整工作表区域,将页面内容在1页内显示。

效果如图4-35所示。

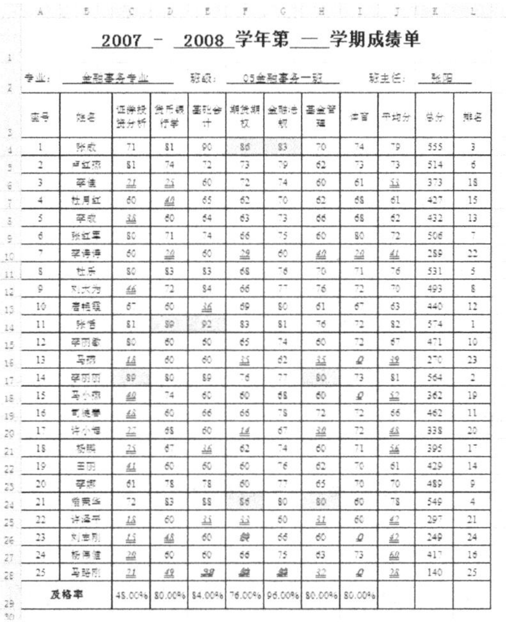

图4-35 效果图

任务实施

1. 录入工作表数据

1）新建一个 Excel 工作表并保存。

2）在工作表中根据学生的各科考试成绩情况录入数据。

2. 设置单元格字体边框

1）选中区域（A1：L1），单击"开始→对齐方式"组中的"合并后居中"按钮，合并单元格，在"开始→字体"组中设置字体为宋体、加粗、18。单击 U 按钮，在文字"2007""2008""一"下方添加下画线；设置第二行中的文字为宋体、12；设置其余文字及数据区域宋体、11。

2）选中单元格区域（B2：D2），单击"开始→对齐方式"组中的"合并后居中"按钮，合并单元格，垂直居中，文本左对齐；设置单元格区域（F2：H2）合并，垂直居中，文本左对齐；设置单元格区域（I2：J2）合并，垂直居中，文本右对齐；设置单元格区域（K2：L2）合并，垂直居中，文本左对齐；设置单元格区域（A29：B29）合并，加粗；设置单元格区域（A3：L3）自动换行；设置单元格区域（A3：L29）文字水平居中，垂直居中。

3）选中工作表区域（A3：L29），单击"开始→单元格"组中的"格式"按钮，在弹出的下拉菜单中选择"设置单元格格式"命令，在弹出的"设置单元格格式"对话框中选择"边框"选项卡，设置所有框线为单实线（细），效果如图 4-36 所示。

	A	B	C	D	E	F	G	H	I	J	K	L
1			2007	-	2008	学年第	一	学期成绩单				
2	专业：		金融事务专业		班级：		05金融事务一班			班主任：	张阳	
3	座号	姓名	证券投资分析	货币银行学	基础会计	期货期权	金融法规	基金管理	体育	平均分	总分	排名
4	1	张成	71	81	90	86	83	70	74			
5	2	卢红燕	81	74	72	73	79	62	73			
6	3	李佳	21	25	60	72	74	60	61			
7	4	杜月红	60	40	65	62	70	62	68			
8	5	李成	38	60	64	63	73	66	68			
9	6	张红军	80	71	74	66	75	60	80			
10	7	李诗诗	60	20	60	29	60	40	20			
11	8	杜乐	80	83	83	68	76	70	71			
12	9	刘大为	46	72	84	66	77	76	72			
13	10	唐艳霞	67	60	36	69	80	61	67			
14	11	张恬	81	89	92	83	81	76	72			
15	12	李丽敏	80	60	60	65	74	60	72			
16	13	马燕	18	60	60	35	62	35	0			
17	14	李丽丽	89	80	89	76	77	80	73			
18	15	马小燕	40	74	60	60	60	60	0			
19	16	司徒春	48	60	66	66	78	72	72			
20	17	许小辉	27	68	60	14	67	30	72			
21	18	杨鹏	25	67	36	62	74	60	71			
22	19	田丽	41	60	60	60	76	62	70			
23	20	李娜	61	78	78	60	77	65	70			
24	21	詹荣华	72	83	88	86	80	80	60			
25	22	许泽平	18	60	35	33	60	31	60			
26	23	刘志刚	15	48	60	缺	66	60	0			
27	24	杨伟健	20	60	60	66	75	63	73			
28	25	马路刚	21	49	38	缺	缺	32	0			
29	及格率											
30												

图 4-36　字体边框设置效果

3. 设置条件格式

1）选中工作表区域（C4：J29），单击"开始→样式"组中的"条件格式"按钮，在弹出的下拉菜单中选择"新建规则"命令，弹出"新建格式规则"对话框。在"选择规则

模块四　Excel 电子表格软件

类型"项中选择"只为包含以下内容的单元格设置格式",设置当成绩低于60（不包含60）时设置字体为红色、加粗倾斜、双下画线。同理，当成绩等于"缺"时，设置字体为红色、加粗倾斜、双下画线。

2）选中工作表区域（C4：C28），单击"开始→样式"组中的"条件格式"按钮，在弹出的下拉菜单中选择"项目选取规则→值最大的10项"命令，在弹出的"10个最大的项"对话框中设置"1""浅红填充色深红色文本"，如图4-37所示。

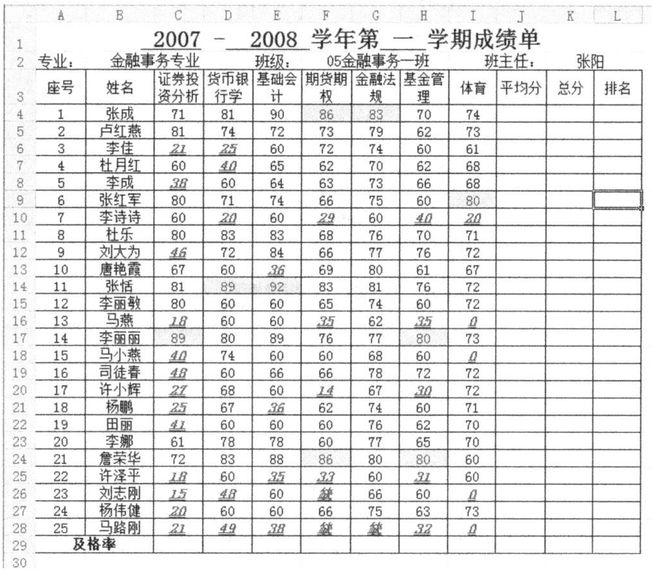

3）依次将区域（D4：D28）、（E4：E28）、（F4：F28）、（G4：G28）、（H4：H28）、（I4：I28）依上述方法或使用格式刷设置，标识各科最高分。完成后效果如图4-38所示。

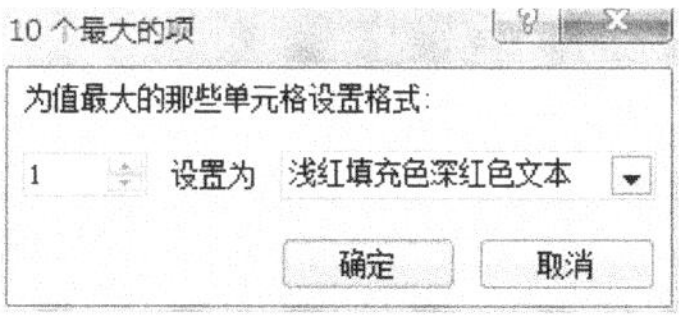

图4-37　"10个最大的项"对话框　　　图4-38　条件格式设置效果

4. 计算"平均分"列和"总分"列内容

1）计算"平均分"列内容，使用函数（AVERAGE）。选中单元格J4，输入"="，在"名称"框中选择函数AVERAGE，在弹出的"函数参数"对话框中选择统计的范围（C4：I4），如图4-39所示，或直接在单元格中输入"=AVERAGE(C4:I4)"，智能填充区域（J5：J28）。

2）计算"总分"列内容，使用函数（SUM）。选中单元格K4，输入"="，在"名称"框中选择函数SUM，在弹出的"函数参数"对话框中选择统计的范围（C4：I4），或直接在单元格中输入"=SUM(C4:I4)"，智能填充区域（K5：K28）。

3）选中单元格区域（J4：K28），打开"设置单元格格式"对话框，在"数字"选项卡中选择"数值""0"，设置区域数值显示为整数。

5. 计算"排名"列

计算"排名"列，使用函数（RANK）。选中单元格L4，输入"="，在"名称"框中选择函数RANK，在弹出的"函数参数"对话框中，设置如图4-40所示，或直接在单元格中输入"=RANK(K4,$K$4:$K$28,0)",智能填充区域(L5:L28)。

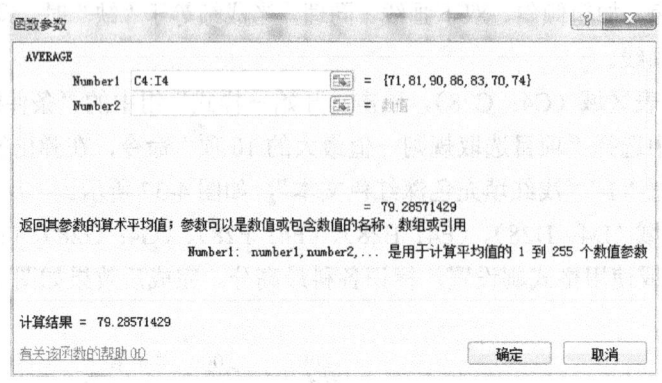

图 4-39 AVERAGE 函数设置对话框

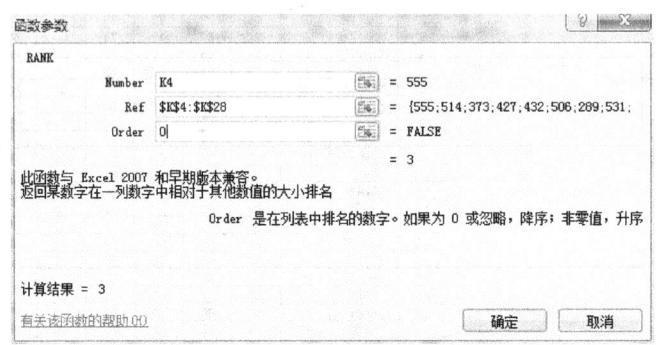

图 4-40 RANK 函数设置对话框

6. 计算"及格率"行中各科的及格率

计算"及格率"行中各科的及格率(及格率=及格人数/总人数)。选中单元格 C29,输入"=COUNTIF(C4:C28,">=60")/COUNT($A$4:$A$28)",智能不带格式填充其他单元格。选中单元格区域(C29:I29),打开"设置单元格格式"对话框,在"数字"选项卡中选择"百分比""2"。

函数的组合使用在 Excel 中经常会碰到,若对直接输入操作不熟练,可在两个单元格内分别计算,再进行拼接。

7. 调整单元格行高

单击选择需要修改行高的单元格或单元格所在的行,单击"开始→单元格"组中的"格式"按钮,在弹出的下拉菜单中选择"行高"命令,然后在弹出的"行高"对话框中设置第 1 行、第 3 行行高为 46,第二行行高为 32,其余行高为 18。

8. 设置页面格式及打印效果

1)单击"页面布局→页面设置"组中的"纸张方向"按钮,设置方向为横向。

2）单击"页面布局→页面设置"组中的"页边距"按钮，在弹出的下拉菜单中选择"自定义边距"命令，在弹出的"页面设置"对话框中设置上下页边距为2，居中方式为水平。

3）调整工作表区域各列列宽，将页面内容在1页内显示，可单击"文件→打印"命令，查看打印预览效果。

任务小结

通过班级成绩单，班主任可以直观地了解学生的各科情况，在成绩单中标明"平均分""总分"及"排名"等列可方便班主任对学生的情况作统计，另外，在成绩单中条件格式的应用也是很重要的。在实际使用中，可根据情况添加或删除某些列。

任务四　制作图书销售情况表

任务背景

图书销售订单表是图书销售部门销售图书常用的表格。某书城接到来自某高校的采购订单，根据销售情况制定了销售统计表。

任务分析

制作图书销售统计表时，首先在工作表中录入订单销售数据，然后根据数据设置单元格格式、调整行高列宽等，最后使用公式计算销售额和实收金额，并使用数据透视表统计各类图书销售情况。

任务要求

根据图书销售的实际情况，可分解任务过程如下：
1）根据图书销售实际情况录入工作表数据。
2）设置单元格区域（A1：H1）合并后居中，垂直居中；设置单元格区域（A22：D22）合并后居中；标题"某书城图书销售统计表"的字体：黑体、加粗、18；设置数据区域（A2：H2）、（A22：H22）的字体：加粗、宋体、12；设置工作表数据区域（A3：H21）的字体：宋体、12；选中此数据区域，文本水平居中，垂直居中，添加外框线和内框线；设置数据区域（A2：H2）、（A22：H22）的底纹为橄榄色；设置数据区域（A3：B21）的底纹为橙色；为数据区域（D3：D21）、（F3：F22）、（H3：H22）添加人民币符号，小数点2位。
3）设置标题"某书城图书销售统计表"行高40，调整数据区域（A2：H2）、（A22：H22），行高30，调整数据区域（A2：H21），行高18，调整各列的列宽使所有的数据正常显示。
4）计算"销售额（元）"列内容，销售额=单价×订货量。
5）根据表4-1计算"折扣"列内容，使用条件函数IF。

表 4-1　图书折扣条件表

订货量（X）/ 本	折扣率
X≤500	8 折
X>500	6.5 折

6）计算“实收金额（元）”列内容，实收金额=销售额×折扣。

7）计算“合计（元）”行内容，使用求和函数 SUM。

8）选中数据区域（A2：H21），在（J2：L5）中插入数据透视表，行标签为“课程类别”，统计订货量和实收金额。

9）设置页面纸张为 A4，纸张方向为横向，打印区域（A1：H22），调整列宽使其能单页打印。

效果如图 4-41 所示。

某书城图书销售统计表

课程类别	编号	书名	单价(元)	订货量（本）	销售额（元）	折扣	实收金额（元）
专业类	ZC001	数据库基础	¥10.50	190	¥1,995.00	0.8	¥1,596.00
文化类	WB001	数学	¥10.50	2500	¥26,250.00	0.65	¥17,062.50
专业类	ZC002	计算机组装与维修	¥29.60	100	¥2,960.00	0.8	¥2,368.00
专业类	ZA001	会计学	¥28.50	200	¥5,700.00	0.8	¥4,560.00
专业类	ZB001	机械基础	¥13.50	520	¥7,020.00	0.65	¥4,563.00
专业类	ZE001	现代通信原理	¥33.00	150	¥4,950.00	0.8	¥3,960.00
文化类	WA001	语文	¥13.50	2000	¥27,000.00	0.65	¥17,550.00
专业类	ZA002	会计学原理	¥22.60	200	¥4,520.00	0.8	¥3,616.00
专业类	ZE001	模具	¥17.00	780	¥13,260.00	0.65	¥8,619.00
专业类	ZC004	计算机应用基础	¥29.60	300	¥8,880.00	0.8	¥7,104.00
文化类	WC001	英语	¥18.00	380	¥6,840.00	0.8	¥5,472.00
专业类	ZD001	烹饪	¥21.00	150	¥3,150.00	0.8	¥2,520.00
文化类	WB002	线性代数	¥33.20	155	¥5,146.00	0.8	¥4,116.80
文化类	WD001	哲学	¥21.00	1500	¥31,500.00	0.65	¥20,475.00
专业类	ZA003	企业财务会计	¥21.80	270	¥5,886.00	0.8	¥4,708.80
专业类	ZC005	程序设计	¥22.00	350	¥7,700.00	0.8	¥6,160.00
文化类	WB003	高等数学	¥29.80	180	¥5,364.00	0.8	¥4,291.20
专业类	ZA004	基础会计	¥25.00	300	¥7,500.00	0.8	¥6,000.00
专业类	ZE002	嵌入式系统	¥35.80	25	¥895.00	0.8	¥716.00
合计（元）				10225	¥175,621.00		¥124,742.30

行标签	求和项:订货量（本）	求和项:实收金额（元）
文化类	6715	68967.5
专业类	3535	56490.8
总计	10250	125458.3

Sheet1　Sheet2　Sheet3

图 4-41　效果图

任务实施

1. 录入工作表数据

1）新建一个 Excel 工作表，保存文件。

2）在工作表中根据图书销售实际情况录入工作表数据。

2. 设置单元格字体边框

1）选中单元格区域（A1：H1），单击“开始→对齐方式”组中的“合并后居中”按钮，合并单元格，垂直居中，在“开始→字体”组中设置字体为宋体、加粗、18；设置数据区域（A2：H2）、（A22：H22）的字体为加粗、宋体、12；设置工作表数据区域（A3：H21）的字体为宋体、12；选中单元格区域（A22：D22），设置合并后居中；设置工作表数据区域（A2：H22）自动换行，文字水平居中，垂直居中。

2）选中工作表区域（A2：H22），单击“开始→单元格”组中的“格式”按钮，在弹出的下拉菜单中选择“设置单元格格式”命令，在弹出的“设置单元格格式”对话框中选择"边框"选项卡,设置外框线和内框线。

3)选中数据区域(A2:H2)、(A22:H22),单击"开始→单元格"组中的"格式"按钮,在弹出的下拉菜单中选择"设置单元格格式"命令,在弹出的"设置单元格格式"对话框中选择"填充"选项卡,设置底纹为橄榄色;设置数据区域(A3:B21)的底纹为橙色。

4)选中数据区域(D3:D21)、(F3:F22)、(H3:H22),打开"设置单元格格式"对话框,在"数字"选项卡中设置"货币""2""￥",为区域添加人民币符号。

3. 设置格式

单击选择需要修改行高的单元格或单元格所在的行,单击"开始→单元格"组中的"格式"按钮,在弹出的下拉菜单中选择"行高"命令,然后在弹出的"行高"对话框中设置行高。设置标题"某书城图书销售统计表"行高为40,调整数据区域(A2:H2)、(A22:H22)行高为30,调整数据区域(A2:H21)行高为18,调整各列的列宽使所有数据正常显示,如图4-42所示。

图 4-42　格式设置效果

4. 计算"销售额(元)"无内容

计算"销售额(元)"列内容,销售额=单价×订货量。选中单元格F3,输入"=D3*E3",智能填充此列其他单元格内容。

若单元格中出现"#####"符号,通常是单元格列宽不足显示引起的。增加列宽即可完整显示数据。

5. 计算"折扣"列内容

根据要求计算"折扣"列内容,使用条件函数IF。选中G3,输入"=",在"名称"框中选择函数IF,在弹出的"函数参数"对话框中,选择参数如图4-43所示,或直接在单元格中输入"=IF(E3<=500,0.8,0.65)",智能填充此列其他单元格内容。

6. 计算"实收金额（元）"列内容

实收金额＝销售额×折扣。选中单元格 H4，输入"=F3*G3"，智能填充此列其他单元格内容。

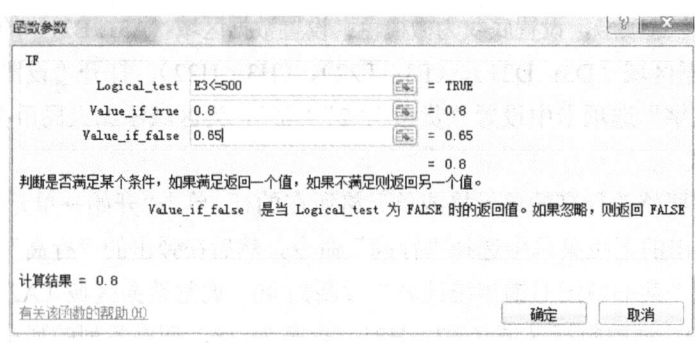

图 4-43　IF 函数设置对话框

7. 计算"合计（元）"行内容

使用求和函数 SUM。选中单元格 E22，输入"="，在"名称"框中选择函数 SUM，在弹出的"函数参数"对话框中，选择统计的范围（E3：E21），或直接在单元格中输入"=SUM(E3:E21)"；计算单元格 F22 和 H22 的值。

8. 设置数据透视表

1）选中数据区域（A2：H21），单击"插入→表格"组中的"数据透视表"按钮，在弹出的下拉菜单中选择"数据透视表"命令，然后在弹出的"创建数据透视表"对话框中选择"现有工作表"单选按钮，选择数据区域（J2：L5），如图 4-44 所示。操作完毕后，在工作表中会出现"数据透视表字段列表"导航窗口。

2）在"数据透视表字段列表"导航窗口中，选择行标签为"课程类别"，数值求和项为"订货量（本）"和"实收金额（元）"，如图 4-45 所示。所得的数据透视表如图 4-46 所示。

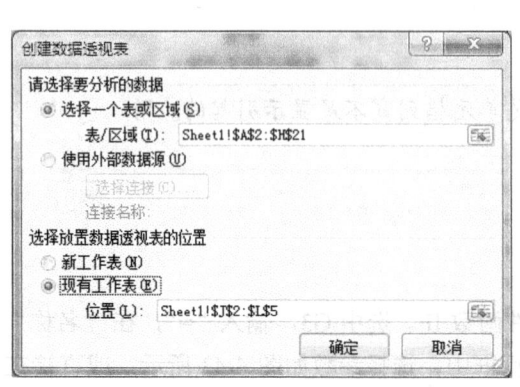

图 4-44　"创建数据透视表"对话框　　图 4-45　"数据透视表字段列表"导航窗口

模块四　Excel 电子表格软件

9. 设置页面格式及打印效果

单击"页面布局→页面设置"组中的"纸张大小"按钮，设置纸张大小 A4；单击"页面布局→页面设置"组中的"纸张方向"按钮，设置方向为横向；选中单元格区域（A1：H22），单击"页面布局→页面设置"组中的"打印区域"按钮，设置页面打印范围；调整工作表各列列宽使其能单页打印。

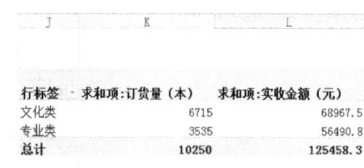

图 4-46　数据透视表设置效果图

任务小结

图书销售统计表在具体制作过程中根据实际情况会有些区别，如折扣根据书店的会员级别可能会有不同，可在 IF 函数中进行多层次嵌套。在表格下方可能会添加"制表人"行等。

项目二　电子表格进阶技能

任务一　制作学生基本信息登记表

任务背景

学生就读学校之后，学校及班主任为了更好地对学生进行管理，需要对学生的基本信息进行登记，并制作学生基本信息登记表。

任务分析

制作学生基本信息登记表时，首先需要制定需要登记的内容列：对于要登记的数据位数比较长的列（如"身份证号"列），需要先设置单元格数字类型；对于"性别""民族"等列可设置下拉列表项方便选择，减少数据录入工作量。录入基本信息数据后，为使整个工作表美观，可根据数据的长短调整行高列宽，设置单元格格式等。

任务要求

根据任务分析，可分解任务过程如下：
1）在工作表中输入标题，以及需要登记的信息列。
2）使用自动填充功能填充"序号"列的序号。
3）设置"身份证号"列和"联系电话"列数字类型为"文本"。
4）设置"性别"列下拉列表的选项"男""女"；设置"民族"列下拉列表的选项，包括"汉族""壮族""傣族"等（可根据当地少数民族情况进行设置）；设置"学生来源"列下拉列表的选项，包括"正常入学""借读""转入""进城务工人员随迁子女""其他"。
5）根据情况录入工作表数据，并用公式自动显示"出生年月"列内容。
6）设置工作表字体、字号、行高、底纹等内容，美化工作表。

效果如图 4-47 所示。

学生基本信息登记表

班级:计算机应用　班主任：张三　联系电话:059889115678

序号	姓名	性别	民族	身份证号	学生来源	生源所在地区	出生年月	家长姓名	联系电话	备注
1	余春红	女	汉族	350424200003201625	正常入学	福州市	2000-03-20	余长水	05986731731	
2	黄诗	男	汉族	350424200008251613	正常入学	福州市	2000-08-25	黄朝学	05986731420	
3	伍慧琴	女	傣族	350424199912191625	正常入学	闽清县	1999-12-19	伍成功	15960966253	
4	熊明远	男	汉族	350424200001291639	转入	长乐市	2000-01-29	熊宗科	05986732068	
5	李祥辉	男	汉族	350424200003311621	正常入学	长乐市	2000-03-31	李长发	05986732296	
6	谢锋	男	壮族	350424200007231637	正常入学	闽侯县	2000-07-23	谢凤连	05986731410	
7	李鹏	男	汉族	350424200001171629	正常入学	南平市	2000-01-17	吴贤良	13715956708	
8	吴彩莲	女	汉族	350424200001291612	正常入学	闽侯县	2000-01-29	刘容英	05986736077	
9	王晶晶	女	汉族	35042420000717132x	正常入学	福州市	2000-07-17	潘建法	13459808177	
10	潘艳琳	女	汉族	350424199910241625	正常入学	连江县	1999-10-24	伊光明	13960580933	

学生基本信息登记表

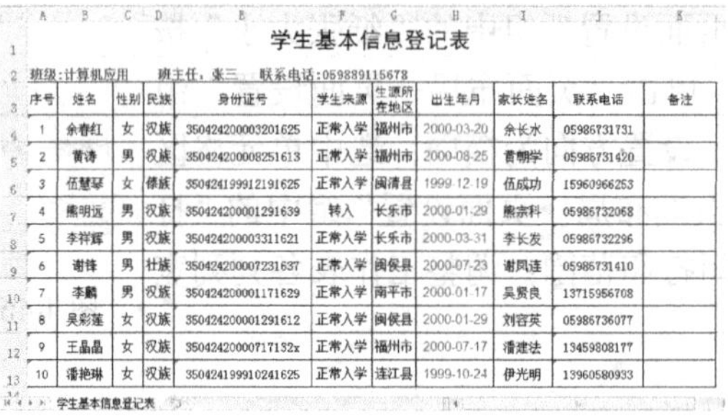

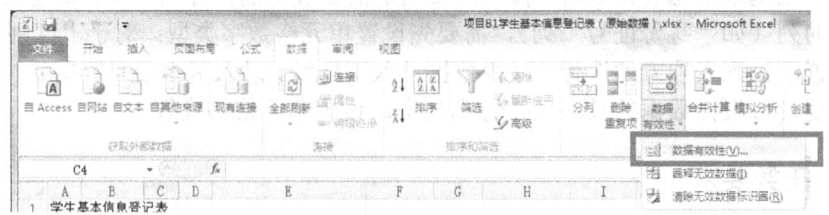

图 4-47　效果图

任务实施

1. 录入工作表数据

1）新建一个 Excel 工作表，保存文件。

2）在工作表中输入标题，以及需要登记的信息列。

2. 填充“序号”列

使用自动填充功能填充“序号”列的序号。选中单元格 A4，序号从 1 开始智能填充。

3. 设置“身份证号”列和“联系电话”列数字类型

选中“身份证号”列和“联系电话”列，打开“设置单元格格式”对话框，在“数字”选项卡中设置“文本”。

4. 设置“性别”“民族”“学生来源”列的下拉列表项

1）设置“性别”列下拉列表的选项“男”“女”。选中“性别”列，单击“数据→数据工具”组中的“数据有效性”按钮，在弹出的下拉菜单中选择“数据有效性”命令，如图 4-48 所示，然后在弹出的“数据有效性”对话框中进行如图 4-49 所示的设置。设置完毕后，对表格中此列的内容进行选择填充。

图 4-48　选择“数据有效性”命令

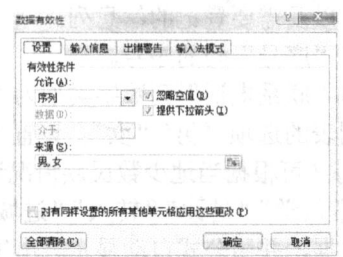

图 4-49　“数据有效性”对话框

模块四　Excel 电子表格软件

2）设置"民族"列下拉列表的选项，方法同上。可根据当地少数民族情况进行设置。设置完毕后，对表格中此列的内容进行选择填充。

3）设置"学生来源"列下拉列表的选项，方法同上。"学生来源"列的内容包括"正常入学""借读""转入""进城务工人员随迁子女""其他"。设置完毕后，对表格中此列的内容进行选择填充。

5. 录入工作表数据

根据情况录入工作表数据，并用公式自动显示"出生年月"列内容。选中单元格 H4，直接在单元格中输入"=MID(E4,7,4)&"-"&MID(E4,11,2)&"-"&MID(E4,13,2)"，智能填充此列其他单元格内容。

函数 MID 为截取文本某部分时所使用的函数。以本任务中截取身份证号码中的年份为例，可对"函数参数"对话框进行选项设置，如图 4-50 所示。

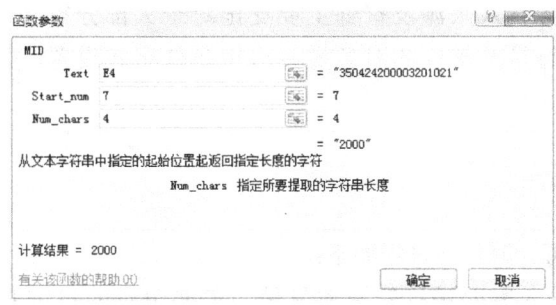

图 4-50　MID 函数设置对话框

1）Text 项：选择要截取的文本单元格。
2）Start_num 项：要截取的第一个数字或字母的位置。
3）Num_chars 项：要截取的数字或字母的个数。

在使用公式的时候，符号&可表示连接符，如要将单元格 A1 和 B1 的内容连接在一起，可输入"=A1&B1"。

6. 对数据区域进行格式设置

对工作表中的数据区域进行格式设置，如合并单元格，设置字体、字号、行高、边框、底纹等，美化工作表。

任务小结

通过制作学生基本信息登记表，学校和班主任可了解学生的基本信息，在工作表中适当使用数据有效性设置和公式设置不仅可减少录入工作量，也可以防止在录入过程中可能引起的录入错误。

任务二 制作家庭年度收支明细表

任务背景

记录家庭收支情况是许多家庭都在做的事情。通过查看家庭收支表，可以简单明了地查看到家庭的财务状况，并在下个月份或年度适当地减少某些不必要的开支，达到开源节流的效果。

任务分析

制作家庭年度收支明细表时，应根据各个家庭的具体情况考虑财务收入来源及主要支出情况。主要财务收入来源及家庭主要支出对于大部分家庭都相对固定，在制作时可分类罗列出来。每月及年度的财务盈亏可用条件格式设置，更直观地反馈收支情况。

任务要求

根据任务分析，可分解任务过程如下：

1）在工作表中输入需要进行登记的月份、需要记录的日常开支项及收入来源项等内容。

2）根据列出的各项内容进行合并，A列中的"衣""食""住""行""子女开支""其他""人情""收入"项的单元格中内容可设置为文本竖直排列。

3）将工作表根据其功能分为几个部分，将各部分的外框线设置为单实线（粗），内框线设置为单实线（细）。

4）设置工作表各部分的字体、字号、行高、底纹等内容。

5）设置"日常支出"部分的所有需要计算部分的公式，如"总计"行。

6）设置"收入"部分的所有需要计算部分的公式，如"总计"行。

7）设置"年收入"部分的所有需要计算部分的公式，如"实际支出"列、"剩余"列、单元格O36的预算总计、单元格区域（O37：O41）中各项收入的年收入总和，其中剩余＝各项预算－实际支出。

8）计算"余额"部分的值，余额＝单月收入总计－单月支出总计；年总计余额（O43）＝年收入总计（O42）－年实际支出（P36）。

9）对工作表中"剩余"列和"余额"行的内容设置条件格式，将余额的情况用图标直观显示。

效果如图4-51所示。

模块四 Excel 电子表格软件

图 4-51 效果图

任务实施

1. 录入工作表数据

1）新建一个 Excel 工作表，保存文件。

2）在工作表中输入需要进行登记的月份、需要记录的日常开支项及收入来源项等内容。

2. 根据列出的各项内容进行合并

1）单击"开始→对齐方式"组中的"合并后居中"按钮，对单元格区域（A1：B1）合并。双击单元格 A1，将文字"月项目"分为两行。

> 若要对 Excel 中的单元格文本分行，可将鼠标移至需要分行的位置，使用组合键<Alt+Enter>完成分行。

2）同上，对单元格区域（A2：B2）、（O1：P1）、（A43：B43）等合并，对区域（O37：P43）中对应的部分合并。

3）同上，对 A 列中的"衣"（A3：A4）、"食"（A5：A6）、"住"（A7：A15）、"行"（A16：A18）、"子女开支"（A19：A25）、"其他"（A26：A33）、"人情"（A34：A35）、"收入"（A37：A42）项的单元格合并，并打开"设置单元格格式"对话框，选择"对齐"选项卡，将内容设置为文本竖直排列。

3. 设置单元格边框

1）将工作表根据其功能分为标题项、日常支出、收入、年总计、余额等部分，打开"设置单元格格式"对话框，在"边框"选项卡中将各部分的外框线设置为单实线（粗），内框线设置为单实线（细）。

2）绘制单元格 A1 斜线表头。选中 A1，打开"设置单元格格式"对话框，在"边框"选项卡的"边框"栏中选择◻。

4. 对数据区域进行格式设置

对工作表中的数据区域进行格式设置，如合并单元格，设置字体、字号、行高、底纹等，美化工作表。

5. 为"日常支出"部分需要计算的"总计"行的内容设置公式

选中单元格 C36，输入"="，在"名称"框中选择函数 SUM，在弹出的"函数参数"对话框中，选择统计的范围（C3：C35），或直接在单元格中输入"=SUM(C3:C35)"，智能不带格式填充"总计"行的其他内容。

6. 设置"收入"部分的"总计"行公式

利用步骤 5 的方法设置"收入"部分的"总计"行公式。

7. 设置"年收入"部分的所有需要计算部分的公式

利用步骤 5 的方法设置"年收入"部分的所有需要计算部分的公式，如"实际支出"列、单元格 O36 的预算总计、单元格区域（O37：O41）中各项收入的年收入总和。

8. 设置"剩余"列公式

剩余＝各项预算－实际支出。选中单元格 Q3，在单元格中输入"=O3-P3"，智能不带格式填充"剩余"列的其他内容。

9. 计算"余额"部分的值

1）对单元格区域（C43：N43）设置公式：余额＝单月收入总计－单月支出总计。选中单元格 C43，在单元格中输入"=C42-C36"，智能不带格式填充"余额"行的其他内容。

2）对单元格 O43 设置公式：年总计余额＝年收入总计－年实际支出。选中单元格 O43，在单元格中输入"=O42-P36"。

10. 对"剩余"列和"余额"行进行条件格式设置

1）设置"剩余"列的条件格式。选中单元格区域（Q3：Q36），单击"开始→样式"组中的"条件格式"按钮，在弹出的下拉菜单中选择"图标集→其他规则"命令，如图 4-52 所示，然后在弹出的"新建格式规则"对话框中进行如图 4-53 所示的设置，即可实现当预算使用超过、盈余等的不同图标显示。

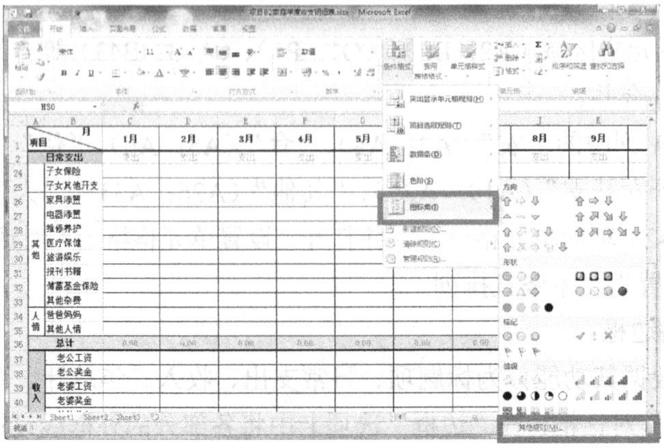

图 4-52 "图表集→其他规则"命令下拉列表

模块四　Excel 电子表格软件

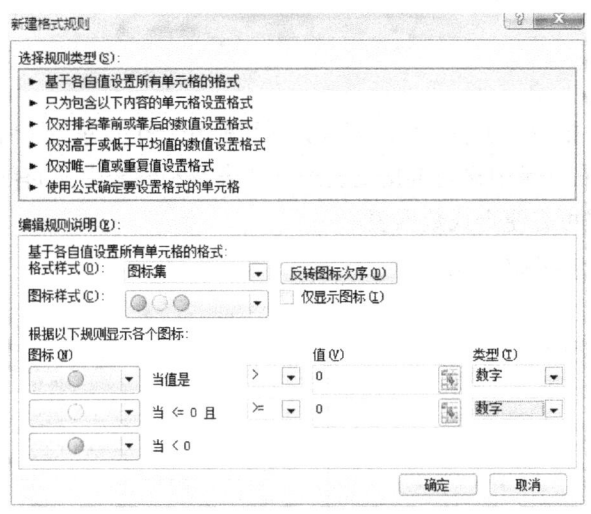

图 4-53 "新建格式规则"对话框

2）方法同上，设置"余额"行条件格式。
11. 填写数据验证公式及条件格式

任务小结

为了更好地规划家庭生活，达到开源节流的效果，需要对家庭的年度收支做统计明细。不同的家庭开支明细有所不同，在制作表格时，具体的细目项也有所不同。通过条件格式的有效使用，可以更直观地查看年度收支情况。

项目三　电子表格职业技能

任务　会计日常账务处理

任务背景

在公司财务管理方面，用于会计日常账务处理的报表有多种，其中资产负债表和利润表是企业对外披露的主要财务报表。这两张报表所反映的内容有所不同：资产负债表是反映企业一定时点财务状况的报表；利润表是反映企业一定时期经营成果的报表。在财务分析时，将这两者及其他财务数据结合起来，可对企业的经营活动作出较全面、正确的评价。

任务分析

在制作资产负债表和利润表时，首先需要对资产负债表和利润表的构成项及表内数据的计算公式有一定的了解，然后在表内设定计算公式，使表格能输入数据后自动计算生成。

任务要求

由于会计的管理报表有多种，在规划设计时可制作一个目录，然后再分别制作资产负债表和利润表，最后在目录中设定链接到资产负债表及利润表中。当有多个数据表存在时，使用目录链接的形式可方便查找数据表。

效果如图 4-54～图 4-56 所示。

会计日常账务

序号	工 作 表	标 题 名 称	点击进入	特 别 说 明
1	资产负债表	资产负债表	点击进入	空白区域为数据输入区，根据公司实际情况录入数据；黄色区域为公式区，能自动计算数据；蓝色区域为项目区，不需要输入数据信息。
2	利润表	利润表	点击进入	
3				
4				
5				
6				
7				
8				
9				
10				
11				
12				
13				
14				
15				
16				
17				
18				
19				
20				
21				
22				
23				
24				
25				
26				
27				
28				
29				
30				

图 4-54 “目录”效果页

资 产 负 债 表

编制单位：　　　　年　月　日　　　　单位：元

资　　产	年 末 余 额	年 初 余 额	负债和所有者权益	年 末 余 额	年 初 余 额
流动资产：			流动负债：		
货币资金			短期借款		
交易性金融资产			交易性金融负债		
应收票据			应付票据		
应收账款			应付账款		
预付账款			预收账款		
应收利息			应付职工薪酬		
应收股利			应交税费		
其他应收款			应付利息		
存货			应付股利		
一年内到期的非流动资产			其他应付款		
其他流动资产			一年内到期的非流动负债		
流动资产合计	-	-	其他流动负债		
非流动资产：			流动负债合计	-	-
可供出售金融资产			非流动负债：		
持有至到期投资			长期借款		
长期应收款			应付债券		
长期股权投资			长期应付款		
投资性房地产			专项应付款		
固定资产			预计负债		
在建工程			递延所得税负债		
工程物资			其他非流动负债		
固定资产清理			非流动负债合计	-	-
生产性生物资产			负债合计	-	-
油气资产			所有者权益：		
无形资产			实收资本（或股本）		
开发支出			资本公积		
商誉			减：库存股		
长期待摊费用			盈余公积		
递延所得税资产			未分配利润		
其他非流动资产			所有者权益合计	-	-
非流动资产合计	-	-			
资产总计	-	-	负债和所有者权益合计	-	-

负责：　　审核：　　制表：

图 4-55 “资产负债表”效果页

利 润 表

编制单位：　　　　年　月　　单位：元

项　　目	本 年 金 额	上 年 金 额
一、营业收入		
减：营业成本		
营业税金及附加		
销售费用		
管理费用		
财务费用		
资产减值损失		
加：公允价值变动净收益（损失以“－”号填列）		
投资收益（损失以“－”号填列）		
其中：对联营企业和合营企业的投资收益		
二、营业利润（亏损以“－”号填列）	-	-
加：营业外收入		
减：营业外支出		
其中：非流动资产处置损失		
三、利润总额（亏损总额以“－”号填列）	-	-
减：所得税费用		
四、净利润（净亏损以“－”号填列）	-	-
五、每股收益：		
（一）基本每股收益		
（二）稀释每股收益		

负责：　　审核：　　制表：

图 4-56 “利润表”效果页

模块四 Excel 电子表格软件

任务实施

1. 制作工作表"目录"页

1）修改 Sheet1 工作表名为"目录"。

2）输入工作表数据内容。

3）设置单元格区域（A1：E1）、（E3：E32）合并后居中；对工作表中所有数据区域设置字体、字号。

4）选中工作表数据区域（A2：E32），设置数据文字水平居中、垂直居中。

5）选中单元格区域（A2：E2）、（A3：B32），设置单元格底纹颜色。

2. 制作工作表"资产负债表"页

1）修改 Sheet2 工作表名为"资产负债表"。

2）输入工作表数据内容。

3）设置单元格区域（A1：F1）、（A37：F37）合并后居中；对工作表中所有数据区域设置字体、字号。

4）选中工作表数据区域（A3：F37），设置数据文字水平居中、垂直居中。

5）将表格中不需要输入数据信息的项目区（A3：F4）、（A17：C17）、（D18：F18）、（D28：F28）选中，设置单元格底纹颜色。

6）将表格中需要自动设置公式，能自动计算数据的公式区（A16：C16）、（D17：F17）、（D26：F27）、（D34：F34）、（A35：C35）、（A36：F36）选中，设置单元格底纹颜色（为了更直观地显示表格，颜色应与项目区的颜色不同）。

7）根据会计行业规则在公式区设置公式。

- 流动资产合计为流动资产栏数据项的总和，即流动资产合计＝货币资金＋交易性金融资产＋应收票据＋应收账款＋预付账款＋应收利息＋应收股利＋其他应收款＋存货＋一年内到期的非流动资产＋其他流动资产。
- 非流动资产合计为非流动资产栏的总和，即非流动资产合计＝可供出售金融资产＋持有至到期投资＋长期应收款＋长期股权投资＋投资性房地产＋固定资产＋在建工程＋工程物资＋固定资产清理＋生产性生物资产＋油气资产＋无形资产＋开发支出＋商誉＋长期待摊费用＋递延所得税资产＋其他非流动资产。
- 资产总计为所有流动资产及非流动资产的总和，即资产总计＝流动资产合计＋非流动资产合计。
- 流动负债合计为流动负债栏数据项的总和，即流动负债合计＝短期借款＋交易性金融负债＋应付票据＋应付账款＋预收账款＋应付职工薪酬＋应交税费＋应付利息＋应付股利＋其他应付款＋一年内到期的非流动负债＋其他流动负债。
- 非流动负债合计为非流动负债栏的总和，即非流动负债合计＝长期借款＋应付债款＋长期应付款＋专项应付款＋预计负债＋递延所得税负债＋其他非流动负债。
- 负债合计为所有流动负债和非流动负债的总和，即负责合计＝流动负债合计＋非流动负债合计。
- 所有者权益合计为所有者权益栏的总和,即所有者权益合计＝实收资本(或股本)＋资本公积－库存股＋盈余公积＋未分配利润。
- 负债和所有者权益合计为负债合计和所有者权益合计的总和,即负债和所有者权益合计＝负债合计＋所有者权益合计。

8）设置所有含公式的单元格默认显示为"-"。选中工作表中所有的单元格,单击"开始→单元格"组中的"格式"按钮,在弹出的下拉菜单中选择"设置单元格格式"命令,然后在弹出的"设置单元格格式"对话框的"数字"选项卡中选择"自定义",在右侧的"类型"下拉列表框中选择"_ * #,##0_ ;_ * -#,##0_ ;_ * "-"_ ;_ @_",如图4-57所示,单击"确定"按钮。

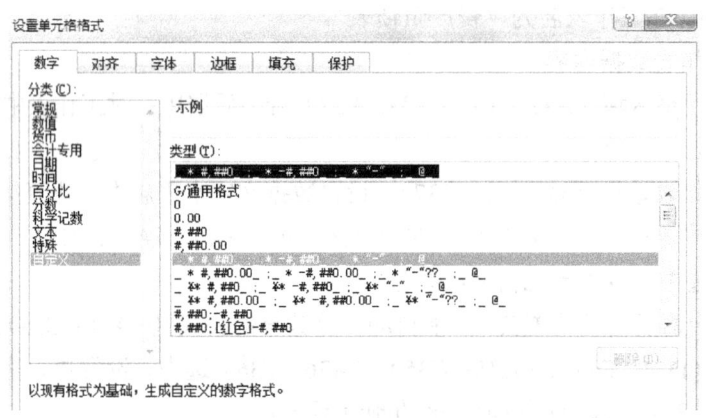

图4-57 "设置单元格格式"对话框

9）设置工作表纸张为A4,调整表格行高、列宽使其能够单页打印。

3. 制作工作表"利润表"页

1）修改Sheet3工作表名为"利润表"。

2）输入工作表数据内容。

3）设置单元格区域（A1：C1）、（A24：C24）合并后居中；对工作表中所有数据区域设置字体、字号。

4）选中工作表数据区域（A3：C24）,设置数据文字水平居中、垂直居中。

5）将表格中不需要输入数据信息的项目区（A3：C3）选中,设置单元格底纹颜色。

6）将表格中标题项目项及需要自动设置公式,能自动计算数据的公式区A4、（A14：C14）、（A18：C18）、（A20：C20）、A21选中,设置单元格底纹颜色（为了更直观地显示表格,颜色应与项目区的颜色不同）。

7）根据会计行业规则在公式区设置公式。
- 营业利润＝营业收入－营业成本－营业税金及附加－销售费用－管理费用－财务费用－资产减值损失＋公允价值变动净收益＋投资收益。
- 利润总额＝营业利润＋营业外收入－营业外支出。

模块四 Excel 电子表格软件

- 净利润＝利润总额－所得税费用。

8）设置所有含公式的单元格默认显示为"-"。

9）设置工作表纸张为 A4，调整表格行高、列宽使其能够单页打印。

4. 关联"资产负债表"和"利润表"

在"目录"工作表中关联"资产负债表"和"利润表"。在"点击进入"列中添加对应工作表的超链接，并设置超链接的格式。

任务小结

企事业单位、公司在处理日常账务中经常需要根据实际情况编制多种表格，较为常用的有资产负债表、利润表等。通过编制这两种表格，可进一步了解各种表内数据的计算。

模块五　PowerPoint 演示文稿软件

PowerPoint 2010 是微软 Office 办公软件的一个组成部分，具有简单易用、功能完善的优点，可方便地制作出图、文、声、画并茂的演示文稿，播放起来也十分方便，配合投影仪效果更好。目前，PowerPoint 2010 广泛地应用于广告、教育、商业等多个领域。

本章要点：

项目一　演示文稿基础技能
※ 制作业务简介演示文稿
※ 制作安全通知演示文稿
※ 制作产品宣传演示文稿
※ 制作公益广告演示文稿
项目二　演示文稿进阶技能
※ 制作精美相册
※ 制作教学课件
项目三　演示文稿职业技能
※ 制作商业企划书
※ 制作产品展示广告

项目一　演示文稿基础技能

任务一　制作业务简介演示文稿

📺 任务背景

以保险行业为例，保险业务员因工作需要，利用 PowerPoint 制作一个本行业的"养老保险"演示文稿，便于向客户展示业务简介。

📺 任务分析

学会使用演示文稿设计模板修饰全文；掌握设置切换效果的方法；掌握幻灯片版式设

模块五　PowerPoint 演示文稿软件

置，以及动画效果的设置。

任务要求

根据任务分析，可分解任务过程如下：

1）创建新幻灯片，输入相应文字内容。

2）设计模板修饰全文。使用"主管人员"演示文稿设计模板修饰全文；幻灯片切换效果全部设置为"切出"。

3）版式、动画设计。将第二张幻灯片版式设置为"标题和内容"，把这张幻灯片移为第三张幻灯片；将第二张幻灯片的文本部分动画效果设置为"飞入""自底部"。

效果如图 5-1～图 5-3 所示。

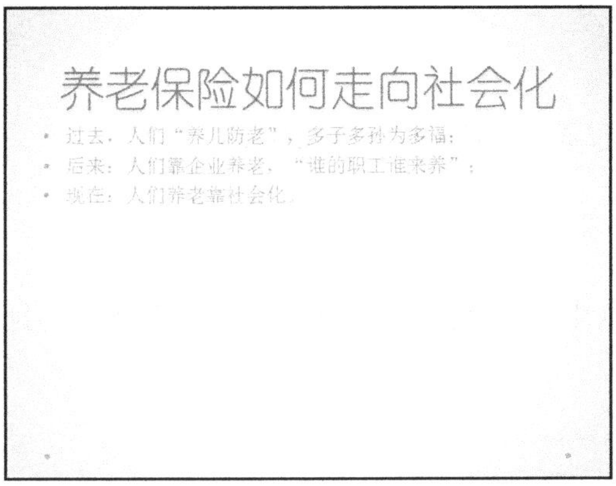

图 5-1　幻灯片 1 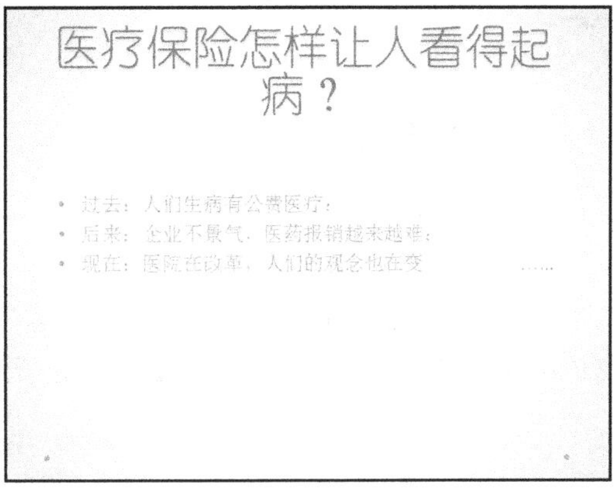　　　　　　　　　　图 5-2　幻灯片 2

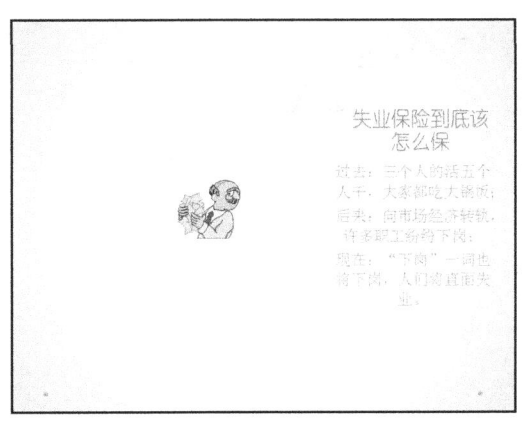

图 5-3　幻灯片 3

任务实施

1. 创建新幻灯片

1）新建一个演示文稿，如图 5-4 所示。

2）将其命名为"养老保险",如图 5-5 所示。

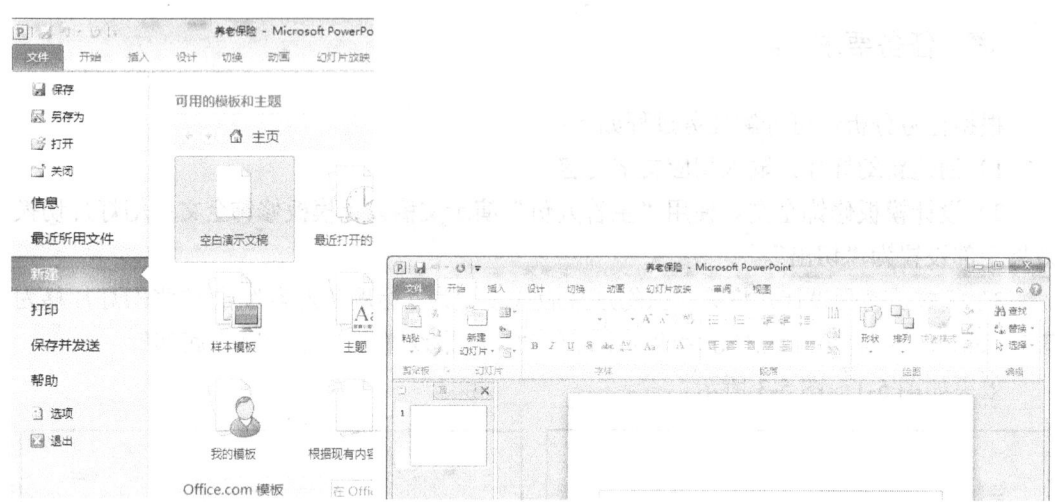

图 5-4　新建演示文稿　　　　　　　　图 5-5　"养老保险"空白幻灯片

3）分别输入 3 个幻灯片的内容。

2. 设计模板修饰全文

1）选中全部幻灯片,在"设计→主题"组中单击"其他"下拉按钮,在弹出的下拉菜单中选择"主管人员"主题,如图 5-6 所示。

图 5-6　设计"主题"选项

2）选中幻灯片,在"切换→切换到此幻灯片"组中单击"其他"下拉按钮,在弹出的下拉列表中选择"细微型→切出"效果,如图 5-7 所示。

模块五 PowerPoint 演示文稿软件

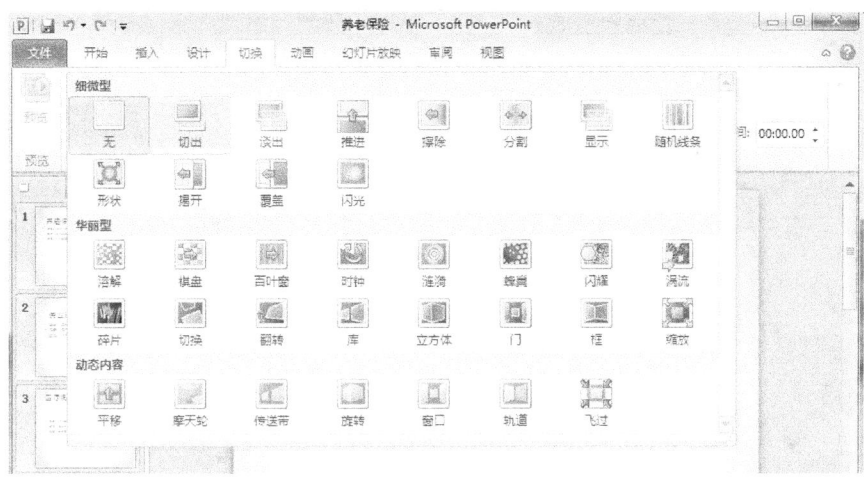

图 5-7 幻灯片"切换"选项

3. 版式、动画设计

1）选中第二张幻灯片，在"开始→幻灯片"组中单击"版式"按钮，在弹出的下拉列表中选择"标题和内容"选项，如图 5-8 所示。

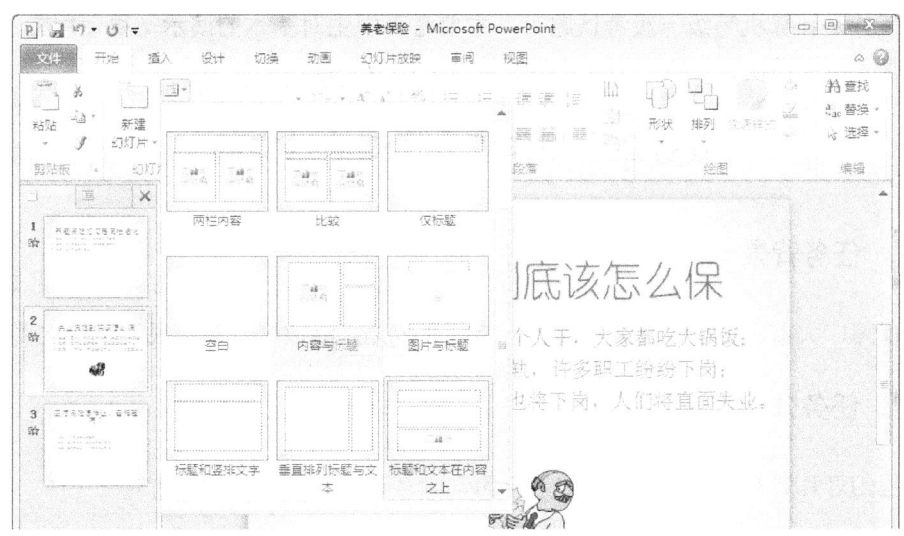

图 5-8 幻灯片"版式"选项

2）移动幻灯片。在普通视图下，按住鼠标左键，将第二张幻灯片拖到第三张幻灯片即可。

3）选中第二张幻灯片文本，在"动画→动画"组中单击"其他"下拉按钮，在弹出的下拉菜单中选择"飞入"效果。单击"动画→动画"组中的"效果选项"按钮，在弹出的下拉菜单中选择"自底部"命令，如图 5-9 所示。

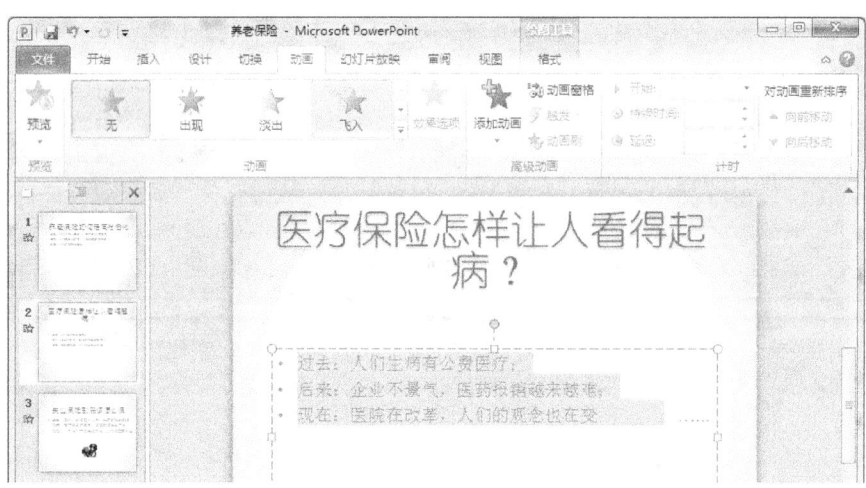

图 5-9　添加动画

4）保存文件。

任务小结

本任务是计算机等级一级考试题目，主要考查学生对基本的演示文稿使用方法的掌握，包含了设计模板、切换、幻灯片版式以及动画效果添加的使用方法。

任务二　制作安全通知演示文稿

任务背景

为保障广大市民安全燃放烟花爆竹，特制作一个"燃放爆竹禁改限"演示文稿。

任务分析

掌握幻灯片版式以及文本的设置，学习动画效果、切换效果的设置。

任务要求

根据任务分析，可分解任务过程如下：

1）创建新幻灯片。输入文字内容，插入图片。

2）格式化幻灯片。在第一张幻灯片后面插入一张幻灯片，其版式为"标题"幻灯片，输入标题文字为"燃放爆竹'禁改限'"，其字体设置为黑体，字号设置成 64 磅，加粗。输入副标题为"北京市方案"，其字体设置为仿宋，字号设置成 34 磅，红色(请用自定义标签的红色 250、绿色 0、蓝色 0)。第一张幻灯片的图片动画设置为"螺旋飞入"。第二张

模块五 PowerPoint 演示文稿软件

幻灯片改为第一张幻灯片。

3）设计幻灯片切换效果。全部幻灯片切换效果为"库"。

效果如图 5-10 和图 5-11 所示。

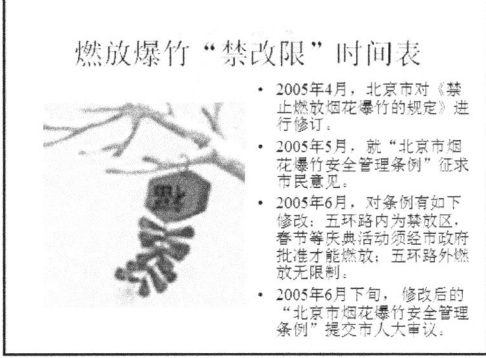

图 5-10　幻灯片 1　　　　　　　　图 5-11　幻灯片 2

任务实施

1. 创建新幻灯片

1）新建一个演示文稿。

2）将其命名为"燃放爆竹"。

3）选中第一张幻灯片，在"开始→幻灯片"组中单击"版式"按钮，在弹出的下拉列表中选择"两栏内容"选项，如图 5-12 所示。

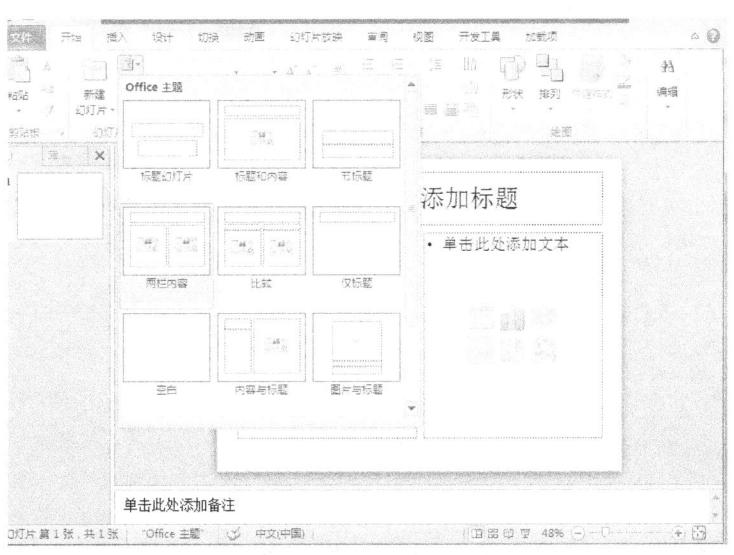

图 5-12　幻灯片"版式"选项

4）在标题栏输入文字内容，如图 5-13 所示。

119

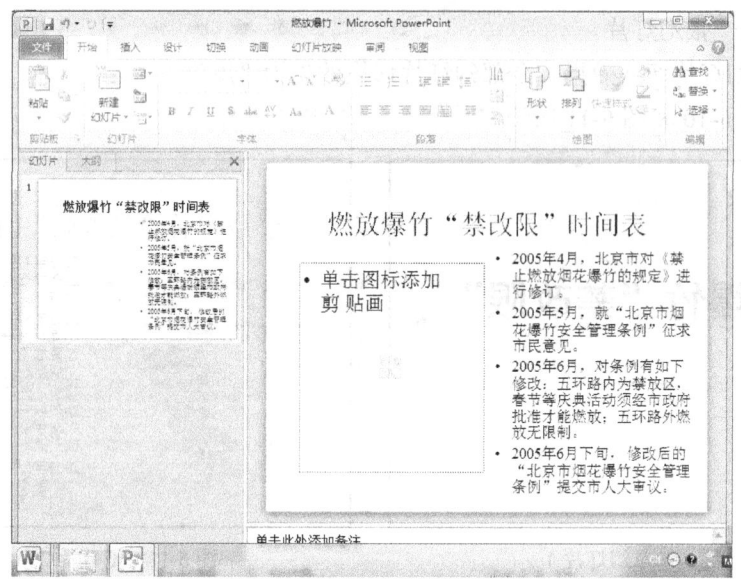

图 5-13 输入文字内容

5）单击"单击图标添加剪贴画"，在"插入→图像"组中单击"图片"按钮，选择事先准备好的素材图片，单击"插入"按钮。插入后的效果如图 5-14 所示。

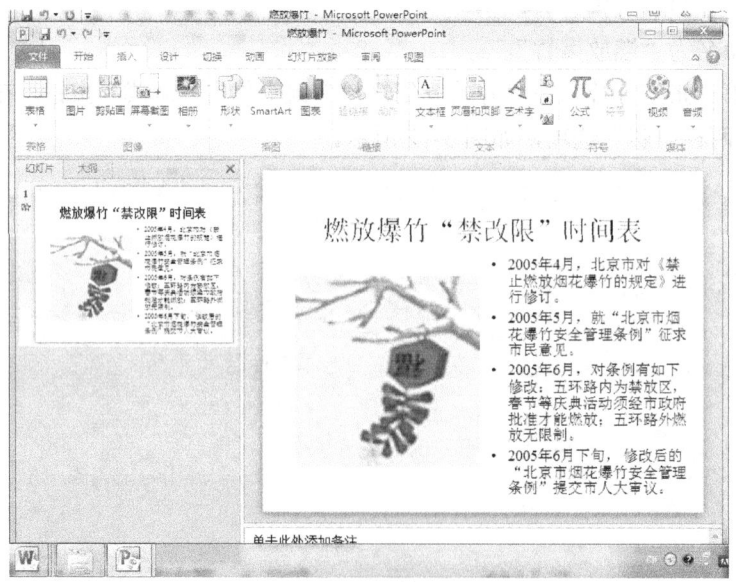

图 5-14 插入图片

2. 格式化幻灯片

1）在第一张幻灯片后面的位置单击鼠标右键，在"开始→幻灯片"组中单击"新建幻灯片"按钮，在弹出的下拉菜单中选择"标题幻灯片"选项。新插入的幻灯片作为第二张幻灯片。

2）在第二张幻灯片的"单击此处添加标题"处输入"燃放爆竹'禁改限'",在"单击此处添加副标题"处输入"北京市方案",如图5-15所示。

3）选中主标题,单击"开始→字体"组中的下拉按钮,弹出"字体"对话框。在"字体"选项卡中,设置"中文字体"为黑体,"大小"为64磅,"字体样式"为加粗,单击"确定"按钮。选中副标题,在"字体"对话框中,设置"中文字体"为仿宋_GB2312,"大小"为34磅。单击"字体颜色"下拉按钮,在弹出的下拉菜单中选择"其他颜色"命令,弹出"颜色"对话框。单击"自定义"选项卡,设置"红色"为250,"绿色"为0,"蓝色"为0。

图5-15 添加标题内容

4）选中第一张幻灯片的图片,在"动画→动画"组中,单击"其他"下拉按钮,在弹出的下拉菜单中选择"更多进入效果"命令,弹出"更改进入效果"对话框。在"华丽型"中选择"螺旋飞入"选项,单击"确定"按钮,如图5-16所示。

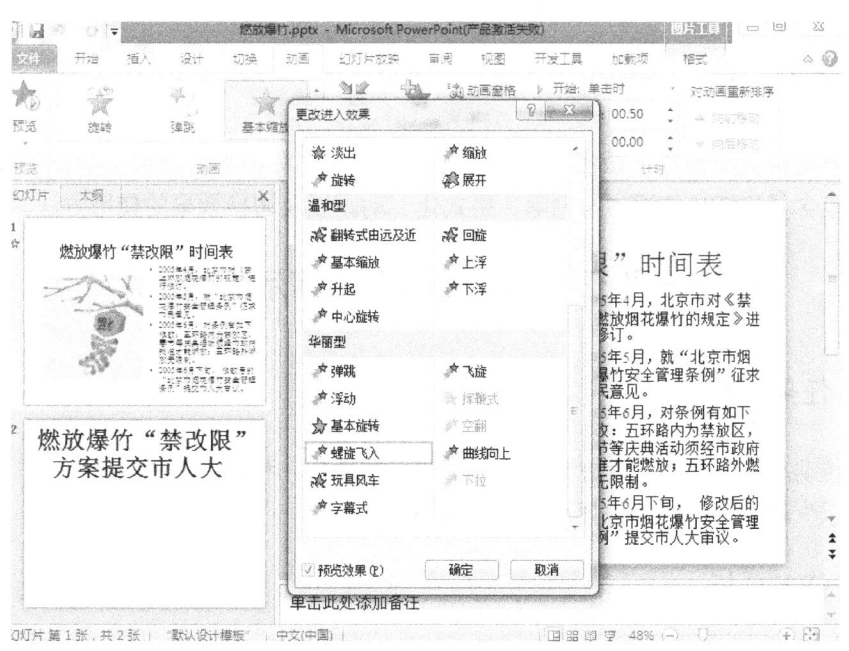

图5-16 添加动画

5）移动幻灯片。在普通视图下,按住鼠标左键,拖动第二张幻灯片到第一张幻灯片即可。

3. 幻灯片切换设计

1）在"切换→切换到此幻灯片"组中,单击"其他"下拉按钮,在弹出的下拉列表中选择"华丽型→库"效果,如图5-17所示。

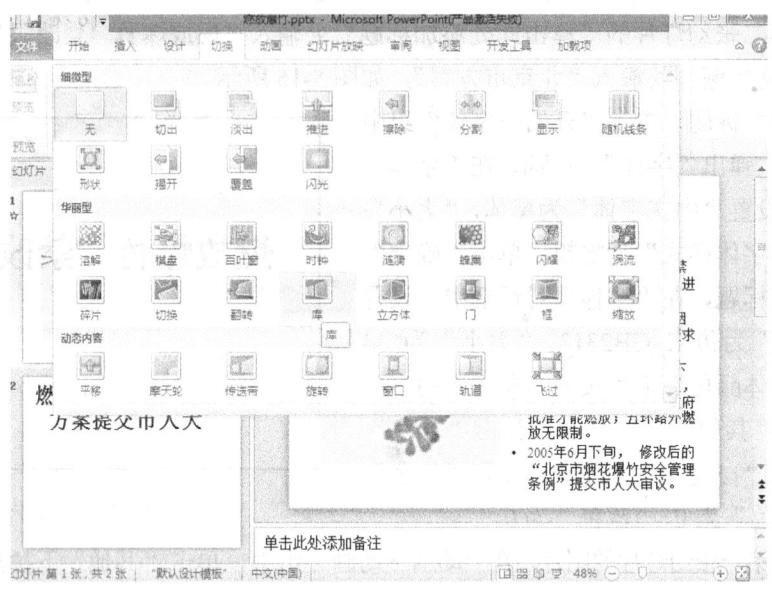

图 5-17 幻灯片"切换"选项

2）保存文件。

任务小结

本任务是计算机等级一级考试题目，主要考查学生对基本的演示文稿使用方法的掌握，主要包含了幻灯片的添加与删除、格式化、动画以及切换效果的使用方法。

任务三 制作产品宣传演示文稿

任务背景

以宣传动车列车为例，为方便大家乘坐和了解动车，利用 PowerPoint 制作一个列车的"新民乐"演示文稿，宣传列车的方便与舒适。

任务分析

学会幻灯片背景的预设方法；掌握为幻灯片设置超级链接、添加备注、添加艺术字的使用方法；掌握幻灯片放映方式的设置方法。

任务要求

根据任务分析，可分解任务过程如下：
1）创建新幻灯片；输入相应文字、图片内容。

2）修饰幻灯片。在第一张幻灯片中插入形状为"填充-无，轮廓-强调文字颜色 2"的艺术字"京津城铁试运行"，位置为水平：6 cm，度量依据：左上角；垂直：7 cm，度量依据：左上角。第二张幻灯片的版式改为"两栏内容"，在右侧文本区输入"一等车厢票价不高于 70 元，二等车厢票价不高于 60 元。"，右侧文本设置为楷体、47 磅。将第四张幻灯片的图片复制到第三张幻灯片的内容区域。在第三张幻灯片的标题文本"列车快速舒适"上设置超链接，链接对象是第一张幻灯片。在第三张幻灯片备注区插入文本"单击标题，可以循环放映。"。删除第四张幻灯片。

3）设置背景、放映方式。第一张幻灯片的背景预设颜色设置为"线性向下""水平"底纹样式。幻灯片放映方式改为"演讲者放映"。

效果如图 5-18～图 5-20 所示。

图 5-18　幻灯片 1　　　　　　　　　图 5-19　幻灯片 2

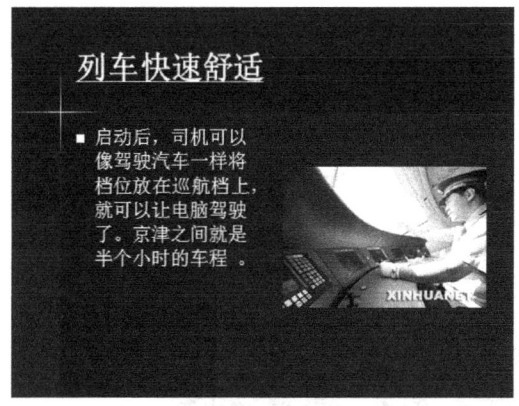

图 5-20　幻灯片 3

任务实施

1. 创建新幻灯片

1）新建一个演示文稿，并命名为"新民乐"。

2)用所学知识,创建如图 5-21 所示的 4 个幻灯片。

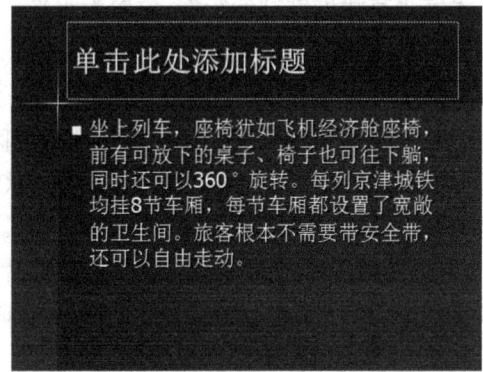
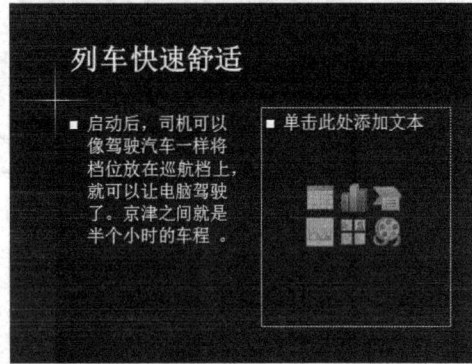
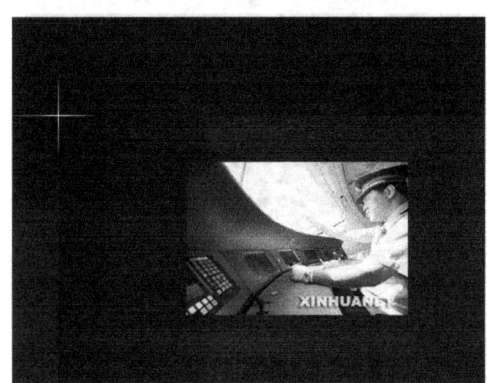

图 5-21　创建幻灯片内容

2. 修饰幻灯片

1)插入艺术字。选中第一张幻灯片,在"插入→文本"组中,单击"艺术字"按钮,在弹出的下拉列表中选择"填充-无,轮廓-强调文字颜色 2"。选中艺术字"请在此放置您的文字",输入"京津城铁试运行",如图 5-22 所示。

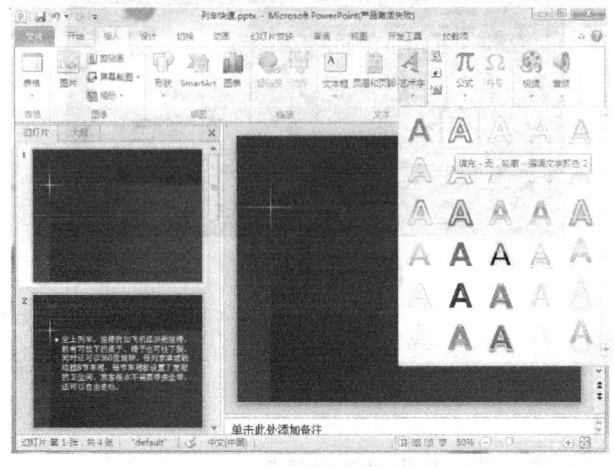

图 5-22　插入艺术字

2）选中插入的艺术字，单击"绘图工具→格式→大小"组中的下拉按钮，弹出"设置形状格式"对话框，单击"位置"选项卡，再设置"水平"为"6厘米"，"自"为"左上角"，设置"垂直"为"7厘米"，"自"为"左上角"，单击"关闭"按钮，完成艺术字设置，如图5-23所示。

图5-23　设置艺术字位置

3）选中第二张幻灯片，在"开始→幻灯片"组中，单击"版式"按钮，在弹出的下拉列表中选择"两栏内容"选项，如图5-24所示。

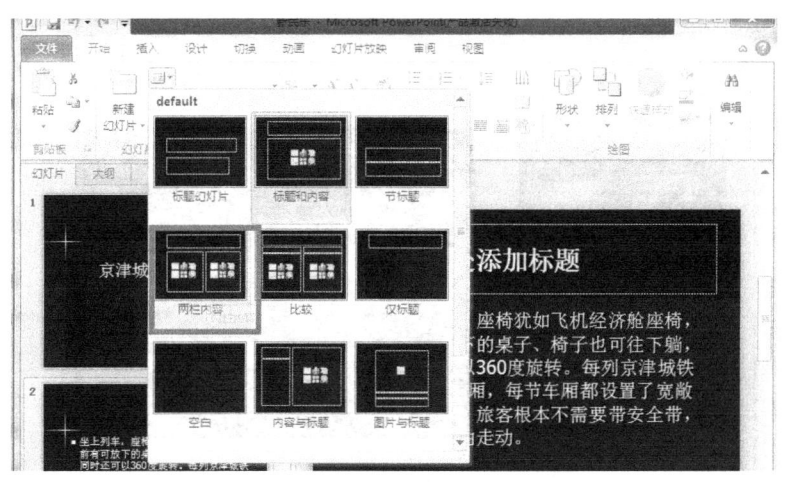

图5-24　"版式"选项

4）在第二张幻灯片的右侧文本区输入"一等车厢票价不高于70元，二等车厢票价不高于60元。"，按题目要求设置字体。选中右侧文本，在"开始→字体"组中单击"字体"按钮，弹出"字体"对话框。在"字体"选项卡中，设置"中文字体"为楷体，设置"大小"为47磅,单击"确定"按钮。效果如图5-25所示。

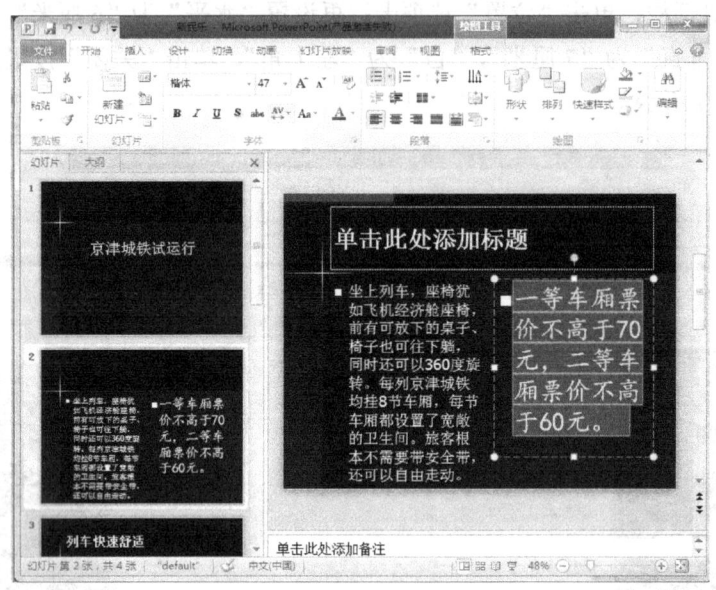

图 5-25　设置字体后的效果

5)选择第四张幻灯片的图片并单击鼠标右键,在弹出的快捷菜单中选择"复制"命令,在第三张幻灯片内容区域单击鼠标右键,在弹出的快捷菜单中选择"粘贴"命令。效果如图5-26所示。

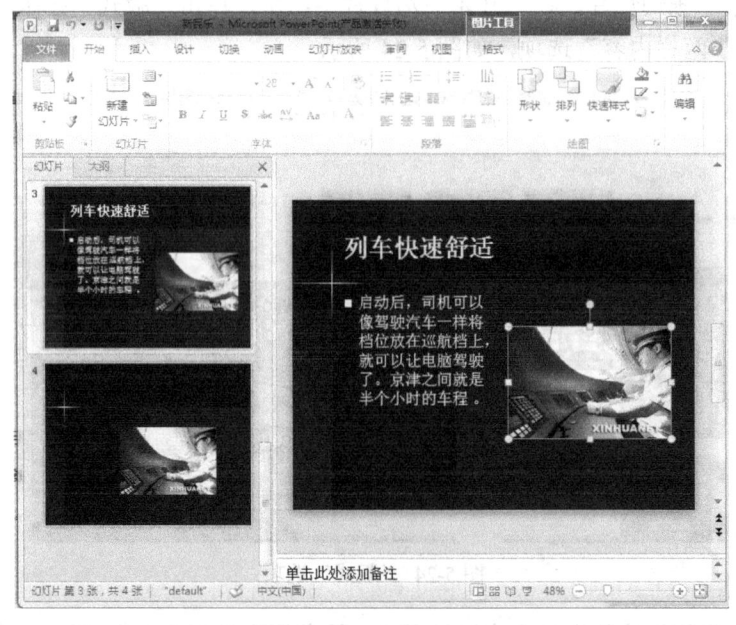

图 5-26　复制插入图片

6)设置超链接。选中第三张幻灯片的标题中的文本"列车快速舒适",在"插入→链接"组中单击"超链接"按钮,弹出"插入超链接"对话框。单击对话框左侧的"本文档中的位置"选项,然后在"请选择文档中的位置"列表框中选中"幻灯片标题"下的"1. 幻灯片1"选项,单击"确定"按钮,超链接设置完成。效果如图5-27所示。

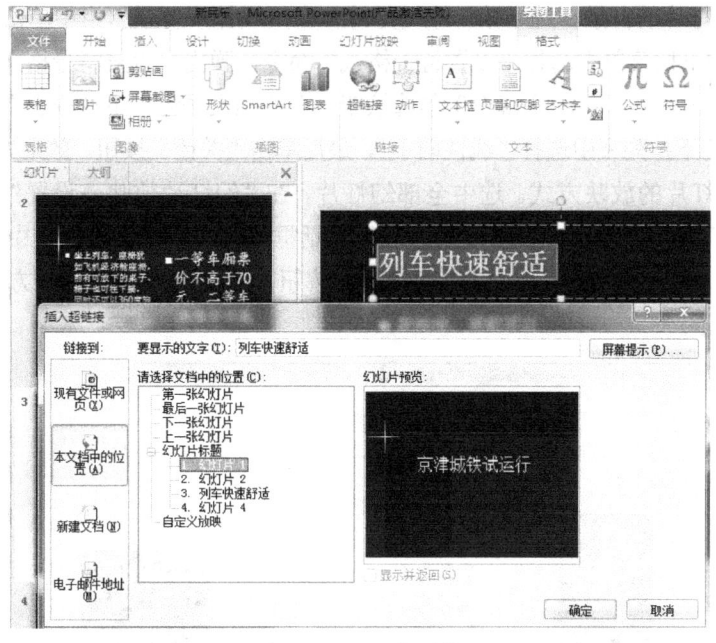

图 5-27　设置超链接

7）选中第三张幻灯片,单击窗口幻灯片下方的"单击此处添加备注"处,在空白处输入"单击标题,可以循环放映。",插入备注。效果如图5-28所示。

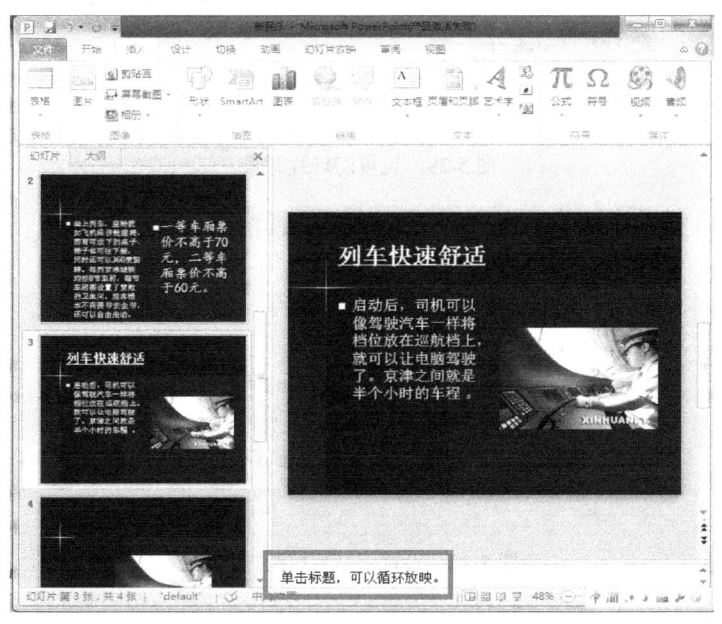

图 5-28　设置备注

8)在普通视图下选中第四张幻灯片并单击鼠标右键,在弹出的快捷菜单中选择"删除幻灯片"命令,删除幻灯片。

3. 设置背景及放映方式

1)设置幻灯片的背景。选中第一张幻灯片,在"设计→背景"组中单击"背景样式"按钮,在弹出的下拉菜单中选择"设置背景格式"命令,弹出"设置背景格式"对话框。单击"填充"选项卡,选择"渐变填充"单选按钮,在"预设颜色"下拉列表中选择"金乌坠地",在"方向"下拉列表中选择"线性向下",最后单击"关闭"按钮。效果如图5-29所示。

2)设置幻灯片的放映方式。选中全部幻灯片,在"幻灯片放映→设置"组中单击"设置幻灯片放映"按钮,弹出"设置放映方式"对话框。在"放映类型"栏中选择"演讲者放映(全屏幕)"单选按钮,然后单击"确定"按钮,完成幻灯片的放映方式的设置。效果如图5-30所示。

图5-29 设置幻灯片背景

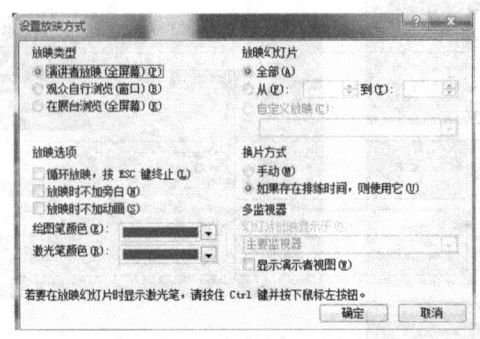

图5-30 设置幻灯片放映方式

3)保存文件。

模块五　PowerPoint 演示文稿软件

任务小结

本任务是计算机等级一级考试题目，主要考查学生对基本的演示文稿使用方法的掌握，主要包含添加艺术字、添加备注、添加超级链接、设置放映方式的使用方法。

任务四　制作公益广告演示文稿

任务背景

本任务以高考谢师宴为背景，为杜绝浪费现象，利用 PowerPoint 制作一个"我考上大学了"的演示文稿，告诉广大学生家长浪费攀比可耻。

任务分析

学会在幻灯片中插入图片的方法；掌握幻灯片动画、切换，以及添加艺术字的方法。

任务要求

根据任务分析，可分解任务过程如下：

1) 创建新幻灯片；输入相应文字、图片内容。
2) 修饰幻灯片。在第三张幻灯片中"单击图标添加剪贴画"处添加"竖卷形"图形，将第三张幻灯片版式改为"两栏内容"，第二张幻灯片版式改为"垂直排列标题与文本"，第一张幻灯片的动画效果设置为"进入""螺旋飞入"。
3) 设置背景、切换效果。全文幻灯片切换效果都设置成"棋盘"。第二张幻灯片背景填充纹理为"白色大理石"。

效果如图 5-31～图 5-33 所示。

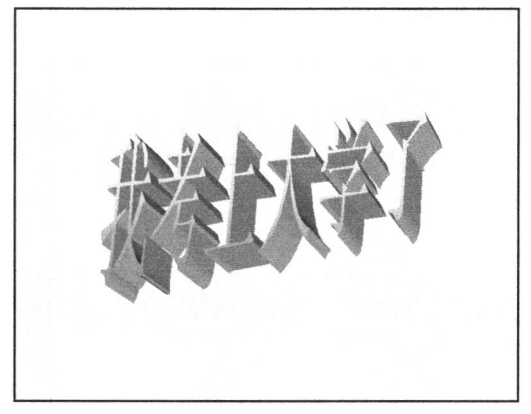

图 5-31　幻灯片 1　　　　　　　图 5-32　幻灯片 2

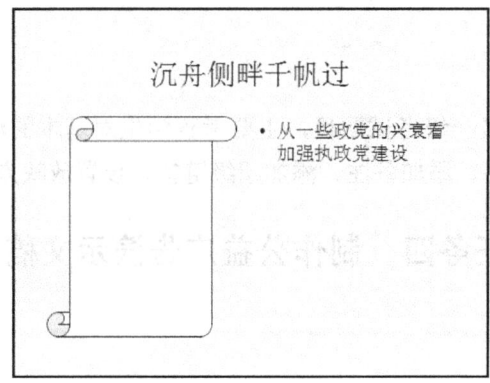

图 5-33　幻灯片 3

任务实施

1. 创建新幻灯片

1）新建一个演示文稿，并命名为"我考上大学了"。

2）插入艺术字。选中第一张幻灯片，在"插入→文本"组中单击"艺术字"按钮，选中艺术字"请在此放置您的文字"，输入"我考上大学了"，如图 5-34 所示。

图 5-34　插入艺术字

3）添加第二、三张幻灯片，输入如图 5-35 所示的内容。

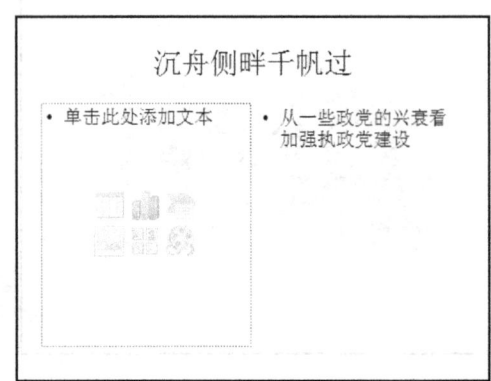

图 5-35　输入文本内容

模块五 PowerPoint 演示文稿软件

2. 修饰幻灯片

1）选中第三张幻灯片，在"开始→幻灯片"组中单击"版式"按钮，在弹出的下拉列表中选择"两栏内容"。然后单击左侧的"单击图标添加剪贴画"处，在"插入→插图"组中单击"形状"按钮，在弹出的下拉列表中选择"竖卷形"。效果如图 5-36 所示。

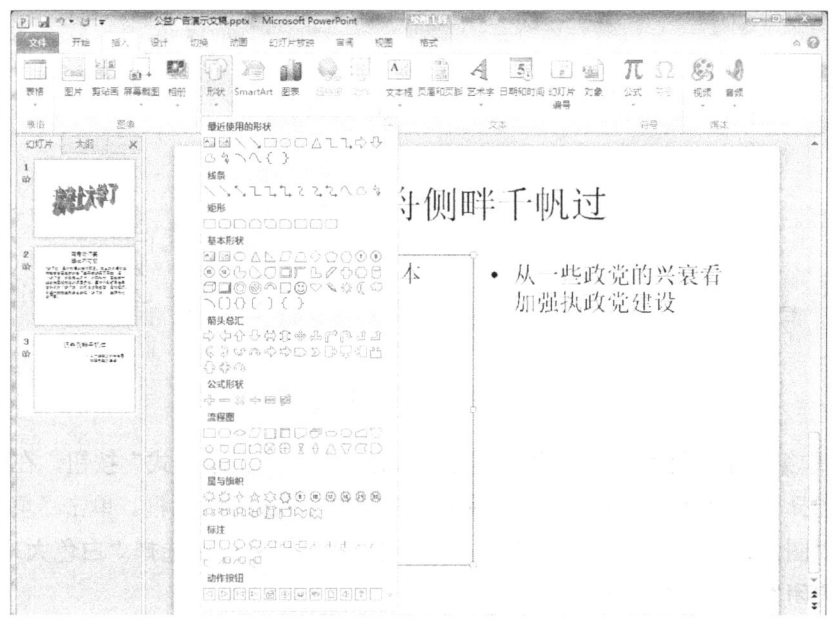

图 5-36 插入"竖卷形"形状

2）选中第二张幻灯片，在"开始→幻灯片"组中单击"版式"按钮，在弹出的下拉列表中选择"垂直排列标题与文本"。效果如图 5-37 所示。

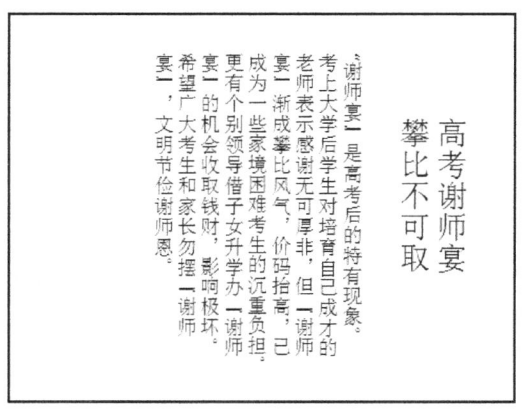

图 5-37 设置幻灯片"版式"

3）选中第一张幻灯片的对象，在"动画→动画"组中单击"其他"下拉按钮，在弹出的下拉菜单中选择"更多进入效果"命令，弹出"更改进入效果"对话框。在"华丽型"中选择"螺旋飞入"选项，单击"确定"按钮。

3. 设置背景及切换效果

1）选中所有幻灯片，在"切换→切换到此幻灯片"组中单击"其他"下拉按钮，在弹出的下拉列表中选择"华丽型→棋盘"效果，如图 5-38 所示。

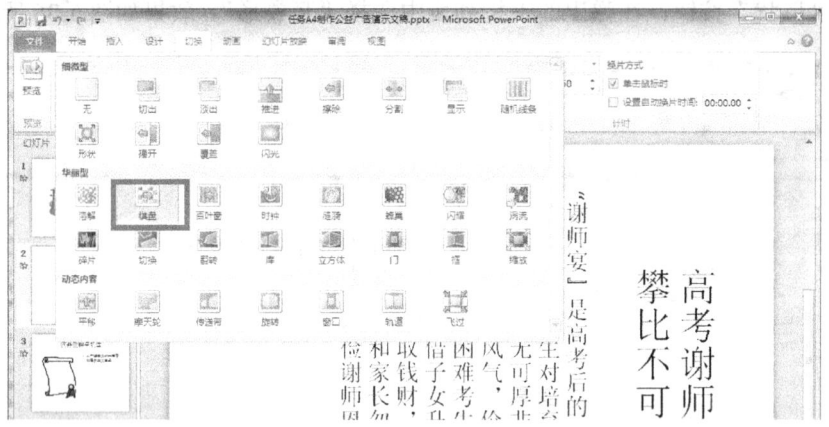

图 5-38　幻灯片"切换"选项

2）选中第二张幻灯片，在"设计→背景"组中单击"背景样式"按钮，在弹出的下拉菜单中选择"设置背景格式"命令，弹出"设置背景格式"对话框。单击"填充"选项卡，选择"图片或纹理填充"单选按钮，在"纹理"下拉列表中选择"白色大理石"，然后单击"关闭"按钮，如图 5-39 所示。

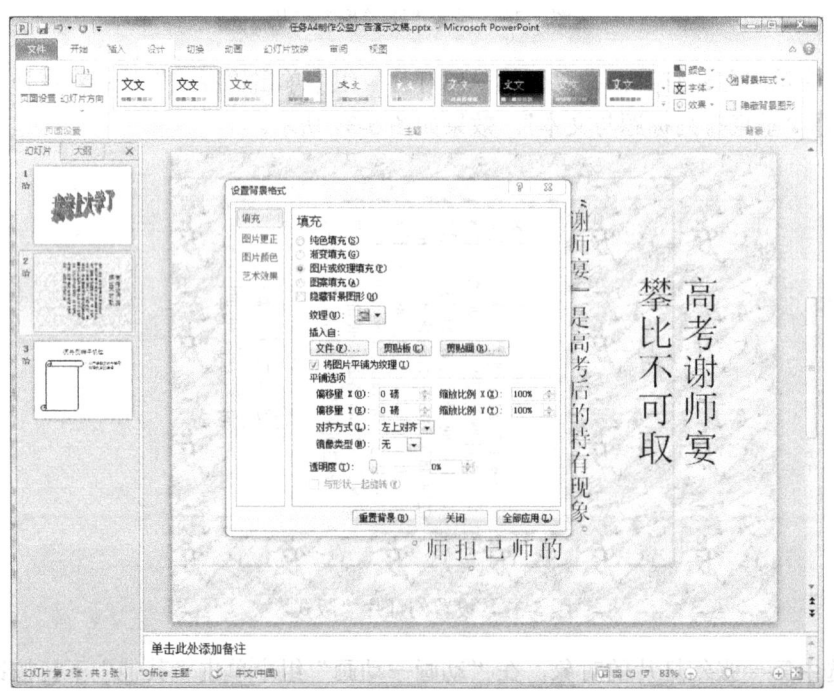

图 5-39　设置背景格式

模块五　PowerPoint 演示文稿软件

3）保存文件。

任务小结

本任务是计算机等级一级考试题目，主要考查学生对基本的演示文稿使用方法的掌握，主要包含添加艺术字、添加图片、设置背景纹理的使用方法。

项目二　演示文稿进阶技能

任务一　制作精美相册

任务背景

大家平时生活中或旅游回来，都会拍下不少照片，为了留作纪念并便于观赏可以制作一个精美的电子相册。

任务分析

本任务的电子相册主要以大自然风景为主题，包含多张图片。需要设计一个电子相册的精美封面，整个相册播放时贯穿背景音乐和动画切换，并带有说明性文字。

任务要求

本任务制作的是一个电子相册。在制作时首先使用 PowerPoint 自带的新建相册功能新建一个相册，接着在母版中制作封面，然后设置照片的布局、切换效果以及动画效果，增加相册的可观赏性。可分解任务过程如下：

1）创建一个新相册。利用新建相册功能插入全部相片，利用"设置背景格式"菜单为照片设计背景填充。
2）制作相册封面。设计封面背景，编辑名称与作者信息。
3）插入音乐。制作贯穿整场的背景音乐，并设置持续时间。
4）插入说明性文字。编辑文字，并为文字添加适当的动画效果。
5）添加动画效果。编辑每张相片的动画及切换效果。
效果如图 5-40～图 5-48 所示。

图 5-40 幻灯片 1

图 5-41 幻灯片 2

图 5-42 幻灯片 3

图 5-43 幻灯片 4

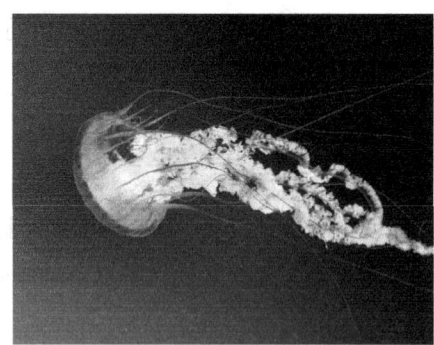

图 5-44 幻灯片 5

图 5-45 幻灯片 6

图 5-46 幻灯片 7

图 5-47 幻灯片 8

模块五　PowerPoint 演示文稿软件

图 5-48　幻灯片 9

任务实施

1. 创建相册

1）打开 PowerPoint 2010 新建一个幻灯片，然后单击"插入→图像"组中的"相册"按钮，在弹出的"相册"对话框中单击"文件/磁盘"按钮，把要制作视频的照片全部插入，如图 5-49 所示。

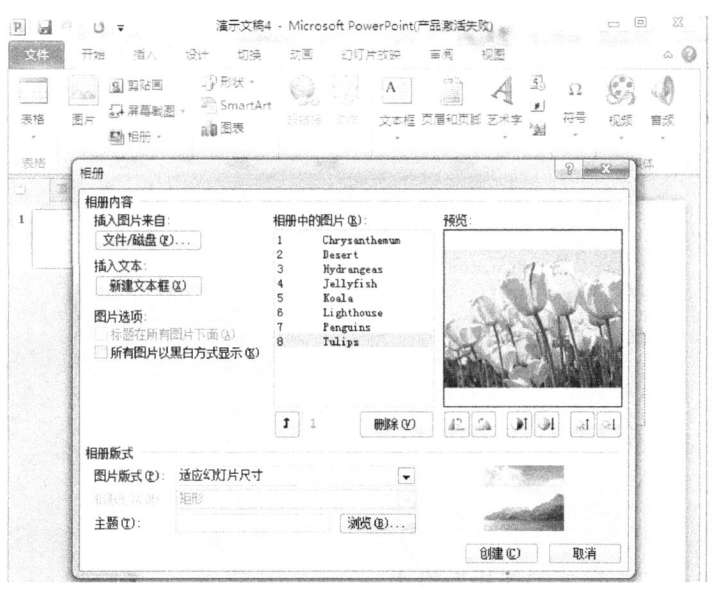

图 5-49　创建 PPT 相册

创建图片后，PPT 自动生成一个相册 PPT，每张幻灯片附带一张照片，这个时候可能发现一些照片的周围有空白的现象，可以给 PPT 加上照片背景。

2）在幻灯片空白处单击鼠标右键，在弹出的快捷菜单中选择"设置背景格式"命令，在弹出的"设置背景格式"对话框中选择"图片或纹理填充"单选按钮，单击"文件"按钮，插入背景图，最后单击右下角的"全部应用"按钮，如图 5-50 所示。

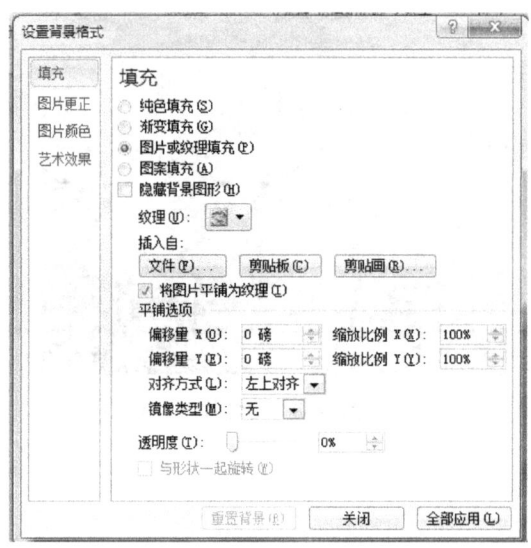

图 5-50　插入背景图

3）在"切换→切换到此幻灯片"组中单击"切换方案"按钮，在弹出的下拉列表中可看到各种切换类型。其中，在"华丽型"中有很多切换效果，只有 PowerPoint 2010 才有，如图 5-51 所示。

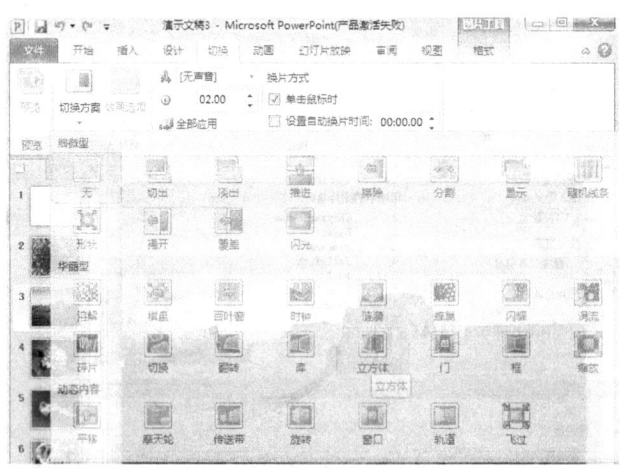

图 5-51　幻灯片"切换"选项

单击"切换→切换到此幻灯片"组中的"效果选项"按钮，在弹出的下拉列表中可选择切换效果动画的方向；单击"切换→计时"组，在"持续时间"微调框中可以设置动画效果展现的时间，适当的时间能让幻灯片展示更加完美，如图 5-52 所示。

图 5-52　设置动画切换时间

模块五 PowerPoint 演示文稿软件

2. 设计相册封面

1）选择第一张幻灯片，单击鼠标右键，在弹出的快捷菜单中选择"设置背景格式"命令，弹出"设置背景格式"对话框，如图 5-53 所示。

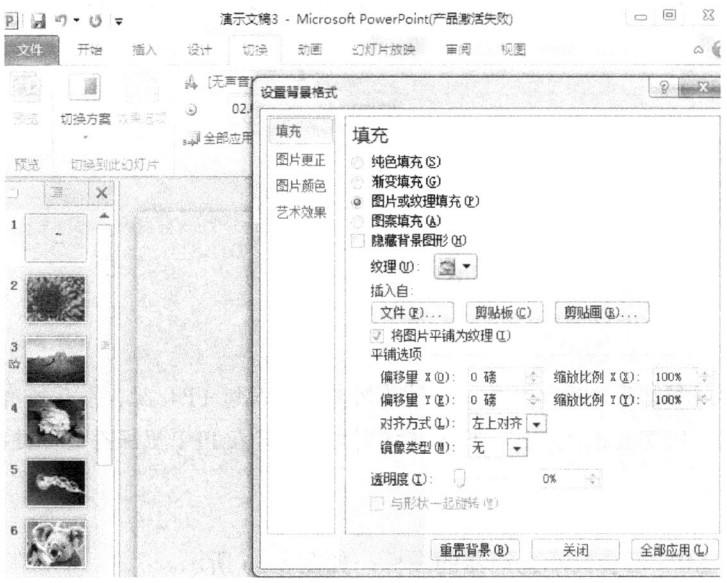

图 5-53 设置背景格式

2）在第一张幻灯片的文本区域，可为相册添加名称和作者，适当编辑文字格式，如图 5-54 所示。

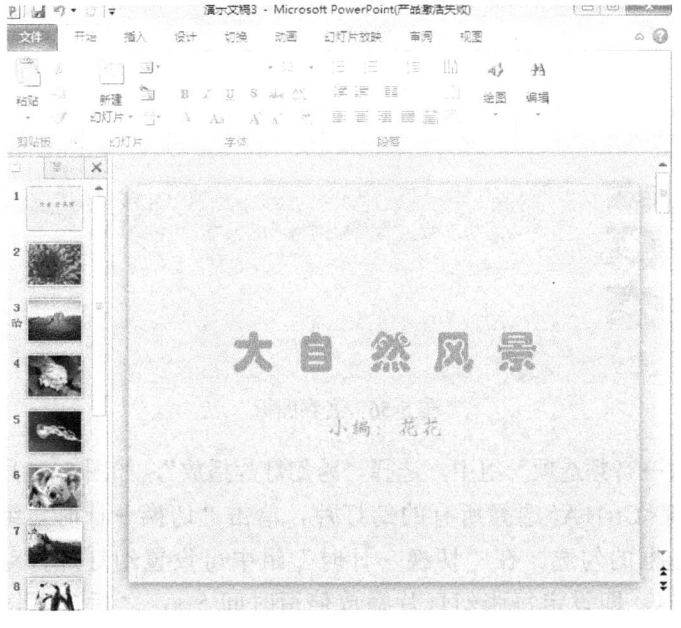

图 5-54 输入文本

3. 插入音乐

1）选中第一张幻灯片，单击"插入→媒体"组中的"音频"按钮，在弹出的下拉菜单中选择"文件中的音频"命令，如图 5-55 所示。

图 5-55　插入音频

照片和音频都有两种插入形式。一种是把文件嵌入到 PPT 里，最后所有东西都在 PPT 里，PPT 就很大；另一种是链接到文件，只在 PPT 里保存文件链接。

2）插入了 MP3 后会显示扬声器的图标，如图 5-56 所示。

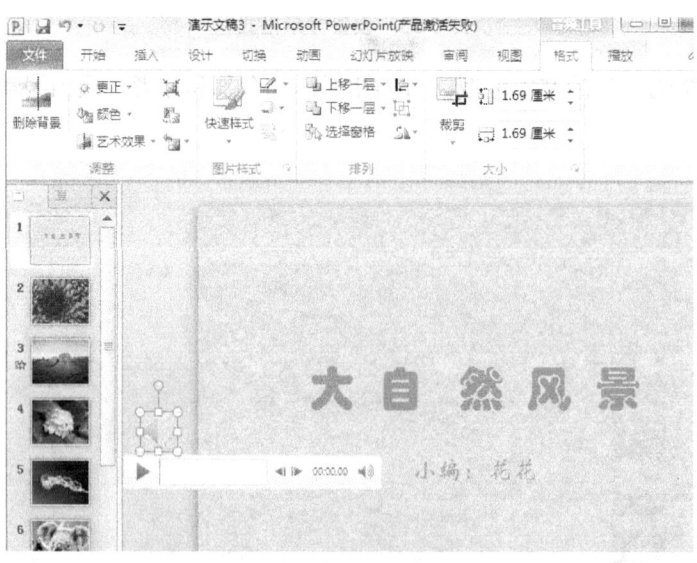

图 5-56　音频图标

3）在"播放→音频选项"组中，选择"跨幻灯片播放"，如图 5-57 所示。

4）按组合键<Ctrl+A>选择所有的幻灯片，单击"切换→计时"组，取消对"单击鼠标时"复选框的勾选。在"切换→计时"组中可设置幻灯片自动切换的时间，00:05:00 表示 5 s，即设定每张幻灯片播放停留时间 5 s，之后自动切换幻灯片，如图 5-58 所示。

模块五　PowerPoint 演示文稿软件

图 5-57　音频播放方式

图 5-58　设置自动切换时间

5）完成幻灯片基本的设置后，可按<F5>键自动播放。

插入多段音频时，要在"动画→动画"组中用鼠标右键单击音频，单击"效果选项"按钮，设置开始播放和停止播放的位置。

4. 插入文字

1）方法一：在插入图片时，在版式里选择带标题，之后填写文字。

2）方法二：如果没选择带标题的，可以直接插入文本框，如图 5-59 所示。

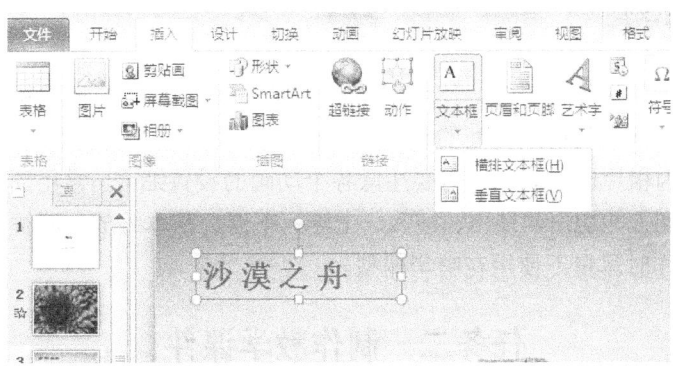

图 5-59　幻灯片文本框的插入

5. 插入动画

1）单击"动画→高级动画"组中的"添加动画"按钮，在弹出的下拉列表中会显示

139

出具体的动画效果栏目，如图5-60所示。

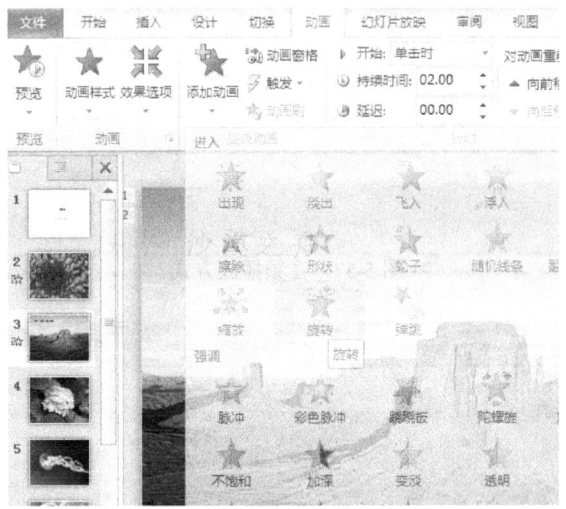

图5-60 添加动画

2）单击"动画→高级动画"组中的"动画窗格"按钮，可查看动画细节。细节调整动画都在"动画窗格"里实现。选择动画之后，单击"动画→动画"组中的"效果选项"按钮可以调整动画细节，双击"动画窗格"里的动画条目也有一些细节调整。

若"动画窗格"按钮中的播放时间大于幻灯片的切换时间，以"动画窗格"的时间为准。因此，制作时可直接设置"转换"时间为0。每张照片播放时总的停留时间以5~8 s最佳。

3）保存文件，并命名为"精美相册"。

任务小结

在创建本任务的电子相册时，使用了PowerPoint 2010自带的相册新建功能。制作过程中要注意幻灯片播放的持续时间的设置。为了使相册在播放时更加绚丽，需要为幻灯片添加切换效果。为相片设置动画时需要注意各个动画的设置细节。常用的动画效果有：随机线条、回旋、切入、切出、淡出、淡入、上浮、下浮、基本缩放、溶解、直线移动、棋盘、展开等，制作时尽量不使用花哨华丽型。

任务二　制作教学课件

任务背景

语文教师如何才能增添课堂气氛，让学生主动学习古诗呢？利用PPT制作课件在

模块五 PowerPoint 演示文稿软件

课堂上播放是个不错的选择。下面在 PowerPoint 2010 中为大家进行古诗欣赏课件的制作演示。

任务分析

本任务结合 PowerPoint 演示的特点，以文字演示为主，搭配图形、背景，增加课件的观赏性。

任务要求

本任务制作的是语文教学课件的案例，在制作时首先设计幻灯片母版，然后编辑文字，接着在不同的幻灯片中插入图片、表格等。可分解任务过程如下：

1）设计课件母版。根据课件表达的内容，利用"插入→格式"组中的"填充设置"等功能设计课件样式。

2）编辑文字。通过设置字体、大小等格式，以及绘制文本框来编辑文字。

3）美化幻灯片。

效果如图 5-61 所示。

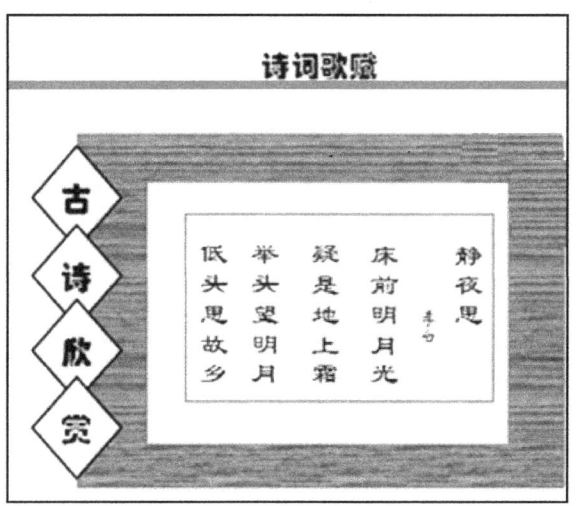

图 5-61　效果图

任务实施

1. 设计图形

1）启动 PowerPoint 2010，首先新建一个空白幻灯片，单击"插入→插图"组中的"形状"按钮，在弹出的下拉列表中选择"矩形"，画出一个矩形，如图 5-62 所示。

2）选中矩形，并单击鼠标右键，在弹出的快捷菜单中选择"设置形状格式"命令，如图 5-63 所示。

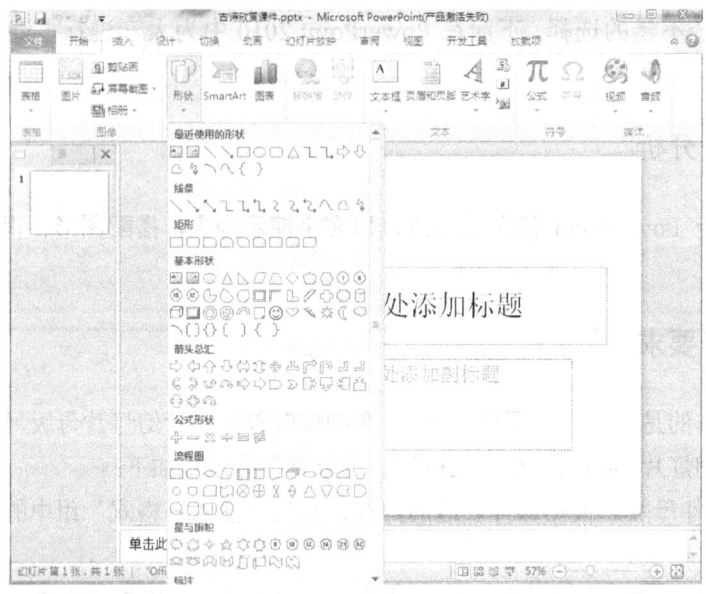

图 5-62 插入形状

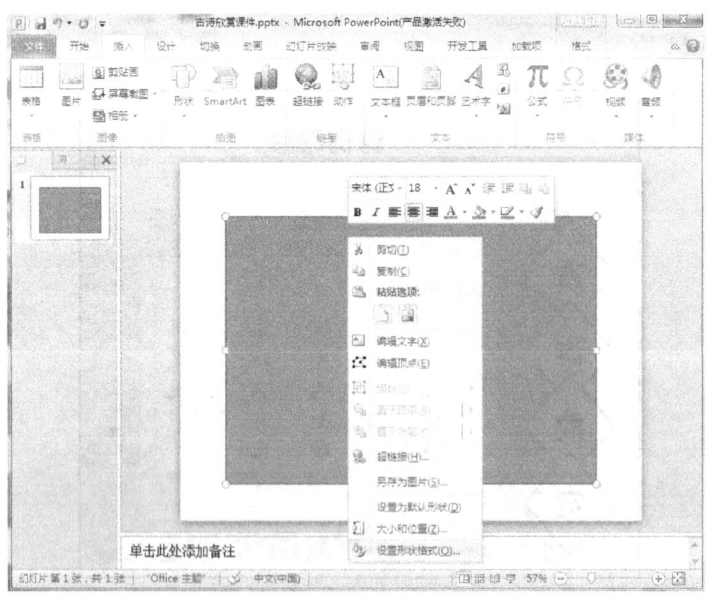

图 5-63 设置形状格式

3）在弹出的"设置形状格式"对话框中，选择"图片或纹理填充"单选按钮，选择一款填充背景，如图 5-64 所示。

4）用同样的方法在之前的矩形上面再画一个空白矩形，如图 5-65 所示。

5）按住<Shift>键，用鼠标左键选中这两个矩形，并单击鼠标右键，在弹出的快捷菜单中选择"组合→组合"命令，将它们组合到一起，便于之后的操作，如图 5-66 所示。

6）按照上述步骤画出菱形，然后选中菱形，打开"设置形状格式"对话框进行形状格式的设置，在"填充"、"线条颜色"以及"线型"选项卡中设置样式，如图 5-67 所示。

模块五　PowerPoint 演示文稿软件

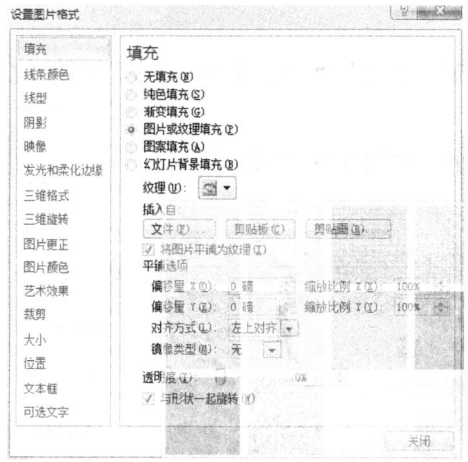
图 5-64　设置背景图片

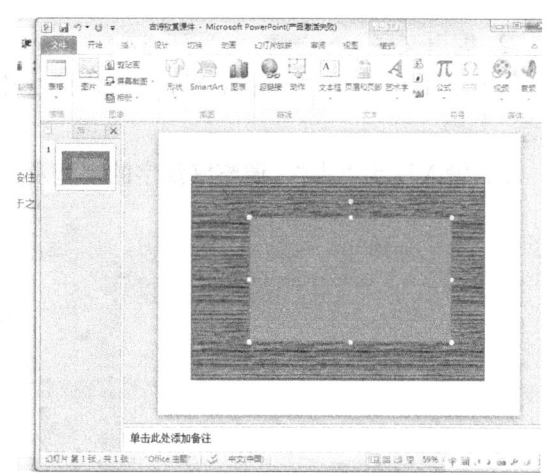
图 5-65　绘制空白矩形

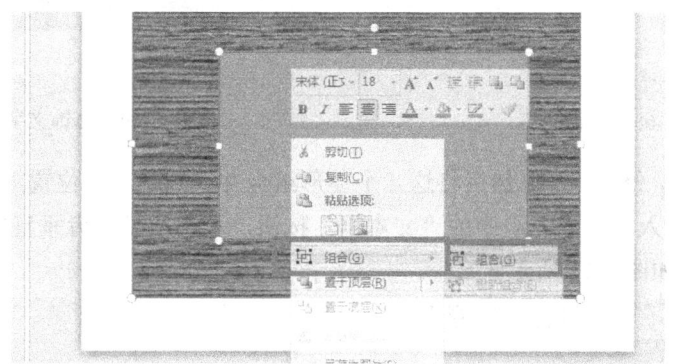
图 5-66　形状组合

图 5-67　设置形状格式

143

2. 编辑文字

1）选择菱形并单击鼠标右键，在弹出的快捷菜单中选择"编辑文字"命令，如图 5-68 所示。

2）输入汉字"古"，调整好汉字的字型及大小，如图 5-69 所示。

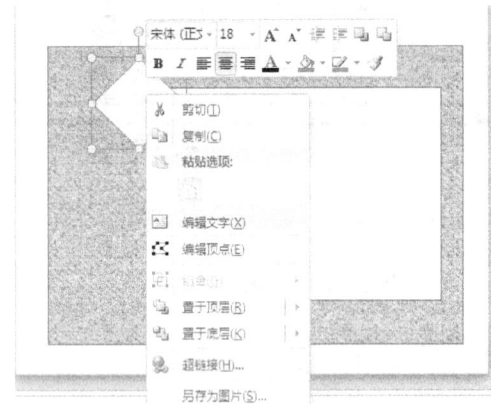

图 5-68　编辑文字　　　　　　　　图 5-69　修饰文字

3）复制菱形，修改汉字，然后将这 4 个菱形组合并放到合适的位置，如图 5-70 所示。

4）单击"插入→文本"组中的"文本框"按钮，利用横排或者垂直文本框实现标题和内容的添加，如图 5-71 所示。

 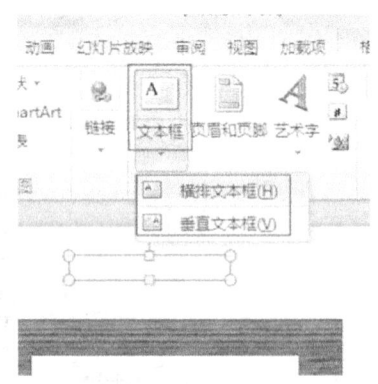

图 5-70　绘制文字　　　　　　　　图 5-71　插入文本框

5）在文本框中输入文字，修改字体、型号、大小，适当调整位置，使之看起来协调，如图 5-72 所示。

3. 美化幻灯片

最后是版式的点缀，可以在标题下面画上一横线，增强整体艺术感，如图 5-73 所示。

模块五　PowerPoint 演示文稿软件

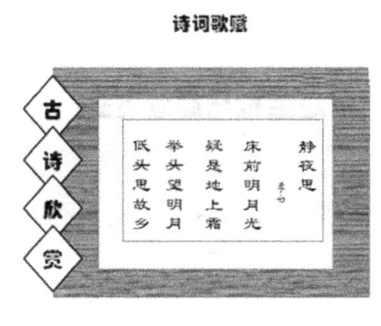
图 5-72　输入文本框内容

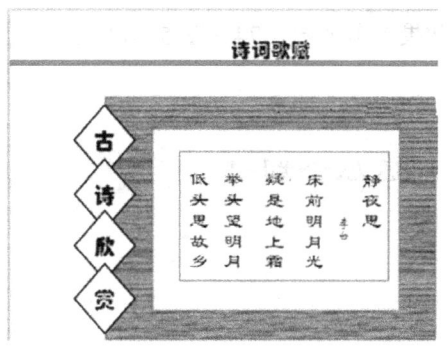
图 5-73　美化幻灯片

每张幻灯片的具体制作就不一一讲解了，可根据课件内容设计制作每张幻灯片的版式；也可适当为幻灯片里的说明文字、照片添加一些简单的动画。

任务小结

课堂教学课件制作中最大的难题就是如何将抽象的内容变得生动有趣，从而达到提高课堂教学效率的效果。只有设计出富有个性化的界面和丰富的动画效果，才能使课件既图文并茂、生动形象，又适合教学需求。

项目三　演示文稿职业技能

任务一　制作商业企划书

任务背景

某公司经过几年的发展，已经初具规模。为了使公司的产品得到更好的推广，以促进销售，争取更多的用户，需要制作一份商业企划书。

任务分析

在制作产品推广企划书时，首先需要对企业的市场定位、经营方式等内容进行分析，然后创建相应的图表来表达销售数据与宣传力度之间的关系。若将本任务介绍的知识灵活运用到相应的工作事务中，工作起来会更加得心应手。

任务要求

本任务制作的是商业企划书。制作时首先制作封面，然后制作市场定位与经营方式页面、企业文化页面、产品销售情况页面和结束页面，最后为幻灯片添加动画效果。

效果参考如图 5-74～图 5-78 所示。

图 5-74　幻灯片 1

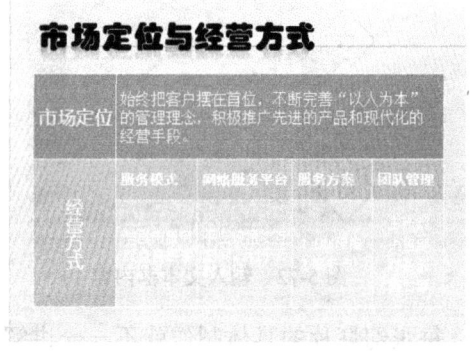

图 5-75　幻灯片 2

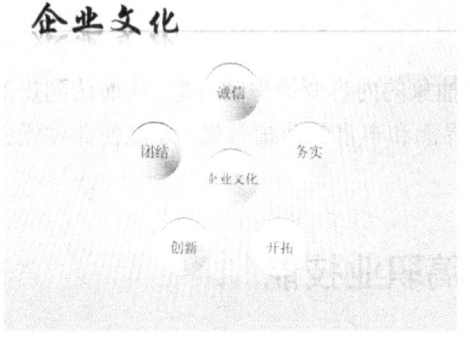

图 5-76　幻灯片 3

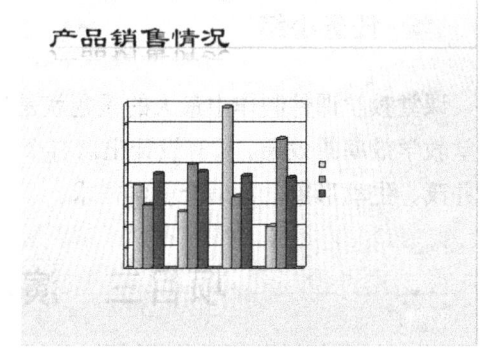

图 5-77　幻灯片 4

图 5-78　幻灯片 5

任务实施

1. 使用背景颜色制作企划书封面

1）启动 PowerPoint 2010，首先新建一个空白幻灯片，将其另存为"产品推广企划书"。

2）单击"设计→背景"组中的"背景样式"按钮，在弹出的下拉列表中选择"样式 3"。

3）在标题占位符中输入"产品推广企划书"，在副标题占位符中输入"——瓜瓜网络

模块五 PowerPoint 演示文稿软件

有限公司"；具体字体格式参考任务要求中的幻灯片1。

4）在"正标题"处单击鼠标右键，在弹出的快捷菜单中选择"设置形状格式"命令；在弹出的"设置形状格式"对话框的"填充"选项卡中，选择"渐变填充"单选按钮，在"预设颜色"下拉列表中选择"雨后初晴"。

2. 使用表格制作市场定位与经营方式页面

1）新建一张幻灯片，在标题占位符中输入标题"市场定位与经营方式"。字体为华文彩云，字号为48，字体颜色为白色，对齐方式为居中。

2）选中标题下方的占位符，单击"插入→表格"组中的"表格"按钮，在弹出的下拉菜单中选择"插入表格"命令，在弹出的"插入表格"对话框中设置列数为5，行数为3。

3）插入表格后，将需要合并的单元格进行合并，并调整相应单元格的大小，然后在表格中输入数据，数据和表格样式参考任务要求中的幻灯片2。

3. 使用图示制作企业文化页面

1）新建一张幻灯片，在标题占位符中输入标题"企业文化"，字体为华文行楷，字号为60，字体颜色为白色。

2）单击"插入→插图"组中的"形状"按钮，在弹出的下拉列表中选择"椭圆"，绘制一个正圆，参考任务要求中的幻灯片3。

3）选中绘制的圆形，单击"绘图工具→格式→形状样式"组中的"形状填充"按钮，在弹出的下拉菜单中选择"渐变→线性向左"命令；单击"绘图工具→格式→形状样式"组中的"形状轮廓"按钮，在弹出的下拉菜单中选择"无轮廓"命令。设置完成后，复制出一共6个圆形，按任务要求中的幻灯片3来进行布局。

4）单击"插入→插图"组中的"形状"按钮，在弹出的下拉列表中选择"直线"，绘制任务要求中的幻灯片3所示的直线。

5）依次选中圆形，单击"插入→文本"组中的"文本框"按钮，在弹出的下拉菜单中选择"横排文本框"命令，在圆上输入任务要求中的幻灯片3中所示的文字。

4. 使用图表制作产品销售图表

1）新建一张幻灯片，在标题占位符中输入标题"产品销售情况"，字体为隶书，字号为48，字体颜色为白色。

2）单击"插入→插图"组中的"图表"按钮，在弹出的"插入图表"对话框中选择"簇状圆柱图"，单击"确定"按钮。在自动弹出的Excel表中，按照任务要求中的幻灯片4中所示的数据作相应修改，即完成了幻灯片图表的制作。

5. 使用艺术字制作演示文稿结束页

1）新建一张幻灯片，单击"插入→文本"组中的"艺术字"按钮，在弹出的下拉列表中选择"填充-橙色"，然后输入"谢谢观看！"

2）选中"谢谢观看！"，通过单击"格式→形状样式"组中的"形状填充""形状轮廓""形状效果"按钮，对艺术字进行一些设置，增加美观感。

6. 为幻灯片添加动画效果

选中要设置动画的幻灯片，可通过"动画"面板设置动画效果。通常设置动画的原则是突出重点。

147

7. 保存文件

任务小结

本任务介绍了如何制作产品推广企划书的演示文稿。在制作企划书时首先应根据企划书的内容来确定演示文稿的整体风格，即设置一个符合内容的背景。在制作企划书的正文内容时，可根据实际情况添加图片、表格、图表等元素来丰富幻灯片的内容。最后需要制作一个结束页，该页以简单为主。所有内容制作完成后，可适当为企划书添加一些动画效果，这样不会显得太枯燥，但要注意突出重点，可设置慢速播放。

任务二　制作产品展示广告

任务背景

为了向各销售商展示诺基亚 N97 手机的特点和性能，特制作一个用于展示诺基亚 N97 产品的演示文稿。

任务分析

制作本任务前，首先要结合产品的特点和功能规划演示文稿的结构，如外观的展示、特色功能的展示等。在制作时要注重按钮和超级链接的设计，以便详细地展现产品信息。为了获得好的产品图片效果，可以先对产品进行多角度的拍摄，录制相关的视频或制作相关的动画素材，以便为幻灯片加入精彩的多媒体资料。

任务要求

本任务制作的是数码产品展示，在制作时首先在幻灯片中输入文本并设置格式，接着设置图片格式，然后制作控制按钮，最后添加视频文件并设置动画效果。

效果如图 5-79～图 5-84 所示。

图 5-79　幻灯片 1

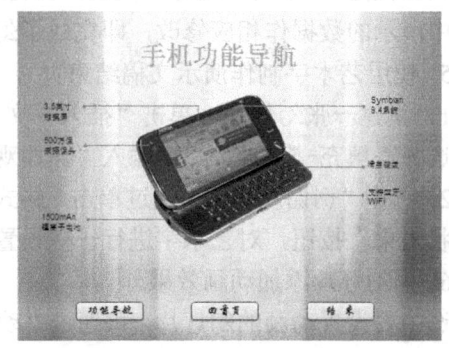
图 5-80　幻灯片 2

模块五　PowerPoint 演示文稿软件

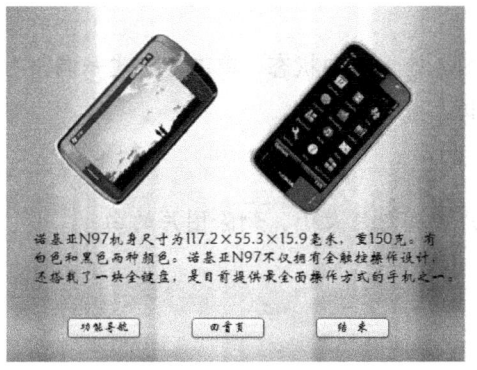

图 5-81　幻灯片 3

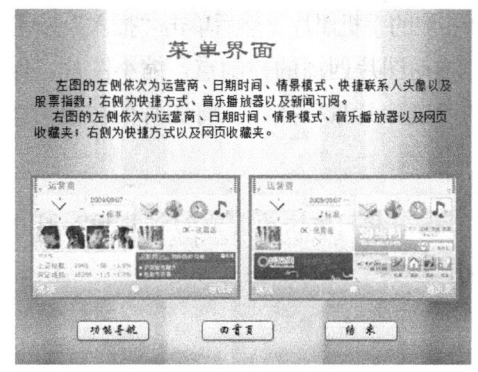

图 5-82　幻灯片 4

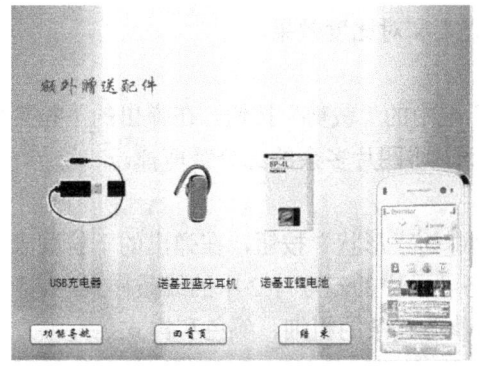

图 5-83　幻灯片 5

图 5-84　幻灯片 6

任务实施

1. 输入文本并设置格式

1）启动 PowerPoint 2010，首先新建一个演示文稿，将其另存为"数码产品展示"。

2）为演示文稿设置一张背景图片，并应用到所有的幻灯片。

3）分别在 6 张幻灯片中，在标题占位符或艺术字处输入各幻灯片的文字内容，并设置字体、大小、字体颜色等字体格式。文字内容和格式参考任务要求中的幻灯片中所示的文字。

> 任务要求中幻灯片 1 下方的文字，通过"开始→段落"组中的"项目符号"按钮为其添加项目符号。

2. 插入图片

在各张幻灯片中插入相应的图片，并去掉图片的白色背景。

选中幻灯片 2，单击"插入→图像"组中的"图片"按钮，在弹出的"插入图片"对话框中选择相应的手机照片,然后单击"插入"按钮。

拖动图片四周的控制点,缩小图片。保持图片处于选中状态,单击"格式→调整"组中的"删除背景"按钮,将图片的白色背景去掉。

使用相同方法为其他幻灯片插入图片,并修改图片大小,删除图片的白色背景。

3. 调整图片的亮度和对比度

选中需要调整对比度的图片,单击"格式→调整"组中的"更正"按钮,在弹出的下拉列表中的"亮度和对比度"项中选择合适的亮度和对比度效果。

4. 裁剪图片

选中需要裁剪的图片,单击"格式→大小"组中的"裁剪"按钮,在弹出的下拉菜单中选择"裁剪"命令,通过拖动图片上的裁剪框,将图片多余的部分裁剪掉。

5. 插入形状

1)选中幻灯片 2,单击"插入→插图"组中的"形状"按钮,在弹出的下拉列表中的"线条"项中选中相应的线条样式,参考任务要求中的幻灯片 2 中的线条样式。

2)选中线条,通过"格式→形状样式"组修改线条的粗细、颜色和样式。

6. 制作放映控制按钮

1)选中幻灯片 1,在幻灯片的左下方绘制一个矩形,然后单击鼠标右键,在弹出的快捷菜单中选择"设置形状格式"命令。

2)在弹出的"设置形状格式"对话框中,通过"填充"和"线型"选项卡中的相关设置制作和设计按钮样式。

3)单击"插入→文本"组中的"文本框"按钮,在弹出的下拉菜单中选择"横排文本框"命令,在矩形按钮上面输入文字"功能导航"。调整文字字体、大小以及颜色。

4)将矩形复制两份,并修改复制出的图形中的文字。

5)将 3 个矩形同时选中,单击"格式→排列"组中的"对齐"按钮,在弹出的下拉菜单中选择"纵向分布"和"左对齐"命令,将 3 个矩形分布整齐。

6)选中第一个"功能导航"矩形,单击鼠标右键,在弹出的快捷菜单中选择"超链接"命令。

7)在弹出的"插入超链接"对话框中,单击"本文档中的位置"按钮,选择"2.幻灯片 2",然后单击"确定"按钮。

使用相同方法为其他两个矩形设置超链接。其他幻灯片中的按钮制作方法一样,就不一一讲解了。

模块五 PowerPoint 演示文稿软件

7. 添加视频文件

1）选中幻灯片 1，单击"插入→媒体"组中的"视频"按钮，在弹出的下拉菜单中选择"文件中的视频"命令。

2）在弹出的"插入视频文件"对话框中选择要插入的视频，然后单击"插入"按钮。

8. 设置动画

1）如果需要为幻灯片中的某些对象添加动画效果，可通过"动画→动画"组选择动画样式。

2）当同一张幻灯片中有多个动画时，需要为其设置动画顺序，可通过"动画→高级动画"组中的"动画窗格"按钮设置动画播放顺序。

3）若要强调某个动画对象，可通过"动画→计时"组设置播放的激活方式和持续时间。

任务小结

本任务主要介绍如何创建一个用于展示数码产品的演示文稿。通过一个精美的产品展示演示文稿，可以为顾客提供更多的产品信息，并吸引顾客的目光。

制作新产品发布演示文稿时需要注意两个要素：外观的精美和放映的交互。为此，需要应用精美的图片、视频、动画效果以及添加导航功能。

模块六　互联网基础

用户使用互联网时主要使用查找、保存以及邮件收发等操作。掌握互联网的搜索及保存技巧可以缩减资料查找及整理所需的时间；掌握电子邮件的使用可以方便地与他人交流，互传文件资料。

本章要点：

项目一　互联网操作基础技能
※　上网搜索资料并保存
※　申请一个免费邮箱
※　设置客户端邮件账户
※　电子邮件收发

项目二　互联网操作进阶技能
※　邮件自动回复

项目一　互联网操作基础技能

任务一　上网搜索资料并保存

任务背景

在 Internet 广泛应用的现在，用户经常需要上网搜索资料，如何有效地搜索资料，并将找到的资料保存下来是我们需要掌握的技能。

任务分析

上网搜索资料时，首选需要确定要搜索的内容，根据内容决定查找的关键字。在搜索的过程中为了更方便快速地找到资料，可在关键字中添加要搜索的文件的类型，如"电视剧"等。最后将查找到的文件进行保存。

模块六 互联网基础

任务要求

1）查找有关雾霾和 PM2.5 的资料，并且将查找结果汇总整理保存到"有关雾霾和 PM2.5 的资料.docx"文档中。

2）查找 2014 年央视春晚上的一首歌——"时间都去哪儿了"，并且把相关的 MP3 文件和歌词文件下载下来。

3）查找有关梅花的图片，并且选择分辨率不低于 1024 像素×768 像素的 10 张 JPG 格式的梅花图片文件保存到 D 盘的"梅花"文件夹内。

4）查找周星驰主演的电影或电视剧，并且把可以在线观看的片名、对应的网址（URL）、海报图片和简介文字保存到"周星驰主演的电影或电视剧.docx"文档中，要求不少于 3 部电影或电视剧。

5）查找北京大学在地图上的位置，并且找出乘公交车或地铁从北京西站到北京大学的路线图，把查询结果中的乘车文字说明和地图上的路线图截图保存到"乘公交车或地铁从北京西站到北京大学东门的路线图.docx"文档中，要求不少于 3 个乘车方案。截图方法：直接按<Print Screen>键为整个屏幕截图；按<Alt + Print Screen>组合键为当前窗口截图。截图结果自动保存在"剪贴板"中，可以在 Windows 自带的"画图"等程序中按<Ctrl + V>组合键粘贴出来。可以用"画图"程序对图片进行裁剪后再保存。

任务实施

1. 搜索资料

上网搜索资料，一般通过浏览器打开搜索引擎来进行搜索。目前，国内常用的搜索引擎是"百度"，在浏览器的地址栏内输入如下地址：http://www.baidu.com，出现如图 6-1 所示的界面。

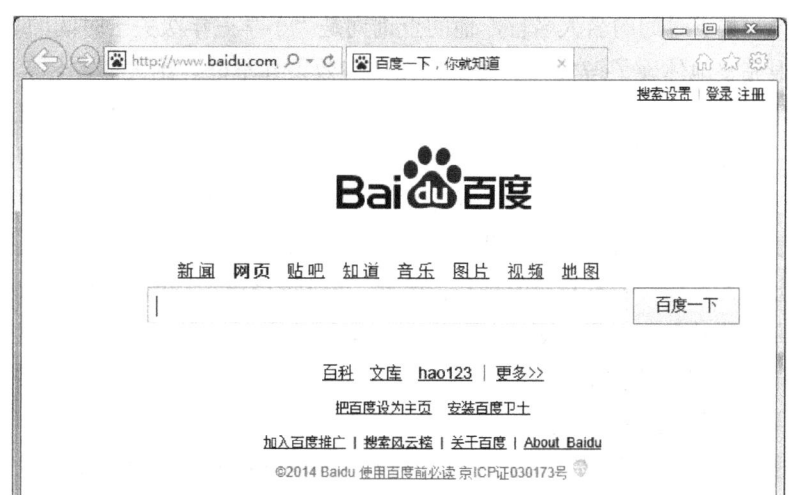

图 6-1 "百度搜索引擎"界面

在图 6-1 中的文本框中输入想要搜索的内容（即关键字），然后按<Enter>键或单击"百度一下"按钮，就会返回搜索结果。

如果只是想找歌曲，那么先单击图 6-1 中的"音乐"文字，再在文本框中输入想查找的歌名、歌词或演唱者名字等即可。如果只是想找图片，那么先单击图 6-1 中的"图片"文字，再在文本框中输入想查找的图片的描述文字即可。如果只是想找电影、电视剧等视频，那么先单击图 6-1 中的"视频"文字，再在文本框中输入想查找的视频的片名、导演、主演等描述文字即可。如果只是想找某个地方在地图上的位置，那么先单击图 6-1 中的"地图"文字，再在文本框中输入想查找的地名、建筑物的名称、小区的名称等即可。

2. 选择适当的查询词

关键字（又称查询词）的选择是很重要的，合适的关键字可以让我们快速准确地找到想要的资料。那么如何选择适当的查询词呢？

搜索技巧，最基本同时也是最有效的，就是选择合适的查询词。选择查询词是一种经验积累，在一定程度上也有章可循。

（1）表述准确

搜索引擎会严格按照用户提交的查询词去搜索，因此，查询词表述准确是获得良好搜索结果的必要前提。一种常见的表述不准确情况是，脑袋里想着一回事，搜索框里输入的是另一回事。例如，要查找 2013 年国内十大新闻，查询词可以是"2013 年国内十大新闻"；但如果把查询词换成"2013 年国内十大事件"，搜索结果就没有能满足需求的了。另一种典型的表述不准确情况是，查询词中包含错别字。例如，要查找林心如的写真图片，用"林心如写真"，当然是没什么问题；但如果写错了字，变成"林心茹写真"，搜索结果就差得远了。

（2）查询词的主题关联与简练

目前的搜索引擎并不能很好地处理自然语言。因此，在提交搜索请求时，最好把自己的想法提炼成简单的，而且与希望找到的信息内容主题关联的查询词。例如，某三年级小学生，想查一些关于时间的名人名言，他的查询词是"小学三年级关于时间的名人名言"。这个查询词很完整地体现了搜索者的搜索意图，但效果并不好。绝大多数名人名言，并不规定是针对几年级的，因此，"小学三年级"事实上和主题无关，会使得搜索引擎丢掉大量不含"小学三年级"，但非常有价值的信息；"关于"也是一个与名人名言本身没有关系的词，多一个这样的词，又会减少很多有价值的信息；"时间的名人名言"，其中的"的"也不是一个必要的词，会对搜索结果产生干扰；"名人名言"，名言通常就是名人留下来的，在名言前加上名人，是一种不必要的重复。因此，最好的查询词应该是"时间名言"。试着找出下述查询词的问题，并想出更好的能满足搜索需求的查询词：所得税会计处理问题探讨，周星驰个人档案和所拍的电影。

（3）根据网页特征选择查询词

很多类型的网页都有某种相似的特征。例如，小说网页通常都有一个目录页，小说名称一般出现在网页标题中，而页面上通常有"目录"两个字，单击页面上的链接，就进入具体的章节页，章节页的标题是小说章节名称；软件下载页，通常软件名称在网页标题中，网页正文有下载链接，并且会出现"下载"这个词。

经常搜索，并且总结各类网页的特征现象，并将其应用于查询词的选择中，会使搜索变得准确而高效。例如，找明星的个人资料页。一般来说，明星资料页的标题通常是明星的名字，而在页面上会有"姓名""身高"等词语出现。比如找林青霞的个人资料，就可以用"林青霞姓名身高"来查询。而由于明星的名字一般在网页标题中出现，因此，更精确的查询方式可以是"姓名身高 intitle:林青霞"，intitle 表示后接的词限制在网页标题范围内。这类主题词加上特征词的查询构造方法，适用于搜索具有某种共性的网页。前提是，用户必须了解这种共性（或者通过试验性搜索预先发现共性）。又如假设你买了一台联想的笔记本计算机，型号为 IdeaPad Y410P，若想在联想官方网站上查找该款计算机的相关介绍、使用手册或驱动程序等，则可以输入"IdeaPad Y410P site:lenovo.com.cn"进行查询，其中的 site 用来限定只在其后面指定的网站搜索。

3. 保存网页

有时需要将网页的内容保存到本地磁盘中，比较常用的有下列两种方法。

（1）直接另存为

以 IE 为例。首先在 IE 中打开要保存的网页，然后单击"文件→另存为"命令或按组合键<Ctrl + S>，弹出如图 6-2 所示对话框。

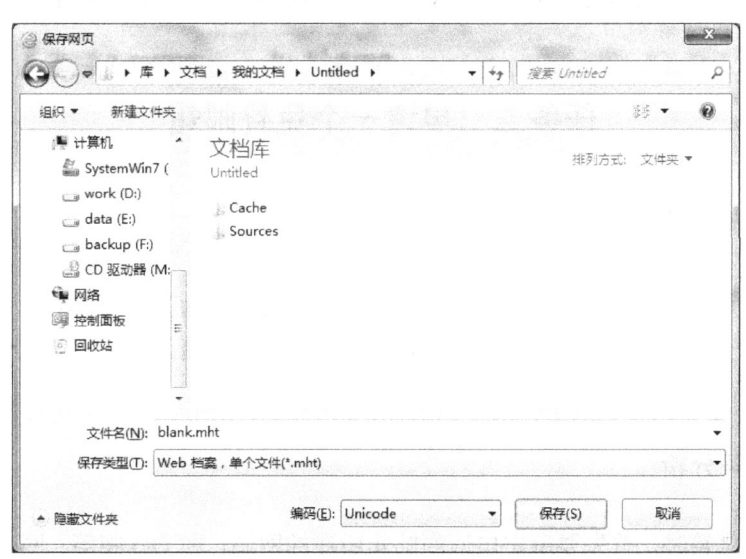

图 6-2 "保存网页"对话框

接着选择"保存类型"，并指定保存位置与文件名，最后单击"保存"按钮即可。

"保存类型"有如下 4 种。

1）网页，全部（*.htm；*.html）：以网页格式保存网页上的文本及其格式、图片等，包括表格，并保持页面排版格式，会自动产生 files 文件夹存放图片等非文字内容的文件。

2）Web 档案，单一文件（*.mht）：以打包的网页格式保存网页上的文本及其格式、图片等，包括表格，并保持页面排版格式，只产生一个文件，不会自动产生 files 文件夹。

3）网页，仅 HTML（*.htm;*.html）：以网页格式保存网页上的文本及其格式，包括表格，并保持页面排版格式，但不保存图片，也不会自动产生 files 文件夹。

4）文本文件（*.txt）：只保存网页上的文字内容，不保存文字格式和图片等，表格中的文字内容会以普通文本的形式保存下来，但没有表格，也不保存页面排版格式。

此外，如果要保存网页上的某张图片，那么可以在该图片上面单击鼠标右键，然后在弹出的快捷菜单中选择"图片另存为"命令，接着指定保存的位置和文件名即可。

（2）复制粘贴

在浏览器（如 IE）中打开要保存的网页，然后选择需要保存的内容，包括文字和图片，接着按组合键<Ctrl + C>进行复制，最后在字处理软件（如 Word）中按组合键<Ctrl + V>进行粘贴，这样可以把所有选中的文本及其格式、图片等，包括表格粘贴进来。如果只要无格式的文字内容，不要图片和表格，那么可以粘贴到 Windows 自带的"记事本"软件中。

任务小结

本任务主要练习上网搜索资料，并将资料保存到本地。在搜索过程中，关键字的选择是至关重要的。

任务二　申请一个免费邮箱

任务背景

免费邮箱是为任何人免费提供的电子邮件传输服务，作为交换，该网站上用户请求电子邮件服务和一些个人信息的地方会显示广告。通过使用邮箱，可以很方便地进行信息传递与交流。

任务分析

申请免费邮箱时，首先要确定申请的邮箱所在的网站，如 QQ 邮箱、网易邮箱等；再登录网站邮箱申请页面，根据要求填写内容进行申请。

任务要求

请注册申请一个免费邮箱，并将邮箱登录网址、邮箱地址（即电子邮件地址）、登录密码、SMTP 和 POP 服务器地址保存到"班级座号姓名的免费邮箱.txt"文本文件中备用。

1. 国内常用免费邮箱

1）网易 163 免费邮箱，提供以@163.com、@126.com 和@yeah.net 为后缀的免费邮箱：http://email.163.com。

2）TOM 免费邮箱：http://mail.tom.com。

3）新浪免费邮箱，提供以@sina.com 和@sina.cn 为后缀的免费邮箱：http://mail.sina.com.cn。

4）21CN 免费邮箱：http://mail.21cn.com。

5）搜狐闪电免费邮箱：http://login.mail.sohu.com。

6）QQ 免费邮箱：http://mail.qq.com。

2. 国外常用免费邮箱

1）Google 免费邮箱：http://gmail.com。

2）微软免费邮箱：http://mail.live.com。

申请免费邮箱的方法大同小异，这里以申请一个 QQ 免费邮箱为例，申请 QQ 免费邮箱还可同时获得一个与该邮箱自动绑定的 QQ 号。

任务实施

1）在浏览器的地址栏中输入 http://mail.qq.com，在出现的页面中单击"立即注册"链接，出现如图 6-3 所示的页面。

图 6-3 "如何获得一个 QQ 邮箱"页面

2）这里选择"方法二"，单击"注册 QQ 邮箱账号"链接，出现如图 6-4 所示的页面。

3）在"邮箱账号"后的文本框中输入你想要的邮箱名，长度是 3~18 个字符，可以是英文字母、数字、小数点、减号或下画线，若提示"账号已被注册"，则需要改成其他邮箱名，直到提示"账号可用"；接着输入"昵称""密码""确认密码"等，两次输入的密码一定要完全相同，密码区分字母大小写；接着输入"验证码"，此验证码的内容是会变化的；"性别""生日"和"所在地"可随便填写；最后单击"立即注册"按钮即可，此时会提示用户已经注册成功的邮箱地址、QQ 号、SMTP 和 POP 服务器地址等。

图 6-4 "注册 QQ 邮箱"页面

注册成功后用户就可以登录邮箱并使用了。

> POP 服务器目前已发展至第三版本，在有的邮件服务器上也称为 POP3 服务器。

任务小结

本任务主要练习注册申请一个免费 QQ 邮箱，其他免费邮箱的申请过程与此大同小异。

任务三　设置客户端邮件账户

任务背景

每次收发邮件时都登录邮箱网页页面进行收发，这对于经常使用邮箱的用户来说过于烦琐。为了简化用户操作，各大公司推出了邮件客户端。邮件客户端是指 foxmail、Outlook 等工具软件。使用邮件客户端，可将信件收取到本地计算机上，离线后仍可继续阅读信件。用户在自己的计算机中进行设置后即可方便地收发邮件。

任务分析

设置客户端邮件账户时首先要选择并安装需要使用的客户端软件，然后了解所使用邮箱的发送及接收邮件服务器的地址（即 POP3 和 SMTP 服务的地址），最后在客户端软件中根据要求设置。

任务要求

请在 Outlook 2010 客户端中配置在"任务二"中申请的免费邮箱账户。如果不是使用 QQ 免费邮箱，请注意参阅所申请的免费邮箱的帮助页面内容。

任务实施

这里以 Outlook 2010 邮件客户端和 QQ 免费邮箱账户为例，设置客户端邮件账户，具体步骤如下：

1）启动 Outlook 2010，单击"文件→信息"命令，如图 6-5 所示，接着单击"添加账户"，进入新账户添加向导。

2）选择"电子邮件账户"单选按钮，然后单击"下一步"按钮，如图 6-6 所示。

3）选择"手动配置服务器设置或其他服务器类型"单选按钮，然后单击"下一步"按钮，如图 6-7 所示。

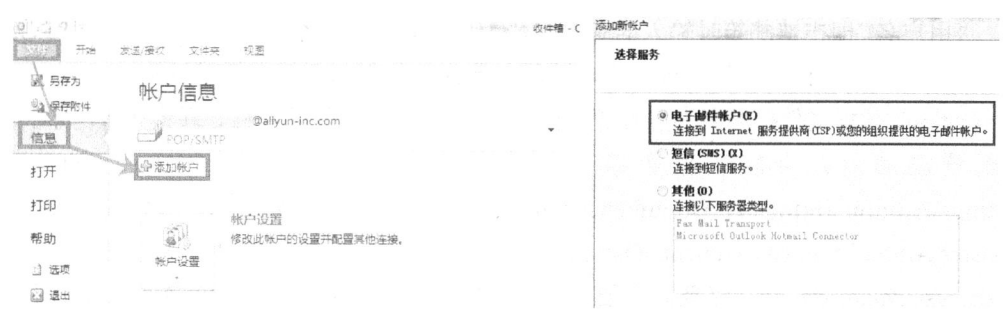

图 6-5　启动新账户添加向导　　　　　图 6-6　选择服务

4）选择"Internet 电子邮件"单选按钮，然后单击"下一步"按钮，如图 6-8 所示。

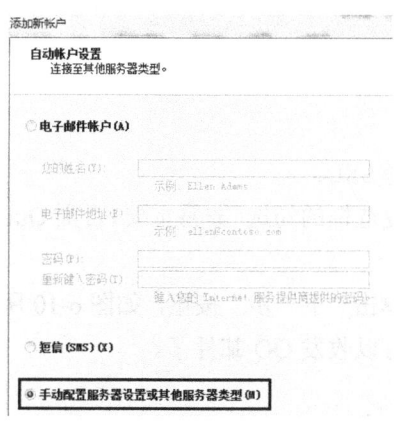 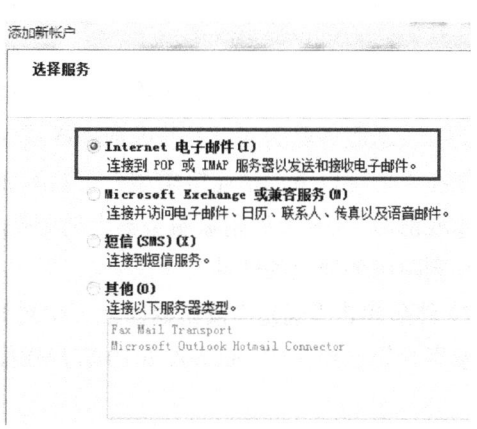

图 6-7　进入手动配置　　　　　图 6-8　选择电子邮件服务

5)如图6-9所示填入信息,然后单击"其他设置"按钮。

图6-9 设置电子邮箱账户资料

"用户名"即申请邮箱时输入的邮箱名,密码为邮箱登录密码,接收邮件服务器POP3和发送邮件服务器SMTP的地址在所申请的免费邮箱的帮助页面中可以找到。

Outlook数据文件扩展名为.pst,里面包含用户发送和接收的邮件、联系人等内容。账户配置成功后,会默认把数据文件放在"(Windows XP)C:\Documents and Settings\Administrator\My Documents\Outlook 文件"或"(Windows 7/Windows 8)C:\Users\Administrator\Documents\Outlook 文件"目录下,并以邮箱地址为数据文件名,如 zhangsan@qq.com.pst,必要时需要更改该文件的存放位置,一般不存放在C盘以防数据丢失。

6)在弹出的"Internet 电子邮件设置"对话框的"高级"选项卡中,进行以下操作。注意:其他非QQ免费邮箱一般有不同的"高级"设置,详情请参阅其帮助页面内容。

①勾选"此服务器要求加密连接"复选框。
②将发送服务器的端口号修改成465或587。
③在"使用以下加密连接类型"下拉列表中选择SSL。
④取消对"××天后删除服务器上的邮件副本"复选框的勾选(非常重要!否则Outlook会自动删除服务器上的邮件)。

7)然后单击"确定"按钮返回上一个对话框,单击"下一步"按钮,如图6-10所示。
恭喜!您已经完成Outlook 2010客户端配置,可以收发QQ邮件了。

模块六　互联网基础

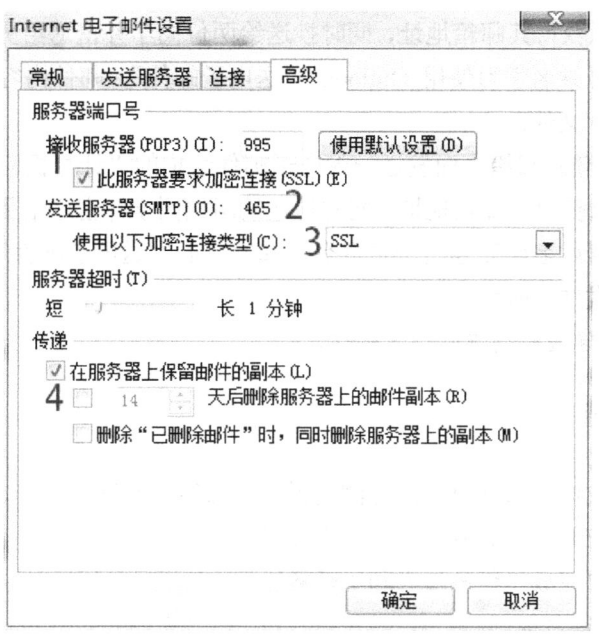

图 6-10　电子邮件账户高级设置

任务小结

本任务主要练习在 Outlook 2010 客户端中配置免费 QQ 邮箱账户，其他邮件客户端的邮箱账户配置过程与此大同小异。

任务四　电子邮件收发

任务背景

熟练收发电子邮件是计算机一级考试中要求的技能之一。通过 Outlook 2010 客户端对邮件收发、附件的使用练习，掌握电子邮件的收发。

任务分析

电子邮箱主要包括发送和接收两个功能。发送电子邮件时必须要有发送人和收信人双方的邮箱地址，并注意填写邮件的主题及内容。若需要发送文件给对方，可在发送时以附件的形式添加文件。

任务要求

1）使用 Outlook 2010 客户端发送一封电子邮件给你的"计算机应用基础"课程的任

161

课老师,询问老师以获得其邮箱地址,同时抄送给两位同学并密送给另两位同学,要求邮件主题是"班级座号姓名学习使用 Outlook 发送电子邮件",邮件内容是一句祝福语,并且随信发送一张图片文件。

2)通过浏览器登录邮箱页面发送一封电子邮件给你的"计算机应用基础"课程的任课老师,询问老师以获得其邮箱地址,同时抄送给两位同学并密送给另两位同学,要求邮件主题是"班级座号姓名学习通过浏览器登录邮箱页面发送电子邮件",邮件内容是一句祝福语,并且随信发送一张图片文件。

3)接收其他同学发送给你的电子邮件。

任务实施

一般发送和接收电子邮件可以通过浏览器登录邮箱页面进行操作,也可以通过邮箱客户端实现。这里以在 Outlook 2010 客户端中收发邮件为例。

当然,你首先要完成"任务二"和"任务三"。

1. 发送电子邮件

1)启动 Outlook 2010 客户端,在"开始→新建"组中单击"新建电子邮件"按钮,如图 6-11 所示。

2)在如图 6-12 所示的"主题"文本框中,输入邮件的主题。

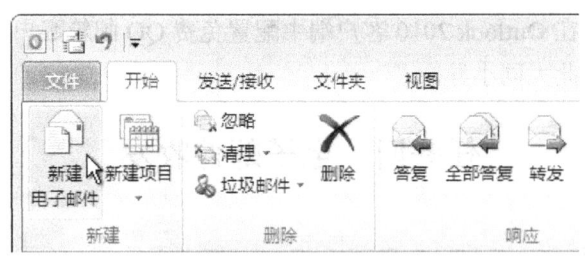

图 6-11 新建邮件

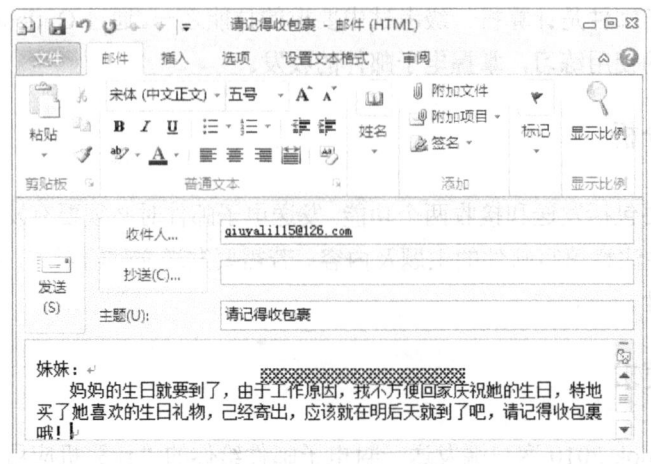

图 6-12 填写邮件内容

3）在"收件人(To)""抄送(CC)""密件抄送(BCC)"文本框中，输入收件人的电子邮件地址或姓名。用分号分隔多个收件人。

- 若要从通讯簿中的列表中选择收件人的姓名，请单击"收件人""抄送"或"密件抄送"按钮，然后单击所需的姓名。
- 若看不到"密件抄送"按钮，可单击"选项→显示字段"组中的"密件抄送"按钮。如果将某个收件人邮箱地址添加到邮件的密件抄送中，邮件的副本就发送给此收件人，并且邮件的其他收件人看不到此收件人的邮箱地址。

4）若要随信发送图片、压缩文档等附件文件，可在创建电子邮件的窗口中单击"邮件→添加"组中的"附加文件"按钮，在弹出的"插入文件"对话框中选择要插入的附件文件，然后单击"插入"按钮，即可在邮件中插入选择的文件。

5）撰写好邮件后，单击"发送"按钮。

2. 接收电子邮件

启动 Outlook 2010 客户端时，一般会自动收信。若要手工收信，则单击"发送/接收→发送和接收"组中的"发送/接收所有文件夹"按钮。此外，此操作也会手动发送存放在"草稿箱"中的邮件。

3. 答复或转发邮件

当打开查阅某封已经收到的电子邮件时，若要回复给发件人或转发给其他人，则单击"开始→响应"组中的"答复"或"转发"按钮。因之后出现的窗口与创建电子邮件窗口类似，故操作方法与 "1. 发送电子邮件"所述一样。

任务小结

本任务主要练习在 Outlook 2010 客户端中收发免费 QQ 邮箱账户的邮件，其他邮件客户端的收发邮件过程与此大同小异。

项目二　互联网操作进阶技能

任务　邮件自动回复

任务背景

当有人给你发送电子邮件时，如果你事先已经设置好邮件自动回复，那么他马上就会收到自动回复的邮件，这样他就可以确认邮件已经成功发送给你了。从商业角度看，有了自动回复，客户会感觉你比较重视他。设置邮件自动回复，一般通过浏览器登录邮箱页面实现。

任务分析

设置邮件自动回复时,首先需要确定自动回复的内容,再确定需要自动回复的对象。

任务要求

给申请的免费邮箱设置自动回复功能,自动回复的内容为"谢谢您的来信,我将尽快回复您。班级座号姓名"。如果申请的免费邮箱不是 QQ 邮箱,请参阅所申请的免费邮箱的在线帮助。

任务实施

几乎所有免费邮箱都提供自动回复功能,这里以 QQ 免费邮箱为例。

1)在浏览器的地址栏中输入免费邮箱登录网址:http://mail.qq.com,并且登录邮箱。

2)单击顶端的"设置"链接,接着在"邮箱设置"中单击"常规"链接,在下面的"假期自动回复"中进行设置。

3)如图 6-13 所示,首先选择"启用"单选按钮,然后输入自动回复的内容,最后单击左下角的"保存更改"按钮即可。

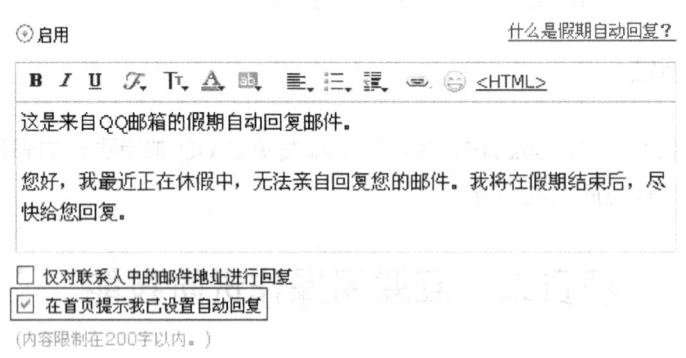

图 6-13 启用邮件自动回复

您可以选择"仅对联系人中的邮件地址进行回复"复选框。

开启假日自动回复时,会在邮箱首页对您的假期自动回复设置进行提示,以免您忘记关闭自动回复而对来信者造成不便。

任务小结

本任务主要练习设置免费 QQ 邮箱账户的自动回复邮件功能,其他免费邮箱账户的自动回复邮件功能的设置过程与此大同小异。

附 录

附录 A 计算机一级选择题真题训练

题目（单项选择题，共 184 小题）

第 1 题 1946 年诞生的世界上公认的第一台电子计算机是_____。
A）UNIVAC-I   B）EDVAC   C）ENIAC   D）IBM650

第 2 题 1946 年首台电子数字计算机 ENIAC 问世后，冯·诺依曼(Von Neumann) 在研制 EDVAC 计算机时，提出两个重要的改进，它们是_____。
  A）引入 CPU 和内存储器的概念   B）采用机器语言和十六进制
  C）采用二进制和存储程序控制的概念   D）采用 ASCII 编码系统

第 3 题 按电子计算机传统的分代方法，第一代至第四代计算机依次是_____。
A）机械计算机，电子管计算机，晶体管计算机，集成电路计算机
B）晶体管计算机，集成电路计算机，大规模集成电路计算机，光器件计算机
C）电子管计算机，晶体管计算机，小、中规模集成电路计算机，大规模和超大规模集成电路计算机
D）手摇机械计算机，电动机械计算机，电子管计算机，晶体管计算机

第 4 题 计算机之所以能按人们的意图自动进行工作，最直接的原因是因为采用了_____。
  A）二进制   B）高速电子元件   C）程序设计语言   D）存储程序控制

第 5 题 办公室自动化(OA)是计算机的一大应用领域。按计算机应用的分类，它属于_____。
  A）科学计算   B）辅助设计
  C）实时控制   D）数据处理（又称信息处理）

第 6 题 电子计算机最早的应用领域是_____。
  A）数据处理   B）数值计算   C）工业控制   D）文字处理

第 7 题 下列的英文缩写和中文名字的对照中，错误的是_____。
  A）CAD——计算机辅助设计   B）CAM——计算机辅助制造
  C）CIMS——计算机集成管理系统   D）CAI——计算机辅助教育

第 8 题 计算机的系统总线是计算机各部件间传递信息的公共通道，它分为_____。
  A）数据总线和控制总线   B）数据总线、控制总线和地址总线

C）地址总线和数据总线　　　　　D）地址总线和控制总线

第 9 题　一个完整的计算机系统就是指_____。

A）主机、键盘、鼠标和显示器　　　B）硬件系统和操作系统
C）主机、外设和办公软件　　　　　D）硬件系统和软件系统
E）系统软件和应用软件

第 10 题　Cache 的中文译名是_____。

A）缓冲器　　　B）只读存储器　　C）高速缓冲存储器　　D）可编程只读存储器

第 11 题　CD-ROM 是_____。

A）大容量可读可写外存储器　　　　B）大容量只读外存储器
C）可直接与 CPU 交换数据的存储器　D）只读内存储器

第 12 题　CPU 的中文名称是_____。

A）控制器　　　B）不间断电源　　C）算术逻辑部件　　D）中央处理器

第 13 题　CPU 中，除了内部总线和必要的寄存器外，主要的两大部件分别是运算器和_____。

A）控制器　　　B）存储器　　　　C）Cache　　　　　D）编辑器

第 14 题　DVD-ROM 属于_____。

A）大容量可读可写外存储器　　　　B）大容量只读外存储器
C）CPU 可直接存取的存储器　　　　D）只读内存储器

第 15 题　ROM 中的信息是_____。

A）由生产厂家预先写入的　　　　　B）在安装系统时写入的
C）根据用户需求不同，由用户随时写入的　D）由程序临时存入的

第 16 题　UPS 的中文译名是_____。

A）稳压电源　　B）不间断电源　　C）高能电源　　　　D）调压电源

第 17 题　USB 1.1 和 USB 2.0 的区别之一在于传输率不同，USB 2.0 高速版的传输率是_____。

A）1.5 Mbit/s　　B）12 Mbit/s　　C）480 Mbit/s　　　D）48 Mbit/s

第 18 题　把存储在硬盘上的程序传送到指定的内存区域中，这种操作称为_____。

A）输出　　　　B）写盘　　　　　C）输入　　　　　　D）读盘

第 19 题　操作系统对磁盘进行读/写操作的单位是_____。

A）磁道　　　　B）字节　　　　　C）扇区　　　　　　D）KB

第 20 题　存储计算机当前正在执行的应用程序和相应的数据的存储器是_____。

A）硬盘　　　　B）ROM　　　　　C）RAM　　　　　　D）CD-ROM

第 21 题　当电源关闭后，下列关于存储器的说法中，正确的是_____。

A）存储在 RAM 中的数据不会丢失　　B）存储在 ROM 中的数据不会丢失
C）存储在软盘中的数据会全部丢失　　D）存储在硬盘中的数据会丢失

第 22 题　当前流行的移动硬盘或优盘进行读/写利用的计算机接口是_____。

A）串行接口　　　B）平行接口　　　C）USB　　　　　　D）UBS

第 23 题　对 CD-ROM 可以进行的操作是_____。

A）读或写　　　B）只能读不能写　　　C）只能写不能读　　　D）能存不能取

第 24 题　计算机的硬件系统主要包括：中央处理器(CPU)、存储器、输出设备和_____。

A）键盘　　　　B）鼠标　　　　C）输入设备　　　　D）扫描仪

第 25 题　控制器(CU）的功能是_____。

A）指挥计算机各部件自动、协调一致地工作　　B）对数据进行算术运算或逻辑运算
C）控制对指令的读取和译码　　　　　　　　　D）控制数据的输入和输出

第 26 题　目前市售的 USB FLASH DISK(俗称优盘）是一种_____。

A）输出设备　　　B）输入设备　　　C）存储设备　　　D）显示设备

第 27 题　随机存储器中，有一种存储器需要周期性地补充电荷以保证所存储信息的正确，它称为_____。

A）静态 RAM(SRAM)　　　　　　B）动态 RAM(DRAM)
C）RAM　　　　　　　　　　　　D）Cache

第 28 题　随机存取存储器(RAM）的最大特点是_____。

A）存储量极大，属于海量存储器

B）存储在其中的信息可以永久保存

C）一旦断电，存储在其上的信息将全部消失，且无法恢复

D）只用来存储中间数据

第 29 题　通常打印质量最好的打印机是_____。

A）针式打印机　　　B）点阵打印机　　　C）喷墨打印机　　　D）激光打印机

第 30 题　微机的销售广告中"P42.4G/256M/80G"中的 2.4G 表示_____。

A）CPU 的运算速度为 2.4GIPS　　　B）CPU 为 Pentium 4 的 2.4 代
C）CPU 的时钟主频为 2.4GHz　　　　D）CPU 与内存间的数据交换速率是 2.4Gbit/s

第 31 题　微机的硬件系统中，最核心的部件是_____。

A）内存储器　　　B）输入/输出设备　　　C）CPU　　　D）硬盘

第 32 题　微机的主机是指_____。

A）CPU、内存和硬盘　　　　　　B）CPU、内存、显示器和键盘
C）CPU 和内存储器　　　　　　　D）CPU、内存、硬盘、显示器和键盘

第 33 题　下列度量单位中，用来度量计算机网络数据传输速率(比特率）的是_____。

A）MB/s　　　B）MIPS　　　C）GHz　　　D）Mbit/s

第 34 题　下列各存储器中，存取速度最快的一种是_____。

A）Cache　　　B）动态 RAM(DRAM)　　　C）CD-ROM　　　D）硬盘

第 35 题　下列关于 CPU 的叙述中，正确的是_____。

A）CPU 能直接读取硬盘上的数据　　　　　B）CPU 只能直接与内存储器交换数据

C）CPU 主要组成部分是存储器和控制器　　D）CPU 主要用来执行算术运算

第 36 题　下列关于磁道的说法中，正确的是_____。

A）盘面上的磁道是一组同心圆

B）由于每一磁道的周长不同，所以每一磁道的存储容量也不同

C）盘面上的磁道是一条阿基米德螺线

D）磁道的编号是最内圈为 0，并次序由内向外逐渐增大，最外圈的编号最大

第 37 题　下列设备组中，完全属于计算机输出设备的一组是_____。

A）喷墨打印机，显示器，键盘　　　　B）激光打印机，键盘，鼠标

C）键盘，鼠标，扫描仪　　　　　　　D）打印机，绘图仪，显示器

第 38 题　下列设备组中，完全属于输入设备的一组是_____。

A）CD-ROM 驱动器，键盘，显示器　　B）绘图仪，键盘，鼠标

C）键盘，鼠标，扫描仪　　　　　　　D）打印机，硬盘，条码阅读器

第 39 题　下列设备组中，完全属于外部设备的一组是_____。

A）激光打印机，移动硬盘，鼠标

B）CPU，键盘，显示器

C）SRAM 内存条，CD-ROM 驱动器，扫描仪

D）优盘，内存储器，硬盘

第 40 题　下列叙述中，错误的是_____。

A）计算机硬件主要包括：主机、键盘、显示器、鼠标和打印机 5 大部件

B）计算机软件分为系统软件和应用软件两大类

C）CPU 主要由运算器和控制器组成

D）内存储器中存储当前正在执行的程序和处理的数据

第 41 题　下列叙述中，错误的是_____。

A）内存储器一般由 ROM 和 RAM 组成

B）RAM 中存储的数据一旦断电就全部丢失

C）CPU 可以直接存取硬盘中的数据

D）存储在 ROM 中的数据断电后也不会丢失

第 42 题　下列叙述中，错误的是_____。

A）硬盘在主机箱内，它是主机的组成部分

B）硬盘是外部存储器之一

C）硬盘的技术指标之一是转速为 r/min

D）硬盘与 CPU 之间不能直接交换数据

E）硬盘驱动器既可做输入设备又可做输出设备用

第 43 题　下列叙述中，正确的是_____。

A）CPU 能直接读取硬盘上的数据　　　　B）CPU 能直接访问内存储器

C）CPU 由存储器、运算器和控制器组成　　D）CPU 主要用来存储程序和数据

第 44 题　下列叙述中，正确的是_____。

A）内存中存放的是当前正在执行的程序和所需的数据

B）内存中存放的是当前暂时不用的程序和数据

C）外存中存放的是当前正在执行的程序和所需的数据

D）内存中只能存放指令

第 45 题　下列叙述中，正确的是_____。

A）字长为 16 位表示这台计算机最大能计算一个 16 位的十进制数

B）字长为 16 位表示这台计算机的 CPU 一次能处理 16 位二进制数

C）运算器只能进行算术运算

D）SRAM 的集成度高于 DRAM

第 46 题　下面关于 USB 的叙述中，错误的是_____。

A）USB 的中文名为"通用串行总线"

B）USB 2.0 的数据传输率大大高于 USB 1.1

C）USB 具有热插拔与即插即用的功能

D）USB 接口连接的外部设备(如移动硬盘、U 盘等）必须另外供应电源；在 Windows XP 下，使用 USB 接口连接的外部设备(如移动硬盘、U 盘等）不需要驱动程序

E）USB 接口的外表尺寸比并行接口大得多

第 47 题　下面关于随机存取存储器(RAM）的叙述中，正确的是_____。

A）RAM 分静态 RAM(SRAM）和动态 RAM(DRAM）两大类；存储在 SRAM 或 DRAM 中的数据在断电后将全部丢失且无法恢复

B）SRAM 的集成度比 DRAM 高

C）DRAM 的存取速度比 SRAM 快

D）DRAM 常用来做 Cache 用

第 48 题　下面关于优盘的描述中，错误的是_____。

A）优盘有基本型、增强型和加密型 3 种

B）优盘的特点是重量轻、体积小

C）优盘多固定在机箱内，不便携带

D）断电后，优盘还能保持存储的数据不丢失

第 49 题　显示器的主要技术指标之一是_____。

A）分辨率　　　　B）亮度　　　　C）彩色　　　　D）对比度

第 50 题　英文缩写 ROM 的中文译名是_____。

A）高速缓冲存储器　　　　　　　B）只读存储器

C）随机存取存储器　　　　　　　D）优盘

第 51 题　影响一台计算机性能的关键部件是_____。

A）CD-ROM　　　B）硬盘　　　　C）CPU　　　　D）显示器

第 52 题　用来存储当前正在运行的应用程序的存储器是_____。
A）内存　　　　　B）硬盘　　　　　C）U 盘　　　　　D）CD-ROM

第 53 题　用来控制、指挥和协调计算机各部件工作的是_____。
A）运算器　　　　B）鼠标　　　　　C）控制器　　　　D）存储器

第 54 题　运算器(ALU)的功能是_____。
A）只能进行逻辑运算　　　　　　　B）对数据进行算术运算或逻辑运算
C）只能进行算术运算　　　　　　　D）进行初等函数的计算

第 55 题　在 DVD 光盘上标记有"DVD-RW"字样，此标记表明该光盘_____。
A）只能写入一次，可以反复读出的一次性写入光盘
B）可多次擦除型光盘
C）只能读出，不能写入的只读光盘
D）RW 是 Read and Write 的缩写

第 56 题　在计算机中，每个存储单元都有一个连续的编号，此编号称为_____。
A）单元地址　　　B）位置号　　　　C）门牌号　　　　D）房号

第 57 题　在外部设备中，扫描仪属于_____。
A）输出设备　　　B）存储设备　　　C）输入设备　　　D）特殊设备

第 58 题　在微机的硬件设备中，有一种设备在程序设计中既可以当做输出设备，又可以当做输入设备，这种设备是_____。
A）绘图仪　　　　B）扫描仪　　　　C）手写笔　　　　D）磁盘驱动器

第 59 题　在下列设备中，不能作为微机输出设备的是_____。
A）打印机　　　　B）显示器　　　　C）鼠标　　　　　D）绘图仪

第 60 题　组成计算机硬件系统的基本部分是_____。
A）CPU、键盘和显示器　　　　　　B）主机和输入/输出设备
C）CPU 和输入/输出设备　　　　　 D）CPU、硬盘、键盘和显示器

第 61 题　组成微型机主机的部件是（　　）。
A）CPU、内存和硬盘　　　　　　　B）CPU、内存、显示器和键盘
C）CPU 和内存　　　　　　　　　　D）CPU、内存、硬盘、显示器和键盘

第 62 题　CPU 主要技术性能指标有_____。
A）字长、运算速度和时钟主频　　　B）可靠性和精度
C）耗电量和效率　　　　　　　　　D）发热量和冷却效率

第 63 题　Pentium(奔腾)微机的字长是（　　）。
A）8 位　　　　　B）16 位　　　　 C）32 位　　　　 D）64 位

第 64 题　计算机的技术性能指标主要是指_____。
A）计算机所配备的语言、操作系统、外部设备
B）硬盘的容量和内存的容量
C）显示器的分辨率、打印机的性能等配置

D）字长、运算速度、内/外存容量和 CPU 的时钟频率

第 65 题　字长是 CPU 的主要技术性能指标之一，它表示的是_____。
A）CPU 的计算结果的有效数字长度　　B）CPU 一次能处理二进制数据的位数
C）CPU 能表示的最大的有效数字位数　D）CPU 能表示的十进制整数的位数

第 66 题　操作系统将 CPU 的时间资源划分成极短的时间片，轮流分配给各终端用户，使终端用户单独分享 CPU 的时间片，有独占计算机的感觉，这种操作系统称为_____。
A）实时操作系统　　　　　　　　　　B）批处理操作系统
C）分时操作系统　　　　　　　　　　D）分布式操作系统

第 67 题　操作系统是计算机系统中的_____。
A）主要硬件　　　B）系统软件　　　C）工具软件　　　D）应用软件

第 68 题　操作系统中的文件管理系统为用户提供的功能是_____。
A）按文件作者存取文件　　　　　　　B）按文件名管理文件
C）按文件创建日期存取文件　　　　　D）按文件大小存取文件

第 69 题　对计算机操作系统的作用描述完整的是_____。
A）管理计算机系统的全部软、硬件资源，合理组织计算机的工作流程，以充分发挥计算机资源的效率，为用户提供使用计算机的友好界面
B）对用户存储的文件进行管理，方便用户
C）执行用户输入的各类命令
D）是为汉字操作系统提供运行的基础

第 70 题　计算机操作系统通常具有的 5 大功能是_____。
A）CPU 管理、显示器管理、键盘管理、打印机管理和鼠标管理
B）硬盘管理、软盘驱动器管理、CPU 管理、显示器管理和键盘管理
C）处理器(CPU)管理、存储器管理、文件管理、设备管理和作业管理
D）启动、打印、显示、文件存取和关机

第 71 题　计算机软件分系统软件和应用软件两大类，系统软件的核心是_____。
A）数据库管理系统　　　　　　　　　B）操作系统
C）程序语言系统　　　　　　　　　　D）财务管理系统

第 72 题　完整的计算机软件系统是指_____。
A）程序、数据与相应的文档　　　　　B）系统软件与应用软件
C）操作系统与应用软件　　　　　　　D）操作系统和办公软件

第 73 题　微机上广泛使用的 Windows 是_____。
A）多用户多任务操作系统　　　　　　B）单用户多任务操作系统
C）实时操作系统　　　　　　　　　　D）多用户分时操作系统

第 74 题　下列各组软件中，全部属于系统软件的一组是_____。
A）程序语言处理程序、操作系统、数据库管理系统
B）文字处理程序、编辑程序、操作系统

C）财务处理软件、金融软件、网络系统

D）WPS Office、Excel 2010、Windows 7

第 75 题　下列各组软件中，全部属于应用软件的是_____。

A）程序语言处理程序、操作系统、数据库管理系统

B）文字处理程序、编辑程序、UNIX 操作系统

C）财务处理软件、金融软件、WPS Office、金山词霸、学籍管理系统

D）Word 2010、Photoshop、Windows 7

第 76 题　下列关于软件的叙述中，错误的是_____。

A）计算机软件系统由程序和相应的文档资料组成

B）Windows 操作系统是系统软件

C）Word 2010 是应用软件

D）软件具有知识产权，不可以随便复制使用

第 77 题　下列计算机技术词汇的英文缩写和中文名字对照中，错误的是_____。

A）CPU——中央处理器　　　　　　B）ALU——算术逻辑部件

C）CU——控制部件　　　　　　　　D）OS——输出服务

第 78 题　下列软件中，不是操作系统的是_____。

A）Linux　　　　B）UNIX　　　　C）Windows　　　　D）MS Office

第 79 题　下列软件中，属于系统软件的是_____。

A）C++编译程序　　B）Excel 2010　　C）学籍管理系统　　D）财务管理系统

第 80 题　下列软件中，属于应用软件的是_____。

A）Windows 7　　　B）UNIX　　　　C）Linux　　　　D）WPS Office

第 81 题　下列叙述中，错误的是_____。

A）把数据从内存传输到硬盘叫写盘

B）WPS Office 属于系统软件

C）把源程序转换为机器语言的目标程序的过程叫编译

D）在计算机内部，数据的传输、存储和处理都使用二进制编码

第 82 题　下面关于操作系统的叙述中，正确的是_____。

A）操作系统是计算机软件系统的核心软件

B）操作系统属于应用软件

C）Windows 是 PC 唯一的操作系统

D）操作系统的 5 大功能是：启动、打印、显示、文件存取和关机

第 83 题　1. 字处理软件，2. Linux，3. UNIX，4. 学籍管理系统，5. Windows 7 和 6. Office 2010 这 6 个软件中，属于系统软件的有_____。

A）1，2，3　　　　B）2，3，5　　　　C）1，2，3，5　　　　D）全部都不是

第 84 题　1. WPS Office，2. Windows 7，3. 财务管理软件，4. UNIX；5. 学籍管理系统，6. MS-DOS，7. Linux 中属于应用软件的有_____。

A）1，2，3　　B）1，3，5　　C）1，3，5，7　　D）2，4，6，7

第 85 题　1. Office 2010，2. Windows XP，3. UNIX，4. AutoCAD，5. Oracle，6. Photoshop，7. Linux 中属于应用软件的是_____。

A）1，4，5，6　　B）1，3，4　　C）2，4，5，6　　D）1，4，6

第 86 题　在计算机指令中，规定其所执行操作功能的部分称为_____。

A）地址码　　　B）源操作数　　　C）操作数　　　D）操作码

第 87 题　组成计算机指令的两个部分是_____。

A）数据和字符　　　　　　　B）操作码和地址码

C）运算符和运算数　　　　　D）运算符和运算结果

第 88 题　CPU 的指令系统又称为_____。

A）汇编语言　　B）机器语言　　C）程序设计语言　　D）符号语言

第 89 题　把用高级程序设计语言编写的源程序翻译成目标程序(.OBJ) 的程序称为_____。

A）汇编程序　　B）编辑程序　　C）编译程序　　D）解释程序

第 90 题　汇编语言是一种_____。

A）依赖于计算机的低级程序设计语言　　B）计算机能直接执行的程序设计语言

C）独立于计算机的高级程序设计语言　　D）面向问题的程序设计语言

第 91 题　计算机能直接识别、执行的语言是_____。

A）汇编语言　　B）机器语言　　C）高级程序语言　　D）C++语言

第 92 题　为了提高软件开发效率，开发软件时应尽量采用_____。

A）汇编语言　　B）机器语言　　C）指令系统　　D）高级语言

第 93 题　下列各类计算机程序语言中，不属于高级程序设计语言的是_____。

A）Visual Basic　　B）FORTAN 语言　　C）Pascal 语言　　D）汇编语言

第 94 题　下列说法中，正确的是_____。

A）只要将高级程序语言编写的源程序文件（如 try.c）的扩展名更改为．exe，则它就成为可执行文件了

B）当代高级的计算机可以直接执行用高级程序语言编写的程序

C）用高级程序语言编写的源程序经过编译和链接后成为可执行程序

D）用高级程序语言编写的程序可移植性和可读性都很差

第 95 题　下列叙述中，正确的是_____。

A）C++是高级程序设计语言的一种

B）用 C++程序设计语言编写的程序可以直接在机器上运行

C）当代最先进的计算机可以直接识别、执行任何语言编写的程序

D）机器语言和汇编语言是同一种语言的不同名称

第 96 题　下列叙述中，正确的是_____。

A）把数据从硬盘上传送到内存的操作称为输出

B）WPS Office 是一个国产的系统软件

C）扫描仪属于输出设备

D）将高级语言编写的源程序转换成为机器语言程序的程序叫编译程序

第 97 题　下列叙述中，正确的是_____。

A）计算机能直接识别并执行用高级程序语言编写的程序

B）用机器语言编写的程序可读性最差

C）机器语言就是汇编语言

D）高级语言的编译系统是应用程序

第 98 题　下列叙述中，正确的是_____。

A）用高级程序语言编写的程序称为源程序

B）计算机能直接识别并执行用汇编语言编写的程序

C）机器语言编写的程序执行效率最低

D）高级语言编写的程序的可移植性最差

E）机器语言编写的程序必须经过编译和链接后才能执行

第 99 题　用高级程序设计语言编写的程序，要转换成等价的可执行程序，必须经过_____。

A）汇编　　　　B）编辑　　　　C）解释　　　　D）编译和链接

第 100 题　用高级程序设计语言编写的程序_____。

A）计算机能直接执行　　　　　　B）可读性和可移植性好

C）可读性差但执行效率高　　　　D）依赖于具体机器，不可移植

第 101 题　当计算机病毒发作时，主要造成的破坏是_____。

A）对磁盘片的物理损坏　　　　　B）对磁盘驱动器的损坏

C）对 CPU 的损坏　　　　　　　　D）对存储在硬盘上的程序、数据甚至系统的破坏

第 102 题　计算机病毒是指能够侵入计算机系统并在计算机系统中潜伏、传播，破坏系统正常工作的一种具有繁殖能力的_____。

A）流行性感冒病毒　　　　　　　B）特殊小程序

C）特殊微生物　　　　　　　　　D）源程序

第 103 题　随着 Internet 的发展，越来越多的计算机感染病毒的可能途径之一是_____。

A）通过键盘输入数据时传入

B）通过电源线传播

C）通过使用表面不清洁的光盘

D）通过 Internet 的 E-mail，附着在电子邮件的信息中

第 104 题　下列关于计算机病毒的说法中，正确的是_____。

A）计算机病毒是一种有损计算机操作人员身体健康的生物病毒

B）计算机病毒发作后，将造成计算机硬件永久性的物理损坏

C）计算机病毒是一种通过自我复制进行传染的，破坏计算机程序和数据的小程序

D）计算机病毒是一种有逻辑错误的程序

第 105 题　下列关于计算机病毒的叙述中，正确的是_____。

A）反病毒软件可以查杀任何种类的病毒

B）计算机病毒是一种被破坏了的程序

C）反病毒软件必须随着新病毒的出现而升级，提高查杀病毒的功能

D）感染过计算机病毒的计算机具有对该病毒的免疫性

第 106 题　下列关于计算机病毒的叙述中，正确的是_____。

A）计算机病毒只感染 .exe 或 .com 文件

B）计算机病毒可通过读写移动存储设备或通过 Internet 网络进行传播

C）计算机病毒是通过电网进行传播的

D）计算机病毒是由程序中的逻辑错误造成的

第 107 题　下列叙述中，正确的是_____。

A）Word 文档不会带计算机病毒

B）计算机病毒具有自我复制的能力，能迅速扩散到其他程序上

C）清除计算机病毒的最简单办法是删除所有感染了病毒的文件

D）计算机杀病毒软件可以查出和清除任何已知或未知的病毒

第 108 题　下列叙述中，正确的是_____。

A）计算机病毒只在可执行文件中传染

B）计算机病毒主要通过读/写移动存储器或 Internet 网络进行传播

C）只要删除所有感染了病毒的文件就可以彻底消除病毒

D）计算机杀毒软件可以查出和清除任意已知的和未知的计算机病毒

第 109 题　KB（千字节）是度量存储器容量大小的常用单位之一，1KB 等于_____。

A）1000 个字节　　　B）1024 个字节　　　C）1000 个二进位　　　D）1024 个字

第 110 题　计算机存储器中，组成一个字节的二进制位数是_____。

A）4bit　　　B）8bit　　　C）16bit　　　D）32bit

第 111 题　计算机技术中，下列不是度量存储器容量的单位是_____。

A）KB　　　B）MB　　　C）GHz　　　D）GB

第 112 题　假设某台式计算机的内存储器容量为 256MB，硬盘容量为 40GB。硬盘的容量是内存容量的_____。

A）200 倍　　　B）160 倍　　　C）120 倍　　　D）100 倍

第 113 题　假设某台式计算机的内存储器容量为 1KB，其最后一个字节的地址是_____。

A）1023H　　　B）1024H　　　C）0400H　　　D）03FFH

第 114 题　在计算机内部用来传送、存储、加工处理的数据或指令所采用的形式是_____。

A）十进制码　　　B）二进制码　　　C）八进制码　　　D）十六进制码

第 115 题　在计算机中，信息的最小单位是_____。
A）bit（位）　　　　　　　　　　B）Byte（字节）
C）Word（字）　　　　　　　　　D）DoubleWord（双字）

第 116 题　在微机中，1GB 等于_____。
A）1024×1024Bytes　　B）1024KB　　C）1024MB　　D）1000MB

第 117 题　按照数的进位制概念，下列各数中正确的八进制数是_____。
A）8707　　　　　　　B）1101　　　　C）4109　　　　D）10BF

第 118 题　设一个十进制整数为 D>1，转换成十六进制数为 H。根据数制的概念，下列叙述中正确的是_____。
A）数字 H 的位数≥数字 D 的位数　　B）数字 H 的位数≤数字 D 的位数
C）数字 H 的位数<数字 D 的位数　　D）数字 H 的位数>数字 D 的位数

第 119 题　下列两个二进制数进行算术加运算，100001＋111＝_____。
A）101110　　　　　B）101000　　　C）101010　　　D）100101

第 120 题　现代计算机中采用二进制数制是因为二进制数的优点是_____。
A）代码表示简短，易读
B）物理上容易实现且简单可靠，运算规则简单，适合逻辑运算
C）容易阅读，不易出错
D）只有 0、1 两个符号，容易书写

第 121 题　二进制数 1001001 转换成十进制数是_____。
A）72　　　　　　　B）71　　　　　　C）75　　　　　D）73

第 122 题　二进制数 101110 转换成等值的十六进制数是_____。
A）2C　　　　　　　B）2D　　　　　　C）2E　　　　　D）2F

第 123 题　如果删除一个非零无符号二进制偶整数后的两个 0，则此数的值为原数_____。
A）4 倍　　　　　　B）2 倍　　　　　C）1/2　　　　　D）1/4

第 124 题　如果在一个非零无符号二进制整数之后添加两个 0，则此数的值为原数的_____。
A）4 倍　　　　　　B）2 倍　　　　　C）1/2　　　　　D）1/4

第 125 题　设任意一个十进制整数为 D，转换成二进制数为 B。根据数制的概念，下列叙述中正确的是_____。
A）数字 B 的位数<数字 D 的位数　　B）数字 B 的位数≤数字 D 的位数
C）数字 B 的位数≥数字 D 的位数　　D）数字 B 的位数>数字 D 的位数

第 126 题　十进制数 100 转换成二进制数是_____。
A）0110101　　　　B）01101000　　　C）01100100　　　D）01100110

第 127 题　十进制数 55 转换成无符号二进制数等于_____。
A）111111　　　　　B）110111　　　　C）111001　　　　D）111011

第 128 题　无符号二进制整数 00110011 转换成十进制整数是_____。
A）48　　　　　　B）49　　　　　　C）51　　　　　　D）53

第 129 题　一个字长为 6 位的无符号二进制数能表示的十进制数值范围是_____。
A）0～64　　　　　B）0～63　　　　　C）1～64　　　　　D）1～63

第 130 题　已知 a＝00101010B 和 b＝40D，下列关系式成立的是_____。
A）a>b　　　　　　B）a＝b　　　　　C）a<b　　　　　D）不能比较

第 131 题　已知 a＝00111000B 和 b＝2FH，则两者比较的正确不等式是_____。
A）a>b　　　　　　B）a＝b　　　　　C）a<b　　　　　D）不能比较

第 132 题　已知 3 个用不同数制表示的整数 A＝00111101B，B＝3CH，C＝64D，则能成立的比较关系是_____。
A）A<B<C　　　　B）B<C<A　　　　C）B<A<C　　　　D）C<B<A

第 133 题　用 8 位二进制数能表示的最大的无符号整数等于十进制整数_____。
A）255　　　　　　B）256　　　　　　C）128　　　　　　D）127

第 134 题　在数制的转换中，正确的叙述是_____。
A）对于相同的十进制整数（>1），其转换结果的位数的变化趋势随着基数 R 的增大而减少
B）对于相同的十进制整数（>1），其转换结果的位数的变化趋势随着基数 R 的增大而增加
C）不同数制的数字符是各不相同的，没有一个数字符是一样的
D）对于同一个整数值的二进制数表示的位数一定大于十进制数字的位数

第 135 题　在一个非零无符号二进制整数之后添加一个 0，则此数的值为原数的_____。
A）4 倍　　　　　　B）2 倍　　　　　　C）1/2 倍　　　　　D）1/4 倍

第 136 题　标准 ASCII 码用 7 位二进制位表示一个字符的编码，其不同的编码共有_____。
A）127 个　　　　　B）128 个　　　　　C）256 个　　　　　D）254 个

第 137 题　标准 ASCII 码字符集有 128 个不同的字符代码，它所使用的二进制位数是____。
A）7bit　　　　　　B）8bit　　　　　　C）16bit　　　　　D）6bit

第 138 题　微机中，西文字符所采用的编码是_____。
A）EBCDIC 码　　　B）ASCII 码　　　　C）国标码　　　　　D）BCD 码

第 139 题　下列关于 ASCII 编码的叙述中，正确的是_____。
A）一个字符的标准 ASCII 码占一个字节，其最高二进制位总为 1
B）所有大写英文字母的 ASCII 码值都小于小写英文字母 a 的 ASCII 码值
C）所有大写英文字母的 ASCII 码值都大于小写英文字母 a 的 ASCII 码值
D）标准 ASCII 码表有 256 个不同的字符编码

第 140 题　已知 3 个字符为：a、X 和 5，按它们的 ASCII 码值升序排序，结果是_____。

A）5，a，X　　B）a，5，X　　C）X，a，5　　D）5，X，a

第 141 题　已知英文字母 m 的 ASCII 码值为 109，那么英文字母 p 的 ASCII 码值是____。

A）112　　　　B）113　　　　C）111　　　　D）114

第 142 题　已知英文字母 m 的 ASCII 码值为 6DH，那么 ASCII 码值为 70H 的英文字母是____。

A）P　　　　　B）Q　　　　　C）p　　　　　D）j

第 143 题　在 ASCII 码表中，根据码值由小到大的排列顺序是_____。

A）空格字符、数字符、大写英文字母、小写英文字母

B）数字符、空格字符、大写英文字母、小写英文字母

C）空格字符、数字符、小写英文字母、大写英文字母

D）数字符、大写英文字母、小写英文字母、空格字符

第 144 题　在标准 ASCII 码表中，已知英文字母 A 的 ASCII 码是 01000001，英文字母 F 的 ASCII 码是_____。

A）01000011　　B）01000100　　C）01000101　　D）01000110

第 145 题　在标准 ASCII 码表中，已知英文字母 A 的十进制码值是 65，英文字母 a 的十进制码值是_____。

A）95　　　　　B）96　　　　　C）97　　　　　D）91

第 146 题　存储 1024 个 24×24 点阵的汉字字形码需要的字节数是_____。

A）720B　　　　B）72KB　　　C）7000B　　　D）7200B

第 147 题　存储一个 48×48 点阵的汉字字形码需要的字节数是_____。

A）384　　　　　B）144　　　　　C）256　　　　　D）288

第 148 题　根据汉字国标 GB 2312—1980 的规定，1KB 存储容量可以存储汉字的内码个数是_____。

A）1024　　　　B）512　　　　　C）256　　　　　D）约 341

第 149 题　根据汉字国标 GB 2312—1980 的规定，一个汉字的机内码的码长是_____。

A）8bit　　　　B）12bit　　　　C）16bit　　　　D）24bit

第 150 题　根据汉字国标码 GB 2312—1980 的规定，将汉字分为常用汉字（一级）和非常用汉字（二级）两级汉字。一级常用汉字的排列是按_____。

A）偏旁部首　　B）汉语拼音字母　C）笔画多少　　D）使用频率多少

第 151 题　汉字的区位码是由一个汉字在国标码表中的行号（即区号）和列号（即位号）组成的。正确的区号、位号的范围是_____。

A）区号 1～95，位号 1～95　　　　B）区号 1～94，位号 1～94

C）区号 0~94，位号 0~94　　　　D）区号 0~95，位号 0~95

第 152 题　汉字国标码（GB 2312—1980）把汉字分成_____。

A）简化字和繁体字两个等级

B）一级汉字，二级汉字和三级汉字 3 个等级

C）一级常用汉字，二级次常用汉字两个等级

D）常用字，次常用字，罕见字 3 个等级

第 153 题　汉字输入码可分为有重码和无重码两类，下列属于无重码类的是_____。

A）全拼码　　　B）自然码　　　C）区位码　　　D）简拼码

第 154 题　区位码输入法的最大优点是_____。

A）只用数码输入，方法简单、容易记忆　　　B）易记易用

C）一字一码，无重码　　　　　　　　　　　D）编码有规律，不易忘记

第 155 题　设已知一汉字的国标码是 5E48H，则其内码应该是_____。

A）DE48H　　　B）DEC8H　　　C）5EC8H　　　D）7E68H

第 156 题　王码五笔字型输入法属于_____。

A）音码输入法　　　　　　　　　B）形码输入法

C）音形结合的输入法　　　　　　D）联想输入法

第 157 题　下列 4 个 4 位十进制数中，属于正确的汉字区位码的是_____。

A）5601　　　B）9596　　　C）9678　　　D）8799

第 158 题　下列编码中，属于正确的汉字内码的是_____。

A）5EF6H　　　B）FB67H　　　C）A3B3H　　　D）C97DH

第 159 题　下列关于汉字编码的叙述中，错误的是_____。

A）BIG5 码是通行于香港和台湾地区的繁体汉字编码

B）一个汉字的区位码就是它的国标码

C）无论两个汉字的笔画数目相差多大，它们的机内码的长度都是相同的

D）同一汉字用不同的输入法输入时，其输入码不同但机内码却是相同的

第 160 题　一个汉字的机内码与国标码之间的差别是_____。

A）前者各字节的最高二进制位的值均为 1，而后者均为 0

B）前者各字节的最高二进制位的值均为 0，而后者均为 1

C）前者各字节的最高二进制位的值各为 1、0，而后者为 0、1

D）前者各字节的最高二进制位的值各为 0、1，而后者为 1、0

第 161 题　一个汉字的内码长度为 2 个字节，其每个字节的最高二进制位的值依次分别是_____。

A）0,0　　　B）0,1　　　C）1,0　　　D）1,1

第 162 题　已知"装"字的拼音输入码是"zhuang"，而"大"字的拼音输入码是"da"，则存储它们内码分别需要的字节个数是_____。

A）6，2 B）3，1 C）2，2 D）3，2

第 163 题　已知汉字"家"的区位码是 2850，则其国标码是_____。

A）4870D B）3C52H C）9CB2H D）A8D0H

第 164 题　在计算机中，对汉字进行传输、处理和存储时使用汉字的_____。

A）字形码 B）国标码 C）输入码 D）机内码

第 165 题　计算机网络的目标和最突出的优点是_____。

A）提高可靠性　　　　　　　　B）提高计算机的存储容量
C）运算速度快　　　　　　　　D）实现资源共享和快速通信

第 166 题　下列各指标中，属于数据通信系统的主要技术指标之一的是_____。

A）误码率 B）重码率 C）分辨率 D）频率

第 167 题　计算机网络分为局域网、城域网和广域网，下列属于局域网的是_____。

A）ChinaDDN 网 B）Novell 网 C）Chinanet 网 D）Internet

第 168 题　若要将计算机与局域网连接，则至少需要具有的硬件是_____。

A）集线器 B）网关 C）网卡 D）路由器

第 169 题　Internet 实现了分布在世界各地的各类网络的互联，其最基础和核心的协议是_____。

A）HTTP B）TCP/IP C）HTML D）FTP

第 170 题　Internet 中不同网络和不同计算机相互通信的基础是_____。

A）ATM B）TCP/IP C）Novell D）X.25

第 171 题　TCP 的主要功能是_____。

A）对数据进行分组　　　　　　B）确保数据的可靠传输
C）确定数据传输路径　　　　　D）提高数据传输速度

第 172 题　根据域名代码规定，表示政府部门网站的域名代码是_____。

A）net B）com C）gov D）org

第 173 题　调制解调器（Modem）的功能是_____。

A）将计算机的数字信号转换成模拟信号　B）将模拟信号转换成计算机的数字信号
C）将数字信号与模拟信号互相转换　　　D）为了上网与接电话两不误

第 174 题　下列各项中，非法的 Internet 的 IP 地址是_____。

A）202.96.12.14　B）202.196.72.140　C）112.256.23.8　D）201.124.38.79

第 175 题　以下说法中，正确的是_____。

A）域名服务器（DNS）中存放 Internet 主机的 IP 地址
B）域名服务器（DNS）中存放 Internet 主机的域名
C）域名服务器（DNS）中存放 Internet 主机域名与 IP 地址的对照表
D）域名服务器（DNS）中存放 Internet 主机的电子邮箱的地址

第 176 题　有一域名为 bit.edu.cn，根据域名代码的规定，此域名表示_____。

A）政府机关 B）商业组织 C）军事部门 D）教育机构

第 177 题　域名 MH.BIT.EDU.CN 中主机名是_____。

A）MH　　　　　B）EDU　　　　　C）CN　　　　　D）BIT

第 178 题　能保存网页地址的文件夹是_____。

A）收件箱　　　B）公文包　　　C）我的文档　　　D）收藏夹

第 179 题　假设 ISP 提供的邮件服务器为 bj163.com，用户名为 XUEJY 的正确电子邮件地址是_____。

A）XUEJY @ bj163.com　　　　B）XUEJYbj163.com

C）XUEJY#bj163.com　　　　　D）XUEJY@bj163.com

第 180 题　通常网络用户使用的电子邮箱设在_____。

A）用户的计算机上　　　　　B）发件人的计算机上

C）ISP 的邮件服务器上　　　 D）收件人的计算机上

第 181 题　下列关于电子邮件的说法，正确的是_____。

A）收件人必须有 E-mail 地址，发件人可以没有 E-mail 地址

B）发件人必须有 E-mail 地址，收件人可以没有 E-mail 地址

C）发件人和收件人都必须有 E-mail 地址

D）发件人必须知道收件人住址的邮政编码

第 182 题　下列关于互联网上收/发电子邮件优点的描述中，错误的是_____。

A）不受时间和地域的限制，只要能接入互联网，就能收发电子邮件

B）方便、快速

C）费用低廉

D）收件人必须在原电子邮箱申请地接收电子邮件

第 183 题　写邮件时，除了发件人地址之外，另一项必须要填写的是_____。

A）信件内容　　　B）收件人地址　　　C）主题　　　D）抄送

第 184 题　以下关于电子邮件的说法，不正确的是_____。

A）电子邮件的英文简称是 E-mail

B）加入互联网的每个用户通过申请都可以得到一个电子信箱

C）在一台计算机上申请的电子信箱，以后只有通过这台计算机上网才能收信

D）一个人可以申请多个电子信箱

答案与解析

第 1 题　C，知识点分类：计算机发展简史

【解析】1946 年世界上第一台名为 ENIAC 的电子计算机诞生于美国宾夕法尼亚大学。

第 2 题　C，知识点分类：计算机发展简史

【解析】和 ENIAC 相比，EDVAC 的重大改进主要有两方面，一是把十进制改成二进制，这可以充分发挥电子元件高速运算的优越性；二是把程序和数据一起存储在计算机内，这样就可以使全部运算成为真正的自动过程。

第 3 题　C，知识点分类：计算机发展简史

【解析】计算机采用的电子器件为：第一代是电子管，第二代是晶体管，第三代是中小规模集成电路，第四代是大规模、超大规模集成电路。

第 4 题　D，知识点分类：计算机发展简史

【解析】电子计算机能够快速、自动、准确地按照人们的意图工作的基本思想最主要是存储程序和程序控制，这个思想是由冯·诺依曼在 1946 年提出的。

第 5 题　D，知识点分类：计算机的应用

【解析】办公自动化包括网络化的大规模信息处理系统。

第 6 题　B，知识点分类：计算机的应用

【解析】计算机问世之初，主要用于数值计算，计算机也因此得名。

第 7 题　C，知识点分类：计算机的应用

【解析】计算机辅助教育的缩写是 CAI，计算机辅助制造的缩写是 CAM，计算机集成制造的缩写是 CIMS，计算机辅助设计的缩写是 CAD。

第 8 题　B，知识点分类：计算机系统组成

【解析】系统总线包含 3 种不同功能的总线，即数据总线（Data Bus，DB）、地址总线（Address Bus，AB）和控制总线（Control Bus，CB）。

第 9 题　D，知识点分类：计算机系统组成

【解析】一个完整的计算机系统应该包括硬件和软件两部分。

第 10 题　C，知识点分类：计算机的硬件系统

【解析】ROM 为只读存储器，PROM 为可编程只读存储器。

第 11 题　B，知识点分类：计算机的硬件系统

【解析】选项 A 大容量可读可写外存储器为 CD-RW；选项 C 可直接与 CPU 交换数据的存储器为内存储器；选项 D 只读内存储器为 ROM。

第 12 题　D，知识点分类：计算机的硬件系统

【解析】选项 A 控制器是 CU；选项 B 不间断电源是 UPS；选项 C 算术逻辑部件是 ALU。

第 13 题　A，知识点分类：计算机的硬件系统

【解析】CPU 由运算器和控制器组成。

附录 A　计算机一级选择题真题训练

第 14 题　B，知识点分类：计算机的硬件系统

【解析】DVD 是外接设备，ROM 是只读存储器。故合起来就是只读外存储器。

第 15 题　A，知识点分类：计算机的硬件系统

【解析】ROM 中的信息一般由计算机制造厂写入并经过固化处理，用户是无法修改的。

第 16 题　B，知识点分类：计算机的硬件系统

【解析】不间断电源的缩写是 UPS。

第 17 题　C，知识点分类：计算机的硬件系统

【解析】USB 1.1 标准接口的传输率是 12Mbit/s（兆位每秒），USB 2.0 高速版的传输速率为 480Mbit/s。

第 18 题　D，知识点分类：计算机的硬件系统

【解析】把内存中的数据传送到计算机硬盘中去，称为写盘。把硬盘上的数据传送到计算机的内存中去，称为读盘。

第 19 题　C，知识点分类：计算机的硬件系统

【解析】操作系统是以扇区为单位对磁盘进行读/写操作。

第 20 题　C，知识点分类：计算机的硬件系统

【解析】存储计算机当前正在执行的应用程序和相应数据的存储器是 RAM，ROM 为只读存储器。

第 21 题　B，知识点分类：计算机的硬件系统

【解析】断电后 RAM 内的数据会丢失，ROM、硬盘、软盘中的数据不丢失。

第 22 题　C，知识点分类：计算机的硬件系统

【解析】USB 为通用串行总线。

第 23 题　B，知识点分类：计算机的硬件系统

【解析】CD-ROM 为只读型光盘。

第 24 题　C，知识点分类：计算机的硬件系统

【解析】计算机硬件包括 CPU(包括运算器和控制器)、存储器、输入设备、输出设备。

第 25 题　A，知识点分类：计算机的硬件系统

【解析】选项 A 指挥、协调计算机各部件工作是控制器的功能；选项 B 进行算术运算与逻辑运算是运算器的功能。

第 26 题　C，知识点分类：计算机的硬件系统

【解析】U 盘，全称"USB 闪存盘"，英文名 USB FLASH DISK。它是一个 USB 接口的无需物理驱动器的微型高容量移动存储产品，可以通过 USB 接口与计算机连接，实现即插即用。

第 27 题　B，知识点分类：计算机的硬件系统

【解析】DRAM 存在漏电现象，需要每隔一段固定时间就对存储信息刷新一下。

第 28 题　C，知识点分类：计算机的硬件系统

【解析】RAM 有两个特点，一个是可读/写性，一个是易失性，即断开电源时，RAM 中的内容立即消失。

第 29 题　D，知识点分类：计算机的硬件系统

【解析】打印质量从高到低依次为激光打印机、喷墨打印机、点阵打印机、针式打印机。

第 30 题　C，知识点分类：计算机的硬件系统

【解析】P 代表奔腾系列，4 代表此系列的第 4 代产品，2.4G 是 CPU 的频率，单位是 Hz。

第 31 题　C，知识点分类：计算机的硬件系统

【解析】CPU 是计算机的核心部件。

第 32 题　C，知识点分类：计算机的硬件系统

【解析】微型机的主机一般包括 CPU、内存、I/O 接口电路、系统总线。

第 33 题　D，知识点分类：计算机的硬件系统

【解析】MIPS 是运算速度，Mbit/s 是传输比特速率，MB/s 是传输字节速率，MB、GB 是存储容量，GHz 是主频单位。

第 34 题　A，知识点分类：计算机的硬件系统

【解析】内存储器的存储速度最高，其中 Cache 的存储速度高于 DRAM。

第 35 题　B，知识点分类：计算机的硬件系统

【解析】CPU 只能与内存储器直接交换数据，其主要组成部分是运算器和控制器。选项 D 是运算器的作用。

第 36 题　A，知识点分类：计算机的硬件系统

【解析】磁盘的磁道是一个个同心圆，最外边的磁道编号为 0，并次序由外向内增大，磁道存储容量是电磁原理，和圆周、体积等无关。

第 37 题　D，知识点分类：计算机的硬件系统

【解析】其中键盘、鼠标、扫描仪属于输入设备。

第 38 题　C，知识点分类：计算机的硬件系统

【解析】显示器、绘图仪、打印机属于输出设备。

第 39 题　A，知识点分类：计算机的硬件系统

【解析】CPU、SRAM 内存条、CD-ROM 以及内存储器都不属于外部设备。

第 40 题　A，知识点分类：计算机的硬件系统

【解析】计算机的硬件由输入、存储、运算、控制和输出 5 个部分组成。

第 41 题　C，知识点分类：计算机的硬件系统

【解析】CPU 只能直接存取内存中的数据。

第 42 题　A，知识点分类：计算机的硬件系统

【解析】硬盘虽然在主机箱内，但属于外存储器，不是主机的组成部分。主机包括 CPU、主板及内存，而硬盘属于外存。

附录 A　计算机一级选择题真题训练

第 43 题　B，知识点分类：计算机的硬件系统

【解析】CPU 不能读取硬盘上的数据，但是能直接访问内存储器；CPU 主要包括运算器和控制器；CPU 是整个计算机的核心部件，主要用于控制计算机的操作。

第 44 题　A，知识点分类：计算机的硬件系统

【解析】存储计算机当前正在执行的应用程序和相应数据的存储器是内存。

第 45 题　B，知识点分类：计算机的硬件系统

【解析】字长是指计算机运算部件一次能同时处理的二进制数据的位数，运算器可以进行算术运算和逻辑运算，DRAM 集成度高于 SRAM。

第 46 题　D，知识点分类：计算机的硬件系统

【解析】另供电源不是必须的。有的外部设备需要装驱动程序，例如摄像头。

第 47 题　A，知识点分类：计算机的硬件系统

【解析】DRAM 集成度比 SRAM 高、成本低，存储速度 SRAM>DRAM，DRAM 数据要经常刷新，DRAM 断电后数据会消失。SRAM 常用来做 Cache。

第 48 题　C，知识点分类：计算机的硬件系统

【解析】U 盘通过计算机的 USB 接口即插即用，使用方便。

第 49 题　A，知识点分类：计算机的硬件系统

【解析】显示器的主要技术指标有扫描方式、刷新频率、点距、分辨率、带宽、亮度和对比度、尺寸。

第 50 题　B，知识点分类：计算机的硬件系统

【解析】选项 A 高速缓冲存储器是 Cache，选项 C 随机存取存储器为 RAM。

第 51 题　C，知识点分类：计算机的硬件系统

【解析】CPU 是计算机的核心部件。

第 52 题　A，知识点分类：计算机的硬件系统

【解析】内存 RAM 用来存储正在运行的程序和正在处理的数据。存储计算机当前正在执行的应用程序和相应数据的存储器是 RAM，ROM 为只读存储器。

第 53 题　C，知识点分类：计算机的硬件系统

【解析】控制器的主要功能是指挥全机各个部件自动、协调地工作。

第 54 题　B，知识点分类：计算机的硬件系统

【解析】运算器的主要功能是对二进制数码进行算术运算或逻辑运算。

第 55 题　B，知识点分类：计算机的硬件系统

【解析】CD-RW 和 DVD-RW 是可擦除型光盘，用户可以多次对其进行读/写。CD-RW 的全称是 CD-ReWritable。

第 56 题　A，知识点分类：计算机的硬件系统

【解析】计算机中，每个存储单元的编号称为单元地址。

第 57 题　C，知识点分类：计算机的硬件系统

【解析】扫描仪属于输入设备。

第 58 题　D，知识点分类：计算机的硬件系统

【解析】绘图仪是输出设备，扫描仪是输入设备，手写笔是输入设备，磁盘驱动器既能将存储在磁盘上的信息读进内存中，又能将内存中的信息写到磁盘上。因此，就认为它既是输入设备，又是输出设备。

第 59 题　C，知识点分类：计算机的硬件系统

【解析】鼠标不是输出设备。鼠标是在多窗口环境下必不可少的输入设备。

第 60 题　B，知识点分类：计算机的硬件系统

【解析】计算机的硬件由输入、存储、运算、控制和输出 5 个部分组成。

第 61 题　C，知识点分类：计算机的硬件系统

【解析】微型机的主机一般包括 CPU、内存、I/O 接口电路、系统总线。

第 62 题　A，知识点分类：微机的主要性能指标

【解析】微型计算机 CPU 的主要技术指标包括字长、时钟主频、运算速度、存储容量、存取周期等。

第 63 题　C，知识点分类：微机的主要性能指标

【解析】Pentium 是 32 位微机。Intel Core i3/i5/i7 是 64 位微机。

第 64 题　D，知识点分类：微机的主要性能指标

【解析】微型计算机的主要技术性能指标包括字长、时钟主频、运算速度、存储容量、存取周期等。

第 65 题　B，知识点分类：微机的主要性能指标

【解析】字长是指计算机运算部件一次能同时处理的二进制数据的位数。

第 66 题　C，知识点分类：计算机软件系统

【解析】选项 A 是对有响应时间要求的快速处理，选项 B 是处理多个程序或多个作业。

第 67 题　B，知识点分类：计算机软件系统

【解析】系统软件包括操作系统、语言处理系统、系统性能检测、实用工具软件。

第 68 题　B，知识点分类：计算机软件系统

【解析】用户通过文件名很方便地访问文件，无须知道文件的存储细节。

第 69 题　A，知识点分类：计算机软件系统

【解析】操作系统是人与计算机之间通信的桥梁，为用户提供了一个清晰、简洁、易用的工作界面，用户通过操作系统提供的命令和交互功能实现各种访问计算机的操作。

第 70 题　C，知识点分类：计算机软件系统

【解析】操作系统通常应包括 5 大功能模块：处理器管理、作业管理、存储器管理、设备管理、文件管理。

第 71 题　B，知识点分类：计算机软件系统

【解析】系统软件主要包括操作系统、语言处理系统、系统性能检测和实用工具软件等，其中最主要的是操作系统。

第 72 题　B，知识点分类：计算机软件系统

【解析】系统软件和应用软件组成了计算机软件系统。

第 73 题　B，知识点分类：计算机软件系统

【解析】Windows 属于单用户多任务操作系统。

第 74 题　A，知识点分类：计算机软件系统

【解析】系统软件包括操作系统、语言处理系统、系统性能检测、实用工具软件。

第 75 题　C，知识点分类：计算机软件系统

【解析】操作系统，UNIX 操作系统、Windows 7 不是应用软件。

第 76 题　A，知识点分类：计算机软件系统

【解析】所谓软件，是指为方便使用计算机和提高使用效率而组织的程序以及用于开发、使用和维护的有关文档。软件系统可分为系统软件和应用软件两大类。

第 77 题　D，知识点分类：计算机软件系统

【解析】OS 是 Operation System 的简写，即操作系统。

第 78 题　D，知识点分类：计算机软件系统

【解析】MS Office 是应用软件。

第 79 题　A，知识点分类：计算机软件系统

【解析】Excel 2010、学籍管理系统、财务管理系统属于应用软件。

第 80 题　D，知识点分类：计算机软件系统

【解析】Windows 7、UNIX、Linux 是系统软件。

第 81 题　B，知识点分类：计算机软件系统

【解析】WPS Office 是应用软件。

第 82 题　A，知识点分类：计算机软件系统

【解析】系统软件主要包括操作系统、语言处理系统、系统性能检测和实用工具软件等，其中最主要的是操作系统。

第 83 题　B，知识点分类：计算机软件系统

【解析】字处理软件、学籍管理系统、Office 2010 属于应用软件。

第 84 题　B，知识点分类：计算机软件系统

【解析】Windows 7、UNIX、MS-DOS、Linux 为系统软件。

第 85 题　A，知识点分类：计算机软件系统

【解析】Windows XP、UNIX、Linux 为系统软件，不属于应用软件。

第 86 题　D，知识点分类：计算机指令

【解析】计算机指令中操作码规定所执行的操作,操作数规定参与所执行操作的数据。

第 87 题　B，知识点分类：计算机指令

【解析】计算机指令格式通常包含操作码和操作数（地址码）两部分。

第 88 题　B，知识点分类：程序设计语言

【解析】机器语言是一种 CPU 的指令系统，是由二进制代码编写，能够直接被机器

识别的程序设计语言。

第89题　C，知识点分类：程序设计语言

【解析】将高级语言源程序翻译成目标程序的软件称为编译程序。

第90题　A，知识点分类：程序设计语言

【解析】汇编语言无法直接执行，必须翻译成机器语言程序才能执行。汇编语言不能独立于计算机；面向问题的程序设计语言是高级语言。

第91题　B，知识点分类：程序设计语言

【解析】机器语言是计算机唯一能直接执行的语言。

第92题　D，知识点分类：程序设计语言

【解析】汇编语言的开发效率很低，但运行效率高；高级语言的开发效率高，但运行效率较低。

第93题　D，知识点分类：程序设计语言

【解析】汇编语言属于低级语言。

第94题　C，知识点分类：程序设计语言

【解析】计算机只能直接识别机器语言，高级语言程序需要经过编译链接后才能生成可执行文件，高级语言程序的可读性和可移植性好。

第95题　A，知识点分类：程序设计语言

【解析】计算机只能直接识别机器语言，且机器语言和汇编语言是两种不同的语言。

第96题　D，知识点分类：程序设计语言

【解析】选项A把数据从硬盘中传送到内存的操作是读盘；选项B的WPS Office不是系统软件，是应用软件；选项C扫描仪是输入设备。

第97题　B，知识点分类：程序设计语言

【解析】计算机只能直接识别机器语言，机器语言不同于汇编语言，高级语言的编译系统是编译器。

第98题　A，知识点分类：程序设计语言

【解析】计算机只能直接识别机器语言，不用经过编译和链接，且机器语言不可移植。选项B汇编语言必须要翻译成机器语言后才能被计算机执行；选项C机器语言执行效率最高；选项D高级语言不依赖于计算机，所以可移植性好，故A项正确。

第99题　D，知识点分类：程序设计语言

【解析】高级语言程序编译成目标程序，通过链接将目标程序链接成可执行程序。

第100题　B，知识点分类：程序设计语言

【解析】高级语言程序要经过编译链接后才能执行，执行效率低，具有良好的可读性和可移植性。

第101题　D，知识点分类：计算机病毒与防治

【解析】计算机病毒一般不对硬件进行破坏，而是对程序、数据或系统的破坏。

第102题　B，知识点分类：计算机病毒与防治

【解析】计算机病毒是指编制或者在计算机程序中插入的破坏计算机功能或者破坏数据，影响计算机使用并且能够自我复制的一组计算机指令或者程序代码。

第 103 题　D，知识点分类：计算机病毒与防治

【解析】计算机病毒主要通过移动存储介质（如 U 盘、移动硬盘）和计算机网络两大途径进行传播。

第 104 题　C，知识点分类：计算机病毒与防治

【解析】计算机病毒是指编制或者在计算机程序中插入的破坏计算机功能或者破坏数据，影响计算机使用并且能够自我复制的一组计算机指令或者程序代码。选项 A 计算机病毒不是生物病毒，选项 B 计算机病毒不能永久性破坏硬件。

第 105 题　C，知识点分类：计算机病毒与防治

【解析】计算机病毒是具有破坏性的程序，其本身没有逻辑错误，计算机本身对计算机病毒没有免疫性。计算机病毒的特点有寄生性、破坏性、传染性、潜伏性、隐蔽性。选项 A 反病毒软件并不能查杀全部病毒；选项 B 计算机病毒是具有破坏性的程序；选项 D 计算机本身对计算机病毒没有免疫性。

第 106 题　B，知识点分类：计算机病毒与防治

【解析】计算机病毒主要通过移动存储介质（如 U 盘、移动硬盘）和计算机网络两大途径进行传播。计算机病毒可以感染很多文件，具有自我复制能力。

第 107 题　B，知识点分类：计算机病毒与防治

【解析】计算机病毒无法通过删除文件来清除，杀毒软件要经常更新，但不一定能完全杀掉所有病毒。

第 108 题　B，知识点分类：计算机病毒与防治

【解析】计算机病毒主要通过移动存储介质（如 U 盘、移动硬盘）和计算机网络两大途径进行传播。

第 109 题　B，知识点分类：计算机内的数据

【解析】1KB＝1024B＝1024×8bit。Byte 即字节。

第 110 题　B，知识点分类：计算机内的数据

【解析】1Byte＝8bit。

第 111 题　C，知识点分类：计算机内的数据

【解析】GHz 是主频的单位。

第 112 题　B，知识点分类：计算机内的数据

【解析】1GB＝1024MB＝4×256MB，40GB＝160×256MB。

第 113 题　D，知识点分类：计算机内的数据

【解析】1KB＝1024B，内存地址为 0～1023，用十六进制表示为 0～03FFH。

第 114 题　B，知识点分类：计算机内的数据

【解析】计算机内部采用二进制进行数据交换和处理。

第 115 题　A，知识点分类：计算机内的数据

【解析】信息的最小单位是 bit，信息存储的最小单位是 Byte。

第 116 题　C，知识点分类：计算机内的数据

【解析】1GB＝1024MB＝1024×1024KB＝1024×1024×1024B。

第 117 题　B，知识点分类：二进制数、八进制数、十进制数和十六进制数

【解析】八进制数只有 0～7。

第 118 题　C，知识点分类：二进制数、八进制数、十进制数和十六进制数

【解析】在数值转换中，权越大，位数越少。

第 119 题　B，知识点分类：二进制数、八进制数、十进制数和十六进制数

【解析】100001＋111＝101000。

第 120 题　B，知识点分类：二进制数、八进制数、十进制数和十六进制数

【解析】二进制避免了那些基于其他数字系统的电子计算机中必需的复杂的进位机制，物理上便于实现，且适合逻辑运算。

第 121 题　D，知识点分类：数制间的转换

【解析】二进制转换为十进制：$2^6+2^3+2^0=73$。

第 122 题　C，知识点分类：数制间的转换

【解析】四位二进制表示一位十六进制，从最右边开始划分，不足四位的，向前补零。二进制 0010 为十六进制 2，二进制 1110 为十六进制 E。

第 123 题　D，知识点分类：数制间的转换

【解析】删除偶整数后的两个 0 等于前面所有位都除以 4 再相加，所以是 1/4。

第 124 题　A，知识点分类：数制间的转换

【解析】最后位加 0 等于前面所有位都乘以 4 再相加，所以是 4 倍。

第 125 题　C，知识点分类：数制间的转换

【解析】在数值转换中，基数越大，位数越少。当为 0、1 时，位数可以相等。

第 126 题　C，知识点分类：数制间的转换

【解析】十进制向二进制的转换采用"除二取余"法，$100=2^6+2^5+2^2$，所以二进制为 01100100。

第 127 题　B，知识点分类：数制间的转换

【解析】$55=2^5+2^4+2^2+2^1+2^0$，所以 55 的二进制为 110111。

第 128 题　C，知识点分类：数制间的转换

【解析】二进制转换为十进制：$2^5+2^4+2^1+2^0=51$。

第 129 题　B，知识点分类：数制间的转换

【解析】无符号二进制数的第一位可为 0，所以当全为 0 时最小值为 0，当全为 1 时最大值为 $2^6-1=63$。

第 130 题　A，知识点分类：数制间的转换

【解析】$a=00101010B=2^5+2^3+2^1=42D>40D=b$。

第 131 题　A，知识点分类：数制间的转换

【解析】2FH＝00101111B<00111000B，故 a>b。

第 132 题　C，知识点分类：数制间的转换

【解析】数字都转化为二进制数字：64D＝01000000B，3CH＝00111100B，故 C>A>B。

第 133 题　A，知识点分类：数制间的转换

【解析】无符号二进制数各位都为 1 时值最大，最大值为 $2^8-1=255$。

第 134 题　A，知识点分类：数制间的转换

【解析】在数制转换中，基数越大，位数越少。当为 0、1 时，位数可以相等。

第 135 题　B，知识点分类：数制间的转换

【解析】最后位加 0 等于前面所有位都乘以 2 再相加，所以是 2 倍。

第 136 题　B，知识点分类：西文字符的编码

【解析】7 位二进制编码，共有 $2^7=128$ 个不同的编码值。

第 137 题　A，知识点分类：西文字符的编码

【解析】ASCII 码采用 7 位编码表示 128 个字符。

第 138 题　B，知识点分类：西文字符的编码

【解析】西文字符采用 7 位 ASCII 码编码。

第 139 题　B，知识点分类：西文字符的编码

【解析】国际通用的 ASCII 码为 7 位，且最高位不总为 1；所有大写字母的 ASCII 码都小于小写字母 a 的 ASCII 码；标准 ASCII 码表有 128 个不同的字符编码。

第 140 题　D，知识点分类：西文字符的编码

【解析】ASCII 码（用十六进制表示）为：a 对应 61，X 对应 58，5 对应 35。

第 141 题　A，知识点分类：西文字符的编码

【解析】m 的 ASCII 码值为 109，因为字母的 ASCII 码值是连续的，109＋3＝112，即 p 的 ASCII 码值为 112。

第 142 题　C，知识点分类：西文字符的编码

【解析】70H-6DH＝3，则 m 向后数 3 个是 p。

第 143 题　A，知识点分类：西文字符的编码

【解析】ASCII 码编码顺序从小到大为：空格、数字、大写字母、小写字母。

第 144 题　D，知识点分类：西文字符的编码

【解析】F 在 A 的后面，相差 5，F 的 ASCII 码＝A 的 ASCII 码+5＝01000001＋101＝01000110。

第 145 题　C，知识点分类：西文字符的编码

【解析】ASCII 码（用十六进制表示）为：A 对应 41，a 对应 61，二者相差 20（十六进制），换算为十进制即相差 32，a 的 ASCII 码（用十进制表示）为：65＋32＝97。

第 146 题　B，知识点分类：汉字的编码

【解析】在 24×24 的网格中描绘一个汉字，整个网格分为 24 行 24 列，每个小格用 1 位二进制编码表示，每一行需要 24 个二进制位，占 3 个字节，24 行共占 24×3B＝72B。

1024 个需要 1024×72B＝73728B＝72KB。

第 147 题　D，知识点分类：汉字的编码

【解析】在 48×48 的网格中描绘一个汉字，整个网格分为 48 行 48 列，每个小格用 1 位二进制编码表示，每一行需要 48 个二进制位，占 6 个字节（即 6B），48 行共占 48×6B＝288B。

第 148 题　B，知识点分类：汉字的编码

【解析】一个汉字等于 2B，也就是说，1KB＝1024B，所以可以放 512 个。

第 149 题　C，知识点分类：汉字的编码

【解析】一个汉字是两个字节，一字节是 8bit，所以就是 16bit。

第 150 题　B，知识点分类：汉字的编码

【解析】在国家汉字标准 GB 2312—1980 中，一级常用汉字按（汉语拼音）规律排列，二级次常用汉字按（偏旁部首）规律排列。

第 151 题　B，知识点分类：汉字的编码

【解析】区位码：94×94 阵列，区号范围：1～94，位号范围：1～94。

第 152 题　C，知识点分类：汉字的编码

【解析】在国标码的字符集中，收集了一级汉字 3755 个，二级汉字 3008 个，图形符号 682 个，一共是 7445 个。

第 153 题　C，知识点分类：汉字的编码

【解析】区位码属于无重码。

第 154 题　C，知识点分类：汉字的编码

【解析】区位码输入是利用国标码作为汉字编码，每个国标码对应一个汉字或一个符号，没有重码。

第 155 题　B，知识点分类：汉字的编码

【解析】汉字的内码＝汉字的国标码＋8080H，此题内码＝5E48H＋8080H＝DEC8H。

第 156 题　B，知识点分类：汉字的编码

【解析】形码：根据字形结构进行编码（五笔），音码：根据发音进行编码（全拼、双拼），音形码：以拼音为主，辅以字形字义进行编码（自然码）。

第 157 题　A，知识点分类：汉字的编码

【解析】区位码：94×94 阵列，区号范围：1～94，位号范围：1～94。

第 158 题　C，知识点分类：汉字的编码

【解析】汉字内码两个字节的最高位必须为 1。

第 159 题　B，知识点分类：汉字的编码

【解析】当汉字的区位号都为十六进制数时，汉字的国标码＝汉字的区位码＋2020H。

第 160 题　A，知识点分类：汉字的编码

【解析】国标码是汉字信息交换的标准编码，但因其前后字节的最高位为 0，与 ASCII 码发生冲突，于是汉字的机内码采用变形国标码，其变换方法为：将国标码的每个字节都

加上128，即将两个字节的最高位由0改1，其余7位不变，因此机内码前后字节最高位都为1。

第161题 D，知识点分类：汉字的编码

【解析】国标码是汉字信息交换的标准编码，但因其前后字节的最高位为0，与ASCII码发生冲突，于是汉字的机内码采用变形国标码，其变换方法为：将国标码的每个字节都加上128，即将两个字节的最高位由0改1，其余7位不变，因此机内码前后字节最高位都为1。

第162题 C，知识点分类：汉字的编码

【解析】储存一个汉字内码需要用2个字节。

第163题 B，知识点分类：汉字的编码

【解析】汉字的区位码分为区码和位码，"家"的区码是28，位码是50，将区码和位码分别化为十六进制得到1C32H。用1C32H＋2020H＝3C52H（国标码）。

第164题 D，知识点分类：汉字的编码

【解析】显示或打印汉字时使用汉字的字形码，在计算机内部时使用汉字的机内码。

第165题 D，知识点分类：计算机网络简介

【解析】计算机网络由通信子网和资源子网两部分组成。通信子网的功能是负责全网的数据通信；资源子网的功能是提供各种网络资源和网络服务，实现网络的资源共享。

第166题 A，知识点分类：计算机网络简介

【解析】数据通信系统的主要技术指标有带宽、比特率、波特率、误码率。

第167题 B，知识点分类：计算机网络简介

【解析】ChinaDDN网、Chinanet网、Internet为广域网。

第168题 C，知识点分类：计算机网络简介

【解析】用于局域网的基本网络连接设备是网络适配器（网卡）。

第169题 B，知识点分类：互联网的基本概念

【解析】Internet实现了分布在世界各地的各类网络的互联，其最基础和核心的协议是TCP/IP。HTTP是超文本传输协议，HTML是超文本标志语言，FTP是文件传输协议。

第170题 B，知识点分类：互联网的基本概念

【解析】TCP/IP主要是供已连接互联网的计算机进行通信的通信协议。

第171题 B，知识点分类：互联网的基本概念

【解析】TCP的主要功能是完成对数据报的确认、流量控制和网络拥塞；自动检测数据报，并提供错误重发的功能；将多条路径传送的数据报按照原来的顺序进行排列，并对重复数据进行择取；控制超时重发，自动调整超时值；提供自动恢复丢失数据的功能。

第172题 C，知识点分类：互联网的基本概念

【解析】政府机关的域名为.gov,商业组织的域名为.com,非营利性组织的域名为.org,从事互联网服务的机构的域名为.net。

第173题 C，知识点分类：互联网的基本概念

【解析】调制解调器（Modem），是计算机与电话线之间进行信号转换的装置，由调制器和解调器两部分组成，调制器是把计算机的数字信号调制成可在电话线上传输的声音信号的装置，在接收端，解调器再把声音信号转换成计算机能接收的数字信号。

第 174 题　C，知识点分类：互联网的基本概念

【解析】IP 地址是由 4 个字节组成的，习惯写法是将每个字节作为一段并以十进制数来表示，而且段间用"."分隔。每个段的十进制范围是 0～255，选项 C 中的第二个字节超出了范围，故答案选 C。

第 175 题　C，知识点分类：互联网的基本概念

【解析】域名服务器中存放 Internet 主机域名与 IP 地址的对照表。

第 176 题　D，知识点分类：互联网的基本概念

【解析】选项 A 政府机关的域名为.gov；选项 B 商业组织的域名为.com；选项 C 军事部门的域名为.mil。

第 177 题　A，知识点分类：互联网的基本概念

【解析】域名标准的 4 个部分，依次是：服务器（主机名）、域、机构、国家。

第 178 题　D，知识点分类：互联网的基本概念

【解析】收藏夹可以保存网页地址。

第 179 题　D，知识点分类：E-mail 概述

【解析】电子邮件地址由以下几个部分组成：用户名@域名．后缀，地址中间不允许有空格或逗号。

第 180 题　C，知识点分类：E-mail 概述

【解析】电子邮箱设在 ISP 的邮件服务器上。

第 181 题　C，知识点分类：E-mail 概述

【解析】发件人和收件人必须都有邮件地址才能相互发送电子邮件。

第 182 题　D，知识点分类：E-mail 概述

【解析】收件人可以在其他电子邮箱申请地接收电子邮件。

第 183 题　B，知识点分类：E-mail 概述

【解析】写邮件时必须要写收件人地址才可以发送出去。

第 184 题　C，知识点分类：E-mail 概述

【解析】在一台计算机上申请的电子信箱，不一定要通过这台计算机收信，通过其他的计算机也可以。

附录 B Excel 一级常考函数

注：加灰色底纹的内容更常用。

数学运算

算术运算	运算符	示例	
加法	+	=2+3	求 2 与 3 之和，结果为 5
		=A1+A2	求 A1 与 A2 单元格的数值之和
减法	−	=5-3	求 5 与 3 之差，结果为 2
		=A1-A2	求 A1 与 A2 单元格的数值之差
乘法	*	=2×3	求 2 与 3 之积，结果为 6
		=A1×A2	求 A1 与 A2 单元格的数值之积
除法	/	=6/3	求 6 与 3 之商，结果为 2
		=A1/A2	求 A1 与 A2 单元格的数值之商
幂：乘方	^	=2^3	求 2 的 3 次方，结果为 8
幂：开方	^	=9^（1/2）	求 9 的平方根，结果为 3
		=8^（1/3）	求 8 的立方根，结果为 2
求圆周率	PI（）	=PI（）	结果为圆周率的值 3.141592654
求余数	MOD（M,N）	=MOD（1998,12）	求 1998 除以 12 的余数，结果为 6
求绝对值	ABS（N）	=ABS（-5）	求-5 的绝对值，结果为 5
		=ABS（A1）	求 A1 单元格的数值的绝对值
四舍五入	ROUND（M,N）	求 M 四舍五入到 N 位的值	

求 M 四舍五入到 N 位的值
如果 N>0，则四舍五入到指定的小数位
如果 N=0，则四舍五入到最接近的整数
如果 N<0，则在小数点左侧进行四舍五入

=ROUND（2.15,1）   将 2.15 四舍五入到 1 个小数位，结果为 2.2
=ROUND（-1.475,2） 将 -1.475 四舍五入到 2 个小数位，结果为-1.48
=ROUND（2.149,0） 将 2.149 四舍五入到个位数，结果为 2
=ROUND（21.5,-1） 将 21.5 四舍五入到小数点左侧 1 位，结果为 20
=ROUND（A1,0）   将 A1 单元格的数值四舍五入到个位数

计算机应用基础实训指导

截尾取整	TRUNC（M,N）
N>0 时，将数字 M 的小数点后的第 N 位之后的数字直接截掉，剩下的数为结果	
N 默认为 0 时，此时是直接截掉数字 M 的小数部分，剩下的整数为结果	
N<0 时，直接截掉数字 M 的小数部分，并且小数点左边的|N|位数变为 0，剩下的数为结果	
=TRUNC（2.65）	将 2.65 的小数部分直接截掉，结果为 2
=TRUNC（-1.675）	将 -1.675 的小数部分直接截掉，结果为 -1
=TRUNC（2.14956,2）	将 2.14956 的小数点后的第 2 位之后的数字直接截掉，结果为 2.14
=TRUNC（2684.9576,-2）	直接截掉 2684.9576 的小数部分，并且小数点左边的 2 位数变为 0，结果为 2600
=TRUNC（A1,0）	将 A1 单元格的数值的小数部分直接截掉
向下取整	INT（N）	求数字 N 在数轴上位于左边最近的整数
=INT（5.648）	将 5.648 向下取整为最接近的整数，结果为 5
=INT（5.123）	将 5.123 向下取整为最接近的整数，结果为 5
=INT（-5.123）	将-5.123 向下取整为最接近的整数，结果为-6
=INT（-5.648）	将-5.648 向下取整为最接近的整数，结果为-6
=INT（A1）	将 A1 单元格的数值向下取整为最接近的整数
求随机数	RAND（）	返回[0,1]之间的均匀分布随机实数
=RAND（）	结果为大于或等于 0 且小于 1 的均匀分布随机数，[0,1)
=RAND（）*M	结果为大于或等于 0 且小于 M 的均匀分布随机数，[0,M)
=RAND（）*（b-a）+a	这里 a<b，结果为大于或等于 a 且小于 b 的均匀分布随机数，[a,b)
=ROUND（RAND（）*（100-60）+60,0）	结果为大于或等于 60 且小于或等于 100 的整数（会等于 100 是因为有四舍五入），[a,b]，[60,100]

统计函数

求和	SUM（）	求多数之和
=SUM（A1,B3,5,8） 求 A1+B3+5+8 之和，假设 A1 与 B3 单元格的值为数字		
=SUM（A1:B3） 求 A1:B3 所有单元格的数值之和，若某单元格的值不是数字，则略去此单元格		
=SUM（A1:B3,C2:D5,3） 求 A1:B3 与 C2:D5 所有单元格的数值之和再加上 3，若某单元格的值不是数字，则略去此单元格		
条件求和	SUMIF（）	求满足条件的多数之和
SUMIF（条件判断区域，条件，求和区域）		
"条件"的形式可以为数字、表达式或文本。例如：32、"<=32"或"苹果"		

附录 B　Excel 一级常考函数

若求和区域与条件判断区域相同，则只要前两个参数即可

	A	B	C
1		**A**	**B**
2	1	属性值	佣金
3	2	100000	7000
4	3	200000	14000
5	4	300000	21000
6	5	400000	28000

=SUMIF（A2:A5,">160000",B2:B5）

求属性值超过 160000 的佣金的和，结果为 63000

	A	B	C
1	商品名称	品名	入库数量
2	手机	AA	10
3	手机	BB	2
4	冰箱	AA	5
5	冰箱	CC	6
6	彩电	CC	1
7	彩电	AA	10
8	手机	DD	4
9	冰箱	BB	3
10			

=SUM（SUMIF（A1:A9,{"手机","冰箱"},C2:C9））

求商品名称为手机和冰箱的销售之和，结果为 30

公式说明：

SUMIF（A1:A9,{"手机","冰箱"},C2:C9）会分别计算出手机的销量（16）和与冰箱的销量（14）。返回一个数组，即{16,14}

SUM（）对 SUMIF 返回的两个销量进行二次求和

求平均数	AVERAGE（）	求多个数的算术平均值

=AVERAGE（A1:B3,C2:D5）　求 A1:B3 与 C2:D5 所有单元格的数值的算术平均值，若某单元格的值不是数字，则略去此单元格

计数	COUNT（）	只计算数字的个数，非数字忽略不计

=COUNT（A1:B3,C2:D5）　只计算 A1:B3 与 C2:D5 所有单元格中数字的个数

非空计数	COUNTA（）	只计算有数据的个数，空白单元格忽略不计

=COUNTA（A1:B3,C2:D5）　只计算 A1:B3 与 C2:D5 所有单元格中有数据的单元格的个数，空白单元格忽略不计

计空数	COUNTBLANK（）	只计算空白单元格的个数，其他的忽略不计

=COUNTBLANK（A1:B3,C2:D5）　只计算 A1:B3 与 C2:D5 所有单元格中空白单元格的个数，其他的单元格忽略不计

条件计数	COUNTIF（）	计算满足条件的单元格的个数

COUNTIF（计数与条件判断区域,条件）

"条件"的形式可以为数字、表达式或文本。例如：32、"<>32"、">=32" 或 "苹果"

=COUNTIF（A1:B3,18）　计算 A1:B3 所有单元格中值为 18 的单元格的个数

=COUNTIF（A1:B3,""）　计算 A1:B3 所有单元格中空白单元格的个数

=COUNTIF（A1:B3,"<>0"）　计算 A1:B3 所有单元格中值不为 0 的单元格的个数。

=COUNTIF（A1:B3,D1）　计算 A1:B3 所有单元格中，值为 D1 单元格的值的单元格的个数

=COUNTIF（A1:B3,">"'&D1）计算 A1:B3 所有单元格中，值大于 D1 单元格的值的单元格的个数

=COUNTIF（A1:B3,"*"） 计算 A1:B3 所有单元格中含有任意数量任意文本的单元格的个数，但空白和含有数字的单元格忽略不计

=COUNTIF（A1:B3,"???"） 计算 A1:B3 所有单元格中含有 3 个任意文本的单元格的个数，但空白和含有数字的单元格忽略不计

=COUNTIF（A1:B3,"G*"） 计算 A1:B3 所有单元格中含有以 G 或 g 开头的任意数量任意文本的单元格的个数（不区分字母大小写），但空白和含有数字的单元格忽略不计

=COUNTIF（A1:B3,"*ing"） 计算 A1:B3 所有单元格中含有以 ing 结尾的任意数量任意文本的单元格的个数（不区分字母大小写），但空白和含有数字的单元格忽略不计

求最值	MAX（）、MIN（）	求最大、最小值
=MAX（A1:B3）		求 A1:B3 所有单元格中的最大值
=MIN（A1:B3）		求 A1:B3 所有单元格中的最小值
求排位	RANK（）	求某数在数字列表中的排位

RANK（某数, 数字列表, 排位方式）

排位方式默认为 0，降序排位；非 0 值则升序排位。数字列表中的非数字将被忽略

注意数字 3 的排位，因数字列表中出现两次 3，故 3 的排位都是 7，并且使第 8 位空缺了，这是 RANK（）函数的不足之处

求众数	MODE（）	找出数字列表中出现频率（次数）最多的数

=MODE（1,2,3,5,4,6,4,3,5,6,2,3,4,5,6,8,9,5,5,5）找出 "1,2,3,5,4,6,4,3,5,6,2,3,4,5,6,8,9,5,5,5" 这些数中出现次数最多的数，结果是 5

分段计数	FREQUENCY（）	计算在数字列表中落在各分段区间内数字的个数

FREQUENCY（数字列表区域, 分段区域）

计算公式的输入方法：先选中 D3:D6，然后在公式编辑栏中输入："=FREQUENCY（A2:A10,B2:B5）"，

最后按下<Crtl+Shift+Enter>组合键。这样输入的公式是数组公式

因为有 3 个分段点，故输入数组公式时要选中（3+1）个单元格，以存放分段计数结果。注意分段的区间值，若分段点为 A、B、C，则分段区间为：（-∞，A]、（A，B]、（B，C]、（C，+∞）

日期函数

现在	NOW（）	返回当前日期和时间所对应的序列号

=NOW（）　　返回当前日期和时间所对应的序列号，序列号中小数点左边的数字表示日期，右边的数字表示时间。例如，序列号 .5 表示时间为中午 12:00。如果在输入函数前，单元格的格式为"常规"，则结果将设为日期格式，如 2014/2/21 19:33

今天	TODAY（）	返回当前日期的序列号

=TODAY（）　　返回当前日期的序列号。如果在输入函数前，单元格的格式为"常规"，则结果将设为日期格式，如 2014/2/21

生成日期	DATE（年，月，日）	将 3 个代表年、月、日的数字转换成日期

=DATE（2014, 3, 13）　　返回日期：2014/3/13
=DATE（2014, 15, 13）　　返回日期：2015/3/13

生成时间	TIME（时，分，秒）	将 3 个代表时、分、秒的数字转换成时间

=TIME（9,30,45）　　返回时间：9:30:45 AM
=TIME（13,90,45）　　返回时间：2:30:45 PM

取年数	YEAR（）	返回某日期对应的年份

=YEAR（NOW（））　　返回现在的年份数字，结果为 1900～9999 的整数，如 2014

取月数	MONTH（）	返回某日期对应的月份

=MONTH（DATE（2014, 15, 13））　　返回指定日期的月份数字，值为 1～12 的整数，本例结果为 3，因为 DATE（2014, 15, 13）返回的日期是 2015/3/13

取日数	DAY（）	返回某日期对应的日数，即几号

=DAY（NOW（））　　返回现在的日期的数字，结果为 1～31 的整数，如 21

取星期	WEEKDAY（）	返回某日期为星期几，结果为 1 个数字

WEEKDAY（日期, 返回类型）

返回类型默认为 1，返回结果为 1、2～7，代表星期日、星期一～星期六

返回类型为 2，返回结果为 1、2～7，代表星期一、星期二～星期日

返回类型为 3，返回结果为 0、1～6，代表星期一、星期二～星期日

=WEEKDAY（"2014-2-21"）返回结果为 6，即星期五
=WEEKDAY（"2014-2-21", 2）返回结果为 5，即星期五
=WEEKDAY（"2014-2-21", 3）返回结果为 4，即星期五

文本函数等

取子串	MID（）、MIDB（）	取出指定文本的一部分
MID（文本,开始位置,取出字数）		
MIDB（文本,开始位置,取出字节数）		
开始位置——指出要从第几个字/字节开始取子串，起始编号为 1		
取出字数——每个数字、字母、汉字均只算 1 个字		
取出字节数——每个数字、字母等半角字符算 1 个字节，每个汉字（全角字符）算 2 个字节，若汉字（全角字符）被取出一半，则这一半将不显示出来		
若取出字数/字节数超过文本长度，则取到末尾为止		
=MID（"奋发图强 123456789", 4, 5）	返回结果为：强 1234	
=MID（"奋发图强 123456789", 5, 15）	返回结果为：123456789	
=MIDB（"奋发图强 123456789", 5, 6）	返回结果为：图强 12	
取左串	LEFT（）、LEFTB（）	从左边开始向右，取出指定文本的一部分
LEFT（文本,取出字数）相当于 MID（文本, 1,取出字数）		
LEFTB（文本,取出字节数）相当于 MIDB（文本, 1,取出字节数）		
=LEFT（"奋发图强 123456789", 18）	返回结果为：奋发图强 123456789	
=LEFT（"奋发图强 123456789", 9）	返回结果为：奋发图强 12345	
=LEFTB（"奋发图强 123456789", 9）	返回结果为：奋发图强 1	
取右串	RIGHT（）、RIGHTB（）	从右边开始向左，取出指定文本的一部分
RIGHT（文本,取出字数）相当于 MID（文本,文本总字数,取出字数）		
RIGHTB（文本,取出字节数）相当于 MIDB（文本,文本总字节数,取出字节数）		
=RIGHT（"奋发图强 123456789", 5）	返回结果为：56789	
=RIGHT（"奋发图强 123456789", 11）	返回结果为：图强 123456789	
=RIGHTB（"奋发图强 123456789", 11）	返回结果为：强 123456789	
求长度	LEN（）、LENB（）	计算指定文本的长度（字数/字节数），结果为数字
=LEN（"奋发图强 123456789"）	按字数计算，返回结果为：13	
=LENB（"奋发图强 123456789"）	按字节数计算，返回结果为：17	
去空格	TRIM（）	截掉指定文本的头尾的空格，但保留中间的空格
=TRIM（"I am a Chinese national."）	返回结果为：I am a Chinese national.	

连接文本	&、CONCATENATE（）	将多个文本连接起来，得到一个长文本

=“今天是”& YEAR（NOW（）） &"年" MONTH（NOW（）） &"月"& DAY（NOW（）） &"日"

返回结果是今天的年月日，如今天是 2014 年 2 月 21 日星期五

=CONCATENATE（"今天是",YEAR（NOW（））,"年",MONTH（NOW（））,"月",DAY（NOW（））,"日"）返回结果同上

条件函数等

条件求值	IF（）	根据条件成立与否，返回相应值

IF（条件, 条件成立时的返回值, 条件不成立时的返回值）

条件——条件表达式，一般要使用到下列比较运算符：

比较运算符　　　　　　　　　　含义（示例）

=（等号）　　　　　　　　　　等于（A1=B1）

>（大于号）　　　　　　　　　大于（A1>B1）

<（小于号）　　　　　　　　　小于（A1<B1）

>=（大于或等于号）　　　　　　大于或等于（A1>=B1）

<=（小于或等于号）　　　　　　小于或等于（A1<=B1）

<>（不等号）　　　　　　　　　不相等（A1<>B1）

=IF（A1="M","男","女"）　　　如果 A1 单元格的值为 M，那么返回值为男，否则返回值为女

=IF（B1>=60,"及格","不及格"）　　如果 B1 单元格的值不小于 60，那么返回值为及格，否则返回值为不及格

并且运算	AND（）	所有条件均成立时，返回结果为真（即 TRUE）；否则为假（即 FALSE）

AND（条件 1,条件 2,条件 3,……,条件 n）

=AND（1<=A2,A2<= 100）

如果 A2 单元格的值为区间[1, 100]的数字,例如 50,那么返回结果为 TRUE,否则为 FALSE

=IF（AND（1<=A2,A2<= 100）,"合法分数","非法分数"）

给 IF 函数中的条件增加多个子条件，如果 A2 单元格的值为区间[1, 100]的数字，例如 50，那么返回结果为合法分数，否则为非法分数

或运算	OR（）	多个条件中，只要有一个条件成立，返回结果为真（即 TRUE）；否则为假（即 FALSE）

OR（条件 1,条件 2,条件 3,……,条件 n）

=OR（A2="苹果", A2="梨", A2="杨梅", A2="荔枝", A2="龙眼"）		
如果 A2 单元格的值是"苹果""梨""杨梅""荔枝""龙眼"中的一个，那么返回结果为 TRUE，否则为 FALSE		
=IF(OR(A2="苹果", A2="梨", A2="杨梅", A2="荔枝", A2="龙眼"),"是水果","不是水果")		
给 IF 函数中的条件增加多个子条件，如果 A2 单元格的值是"苹果""梨""杨梅""荔枝""龙眼"中的一个，例如"荔枝"，那么返回结果为"是水果"，否则为"不是水果"		
非运算	NOT（）	若条件为真，则返回假；若条件为假，则返回真
=NOT（TRUE）		返回结果为 FALSE
=NOT（FALSE）		返回结果为 TRUE
=NOT（3>5）		返回结果为 TRUE
逻辑值	TRUE、FALSE	逻辑常量
TRUE——条件成立（真），相当于 1		
FALSE——条件不成立（假），相当于 0		

财务函数

财务函数主要有 5 个：FV、PV、PMT、NPER、RATE，这 5 个函数相互关联。FV、PV、PMT 分别描述一组现金流量的大小及发生时间点，PV 是发生在期初的单笔现金流量，FV 是发生在期末的单笔现金流量，PMT 则是发生在每一期的重复性现金流量。而 NPER 函数描述该现金流量的期数。因货币具有时间价值，故 RATE 函数是描述这些现金流量之间的报酬率关系

Excel 五个财务函数		用　途
FV（rate, nper, pmt, [pv], [type]）		基于固定利率及等额分期付款方式，返回某项投资的未来值
PV（rate, nper, pmt, [fv], [type]）		基于固定利率及等额分期付款方式，返回某项投资的现值
PMT（rate, nper, pv, [fv], [type]）		基于固定利率及等额分期付款方式，返回某项投资的每期付款额
NPER（rate, pmt, pv, [fv], [type]）		基于固定利率及等额分期付款方式，返回某项投资的期数
RATE（nper,pmt,pv, [fv], [type], [guess]）		基于固定利率及等额分期付款方式，返回某项投资的利率（报酬率）
参数	含义	说明
rate	利率、报酬率	注意利率与期数的单位要一致，例如，若期数按月计算，则利率也要按月计算
nper	期数	
pmt	每一期的金额	FV、PV、PMT 有正值和负值之分，凡是支

pv	期初单笔金额、现值	出现金记为负值，凡是收入现金记为正值
fv	期末单笔金额、未来值、终值	PMT 所发生的时间点，有期初与期末之分
type	PMT 的发生时点： 0=期末（默认值），1=期初	如果 pmt 参数值为 0，那么此 type 参数不起作用
guest	预期利率	默认值为 10%

参考文献：http://www.masterhsiao.com.tw/CatExcel/FinanceFunctions/FinanceFunctions.htm

| 复利终值 | FV（） | 基于固定利率及等额分期付款方式，返回某项投资的未来值 |

FV（rate, nper, pmt, [pv], [type]）

例 1 单笔借款：小张向朋友借了一笔钱共 20 万元，双方约定以年利率 10%计息，借期 2 年，以复利计算，请问到期后小张该还朋友多少钱？

=FV（10%, 2, 0, 200000）

公式中小张期初收入 20 万元现金，故计为正值。计算结果为-242000 元，负值表示小张期末支出现金，到期后小张该还朋友 242 000 元。

例 2 零存整取：小王每月月初均存入银行 1000 元，年利率为 2.90%，每月计算复利一次，请问 3 年后小王可以拿回多少钱？

=FV（2.8%/12, 3*12, -1000, 0 ,1）

因是按月存入，故年利率要除以 12，以得到月利率；存款总期数为 3 年×12 个月/年。

公式中小王分期支出 1000 元，故记为负值。计算结果为 37 597.16 元，正值表示小王期末收入现金，所以 3 年后小王可以（连本带利）拿回 37 597.16 元。

例 3 退休规划：小李今年 30 周岁，现有资金 20 万元，预计每年可结余 5 万元，若将现有资金 20 万元及每年结余 5 万元均投入年报酬率为 5%的某投资项目，请问小李到 60 岁退休时可拿回多少钱？

=FV（5%, 60-30, -50000, -200000, 0）

公式中小李期初支出 20 万元和分期支出 5 万元，故计为负值。计算结果为 4 186 330.85 元，正值表示小李期末收入现金，所以小李到 60 岁退休时可以（连本带利）拿回 4 186 330.85 元。

例 4 贷款余额：小郑为了买房，向银行贷款 70 万元，15 年期，年利率 6.8%，每月月供 6213.79 元，请问第 5 年年底贷款余额为多少？

=FV（6.8%/12, 5*12, -6213.79, 700000）

公式中小郑期初收入 70 万元，故计为正值；又分期支出 6213.79 元，故计为负值。计算结果为-539 951.99 元，为负值表示小郑还要支出的现金，所以于第 5 年底贷款余额为 539 951.99 元

| 复利现值 | PV（） | 基于固定利率及等额分期付款方式，返回某项投资的现值 |

PV（rate, nper, pmt, [fv], [type]）

例 1 单笔借款：小张向朋友借了一笔钱，双方同意以年利率 10%计息，借期 2 年，以复

利计算（一年复利一次），若小张计划到期还款 20 万元，请问小张应该借多少钱？

=PV（10%, 2, 0, -200000, 0）

公式中小张期末支出 20 万元，故计为负值。计算结果为 165 289.26 元，正值表示小张期初收入现金，小张应该借 165 289.26 元。

例 2　银行贷款：小王向银行贷了一笔款，每月月底要还款 1000 元，年利率为 7%，每月计算复利一次，期限为一年。请问小王向银行贷了多少钱？

=PV（7%/12, 1*12, -1000, 0 , 0）

公式中小王分期支出 1000 元，故记为负值。计算结果为 11 557.12 元，正值表示小王期初收入现金，所以小王向银行贷了 11 557.12 元。

例 3　退休规划：小李今年 30 周岁，预计 60 岁退休，计划今年投资一大笔钱到年报酬率为 5%的某投资项目，之后将每年再投入 5 万元。若小李希望退休时可拥有 400 万元的退休金，请问小李今年需要投入多少钱才能达到目标？

=PV（5%, 60-30, -50000, 4000000, 0）

公式中小李分期支出 5 万元，故计为负值；希望期末收入 400 万元，故计为正值。计算结果为-156 887.24 元，负值表示小李期初支出现金，所以小李今年需要投入 156 887.24 元才能达到目标。

例 4　贷款余额：小郑为了买房，向银行贷了一笔款，15 年期，年利率 6.8%，每月月供 6213.79 元，第 5 年底贷款余额为 539 951.99 元，请问小郑贷了多少钱？

=PV（6.8%/12, 5*12, -6213.79, -539 951.99, 0）

公式中小郑前 5 年分期每期支出 6 213.19 元，故计为负值；后 10 年总共还得支出 539 951.99 元，故计为负值。计算结果为 700 000 元，为正值表示小郑期初收入的现金，所以小郑贷了 70 万元。

例 5　小唐获得一个投资项目，假设该投资项目每年的投资报酬率为 10%，如果小唐希望能够在 5 年后获得本利和 10 万元，那么他现在应投入多少元？

=PV（10%, 5, 0, 100000）

公式中小唐希望期末收入 10 万元，故计为正值。计算结果为-6 2092.13 元，为负值表示小唐期初支出的现金，所以小唐现在应投入 6 2092.13 元。

例 6　一份保险理财产品，一次性投资 30 万元，投资回报率 7%（年回报率），购买该理财产品后，每月返还 1500 元，返还期数为 20 年，该投资可行性如何？

解答：表面看 1 500 元×12×20=36 万元，大于投资本金 30 万元，项目可行。但考虑到资金的时间价值，需要将该固定的每月等额收款 1 500 元，按照每月回报率（7%/12），折现期 20×12 月进行折现，看其现值是否大于初始投资额（30 万元），如果大于，该投资可行，否则不可行。

=PV（7%/12, 20×12, 1500, 0, 0）

公式中每月收入 1500 元，故计为正值。计算结果为-193 473.76 元，为负值表示期初支出现金，即折现值为 193 473.76 元，低于 30 万元，故此投资不可行。

等额还款	PMT（）	基于固定利率及等额分期付款方式，计算每期付款额

PMT（rate, nper, pv, [fv], [type]）

例1 存钱买车：小周计划每月存一笔钱，并于5年后买一辆价值20万元的新车，若存款年利率为3%，那么从现在起，小周每月底需要存入多少钱（零存整取）？

=PMT（3%/12, 5*12, 0, 200000, 0）

公式中小周希望期末收入20万元，故计为正值。计算结果为-3,093.74元，为负值表示每月支出现金，所以小周每月底需要存入3 093.74元。

例2 贷款买房1：小张购买一套住宅，总价格100万元，首付30万元后从银行获得商业按揭贷款70万元，贷款年利率6.8%，期限15年，采用按月等额还款方式（即本息均摊），并且每月月底还款，请计算小张每月的还款额（即月供）。如果是每月月初还款，那么月供多少？

=PMT（6.8%/12, 15*12, 700000）

公式中小张期初收入70万元，故计为正值。计算结果为-6213.79元，负值表示每月支出现金，即小张每月月底的还款额（即月供）为6213.79元。

=PMT（6.8%/12, 15*12, 700000, 0, 1）

计算结果为-6178.77，即小张每月月初的还款额（即月供）为6 178.77元。

例3 贷款买房2：小黄为买房向银行贷款100万元，年利率7%，到第3年底（即第36期）时，尚有贷款余额80万元。请问小黄月供多少？

=PMT（7%/12, 36, 1000000, -800000, 0）

公式中小黄期初收入100万元，故计为正值；还得支出80万元，故计为负值。计算结果为-10 842.09元，负值表示每月支出现金，所以小黄月供10 842.09元。

例4 退休规划：陈先生现有存款20万元，将其全部投入一个年报酬率为8%的项目中，并且每年再投入一笔钱（期末投入），直到20年退休后希望本利和达到150万元。请问陈先生每年需要投入多少钱才能达到目标？

=PMT（8%, 20, -200000, 1500000, 0）

公式中陈先生期初支出20万元，故计为负值；希望期末收入150万元，故计为正值。计算结果为-12 407.87元，负值表示每年支出现金，所以陈先生每年需要投入12 407.87元才能达到目标。

求分期数	NPER（）	基于固定利率及等额分期付款方式，返回某项投资的期数

NPER（rate, pmt, pv, [fv], [type]）

例1 贷款规划：小高买了一套房，计划向银行贷款50万元，年利率7%，每月有能力缴本息5000元。请问小高需要多少年可以缴清贷款？

=NPER（7%/12, -5000, 500000, 0, 0）

公式中小高每月支出5000元，故计为负值；期初收入50万元，故计为正值。计算结果为150.517 665，单位是月，即小高不到12年零6个月就可还清贷款。

例2 退休规划：万先生目前 40 岁，拥有存款 50 万元，每年年底可结余 10 万元，均投资到年报酬率为 12%的一个项目中，如果希望本利和达到 200 万元时就退休，那么万先生几岁可以退休？

=NPER（12%, -100000, -500000, 2000000, 0）

公式中万先生期初支出 50 万元，故计为负值；每年支出 10 万元，故计为负值；期末收入 200 万元，故计为正值。计算结果为 6.651 200 447，单位是年，即万先生不到 47 岁就可以退休了。

求利率	RATE（）	基于固定利率及等额分期付款方式，返回某项投资的利率（报酬率）

RATE（nper, pmt, pv, [fv], [type], [guess]）

Guess——为预期利率。由于 RATE 函数是采用代入法求解的，因此要先假设一个报酬率（默认为 10%）。当无法求解时会返回错误值#NUM!，此时必须更改 guess 值后重新计算。通常设为 0~1 的数字。一般求月利率时，设为 1%为宜。

例1 基金年化报酬率：苏女士于 10 年前投资 10 万元买入一个基金，现在该基金净值为 15 万元。请问苏女士从该基金上获得的年报酬率是多少？

=RATE（10, 0, -100000, 150000）

公式中苏女士期初支出 10 万元，故计为负值；期末收入 15 万元，故计为正值。计算结果为 4.138%，所以苏女士从该基金上获得的年报酬率是 4.138%。

例2 定投基金年化报酬率：谢女士于 10 年前投资 10 万元买入一个基金，而且每月底定期定额买入该基金 2000 元，现在该基金净值为 65 万元。请问谢女士从该基金上获得的年报酬率是多少？

=RATE（10*12, -2000, -100000, 650000, 0, 1%）*12

公式中谢女士期初支出 10 万元，故计为负值；每月支出 2000 元，故计为负值；期末收入 65 万元，故计为正值。计算结果为 9.38%，所以谢女士从该基金上获得的年报酬率是 9.38%。

查找函数

纵向查找	VLOOKUP（）	在数据区域的首列查找指定的数据，然后返回该数据同一行中指定列的数据

VLOOKUP（要找的数据, 数据区域, 返回第几列的数据, 查找模式）

查找模式——默认值为 TRUE，即模糊查找，只要找到近似的数据就算找到；当值为 FALSE 时，则要精确查找，必须找到完全相同的数据才算找到。没找到指定数据时返回#N/A。

	A	B	C	D	E	F
1	学号	姓名	性别	语文	数学	体育
2	10801	张三	男	67	78	87
3	10802	李四	男	71	67	86
4	10803	王五	女	71	79	89
5	10804	陈六	女	70	87	90
6	10805	吴用	男	75	57	78
7	10806	黄强	男	72	98	76
8	10807	刘七	男	64	79	77
9	10808	左八	男	68	75	85
10	10809	唐九	女	79	78	68
11	10810	叶十	女	77	90	74

例1 根据姓名查找数学成绩

=VLOOKUP（"唐九",B2:F11,4,FALSE）返回结果为78，即唐九的数学成绩为78。

例2 根据学号查找数学成绩

=VLOOKUP（10809,A2:F11,5,FALSE）返回结果为78，即学号为10809的同学的数学成绩为78。

横向查找	HLOOKUP（）	在数据区域的首行查找指定的数据，然后返回该数据同一列中指定行的数据

HLOOKUP（）用法与VLOOKUP（）基本一样，只是HLOOKUP（）改为横向查找，找到后返回同一列中指定行的数据。

参 考 文 献

[1] 黄国兴，周南岳. 计算机应用基础（Windows XP+Office 2003）[M]. 北京：高等教育出版社，2009.

[2] 神龙工作室. Word/Excel/PowerPoint 三合一办公应用[M]. 北京：人民邮电出版社，2010.

[3] 朱世波. 边用边学 Office 办公应用[M]. 北京：人民邮电出版社，2010.

[4] 戴维明，林钢，赵西卜. 财务会计学[M]. 5版. 北京：中国人民大学出版社，2009.

[5] 导向工作室. Word 2010 办公应用[M]. 北京：人民邮电出版社，2012.

[6] 全国计算机等级考试命题研究组，新思路教育科技研究中心. 全国计算机等级考试上机考试新版题库一级 MS Office[M]. 2版. 北京：红旗出版社，2013.